NOTES ET RÉFLEXIONS

Pensées

et

Portrait

PAR

Claude-Charles CHARAUX

Professeur honoraire de Philosophie à l'Université de Grenoble.

PARIS

PEDONE-LAURIEL, ÉDITEUR

13, Rue Soufflot, 13

1898

Tous droits réservés.

NOTES ET RÉFLEXIONS

—✕—

PENSÉES ET PORTRAITS

Grenoble, imprimerie ALLIER FRÈRES,
26, Cours Saint-André, 26.

NOTES ET RÉFLEXIONS

PENSÉES ET PORTRAITS

PAR

CLAUDE-CHARLES CHARAUX

Professeur honoraire de Philosophie à l'Université de Grenoble.

PARIS

PEDONE-LAURIEL, ÉDITEUR

13, Rue Soufflot, 13.

1898

Tous droits réservés.

TABLE DES MATIÈRES

CHAPITRE I.   De la Pensée en général.
          II.   De l'histoire de la Pensée.
         III.   L'Homme, l'Âme humaine.
         IV.   Bon sens et Raison.
          V.   De l'Esprit.
         VI.   La Parole, les Langues, les Livres.
        VII.   Le Beau et les Arts.
       VIII.   L'Histoire.
         IX.   Les Sciences.
          X.   Philosophie et Religion.

Ce livre est à la fois ancien et nouveau : il est ancien, car il en a été donné déjà quatre éditions[1], dont la dernière en 1887 ; il est nouveau, car il renferme plusieurs portraits et au moins trois cents pensées qui paraissent pour la première fois. Un certain nombre d'entre elles, en comblant des vides qui nous avaient été signalés, ont fini par établir, dans chaque chapitre et entre tous les chapitres, un ordre relatif et comme un enchaînement qui n'étaient pas d'abord dans notre dessein. Il en est résulté, — surtout si l'on ajoute à ce volume les deux livres : *De la Pensée,* — *l'Histoire et la Pensée,* — un ensemble assez régulier, mais nullement un

---

[1] De 1881 à 1887.

Système. Réservons ce titre à l'œuvre des hommes de génie qui ont tenté de donner, le plus souvent à l'aide d'une conception personnelle et originale, l'explication de l'univers, de nous dire le dernier mot de tout ce qui est.

On a souvent hésité sur la place qu'il convenait d'attribuer à certaines pensées, et de fait elles n'appartiennent pas plus à tel chapitre qu'à tel autre ; plusieurs d'entre eux auraient le même droit à les réclamer. Les erreurs qu'à cet égard nous aurions commises on voudra bien nous les pardonner, comme on pardonne aux savants, aux érudits qui classent les livres d'une riche bibliothèque, celles qui leur sont imposées aussi bien qu'à nous par la nature des choses. Le vrai coupable c'est l'esprit humain dans lequel observations, pensées, connaissances s'appuient les unes sur les autres ou s'entrelacent au point qu'il est souvent très difficile de les séparer. Aussi est-ce à lui que nous laissons le soin de nous défendre.

NOTES ET RÉFLEXIONS

PENSÉES ET PORTRAITS

CHAPITRE PREMIER.

De la Pensée en général.

— La pensée de l'homme n'épuisera jamais ni Dieu ni ses œuvres : on ne viendra jamais trop tard pour penser. Comme la raison d'où elle procède la pensée a l'infini pour lumière et pour terme.

— Plus une pensée se rapporte à l'homme et à Dieu, plus elle est vraiment pensée.

— La pensée aura toujours ce titre au premier rang que, sans son secours, les rivaux qui le lui disputent ne sauraient même pas qu'ils peuvent entrer en lutte avec elle.

— Tributaires à tous les instants de notre vie de nos sensations et de nos impressions, serviteurs soumis et charmés de notre imagination, directeurs assez mal obéis de nos idées et de nos souvenirs, nous gouvernons d'autant mieux nos pensées que nous en partageons plus volontiers l'empire avec Dieu.

— « N'y pensez plus ». — C'est fort bien dit, mais il ne suffit pas de votre sage conseil, il faudrait que mon âme le voulût bien.

— Les hommes veulent qu'on pense comme eux : ils savent le prix de la vérité et qu'elle est une.

— Tant de connaissances que vous accumuliez dans votre esprit, elles n'y allumeront pas la flamme de la pensée, mais elles la feront briller d'un éclat plus durable.

— Quelques-uns s'efforcent de penser et s'étonnent de n'y point réussir : ils appliquent l'effort où il ne faut pas. Qu'ils lisent, qu'ils analysent, qu'ils observent, qu'ils recueillent de partout des idées et des faits, et peut-être un jour, à l'heure que Dieu voudra, ils penseront.

— La pensée a ses degrés, ses objets très différents, sa possession plus ou moins complète d'elle-même. De là vient que les uns disent : « Peu d'hommes pensent », et les autres : « La pensée est le bien commun de tous les hommes. » Les premiers rendent hommage à son élévation, les seconds à son étendue. Le plus grand nombre, en effet, veut bien la développer, quelques-uns seulement s'efforcent de l'élever ; mais qu'elle s'étende ou qu'elle s'élève, c'est toujours la pensée.

— Regardez avec attention, et, au fond de ces pensées où vous n'aperceviez d'abord que la pensée toute nue, vous découvrirez tout au moins quelques premiers et faibles mouvements d'un amour qui leur correspond, amour dont la tendance à l'action n'est pas moins évidente, bien qu'elle soit loin d'avoir toujours son effet.

— *Penseur :* déplaît aux délicats qui n'en sauraient souffrir l'excès et la prétention ; — déplaît aux philosophes, parce qu'il suppose je ne sais quel effort qui n'est point dans la nature de la pensée. Pourtant on l'emploie, faute de mieux.

— On a dit, à tort ou à raison, du chef éloquent d'une école contemporaine, que son caractère n'avait pas été toujours à la hauteur de sa pensée : que celle-ci avait beau monter, celui-là se gardait de la suivre[1]. Un mot mis pour un autre fait toute l'erreur de ce jugement. La pensée ne peut monter si l'âme entière ne monte pas avec elle, mais elle peut s'étendre à l'infini et embrasser de plus en plus d'objets, sans que l'âme élève le moins du monde son niveau. De combien d'hommes ne dit-on pas que leur pensée s'élève, quand il faudrait dire seulement qu'elle s'étend.

— On demande si tous les hommes pensent, et s'ils pensent toujours. Pour courte que soit la réponse elle dépassera la demande. Les hommes, sans repos et sans exception, pensent au bonheur, rêvent du bonheur, tendent au bonheur, et ils le veulent parfait. Ils pensent donc tous et, avec une conscience plus ou moins claire, ils pensent Dieu.

---

[1] Voir en particulier : *Revue des Deux-Mondes*, 1ᵉʳ juillet 1877.

— Les philosophes qui ont entrepris de ramener à la pensée tous les faits de l'âme, de les absorber, pour ainsi dire, en elle, se prévalaient sans doute de l'observation très exacte que ces faits, sans en excepter un seul, sont pour nous comme s'ils n'étaient pas, tant qu'ils ne sont pas pensés.

— Il est des hommes qui, de la meilleure foi du monde, affirment qu'ils ont toujours pensé comme ils pensent présentement. Ne leur dites point qu'ils ont changé, qu'ils ont fait voir d'autres inclinations, d'autres convictions : ils ne vous croiraient pas, ils n'en ont gardé aucun souvenir. Leur pensée d'aujourd'hui est si fortement imprimée dans leur âme qu'elle y efface tout vestige des pensées antérieures. A cette impression il en pourra succéder d'autres qui produiront les mêmes effets, si bien que la dernière sera toujours, à les en croire et jusqu'à la fin, la seule qu'ils aient eue.

— *Pensée juste*, répond exactement à ce qui est, à un point de vue de l'ordre, se suffit et souvent se renferme en soi. *Pensée profonde*, juste dans son ordre, va au delà du visible, touche à l'infini, fait penser.

— Si c'est la pensée qui fait la dignité de l'homme, c'est Dieu, raison de notre raison, qui fait la valeur et la dignité de la pensée. Les louanges que nous faisons d'elle paroles en l'air, louanges sans fondement, si elles ne remontent pas jusqu'à Lui.

— Nous pouvons quelque chose sur la suite de nos pensées, presque rien sur la première. Celles-là s'enchaînent sous notre regard et quelque peu sous notre direction, celle-ci vient d'elle-même. On peut l'inviter, mais il faut l'attendre : on peut ouvrir la voie, mais c'est à elle d'y faire le premier pas.

— J'ai laissé là, de dépit, la pensée ébauchée dont les éléments tardaient à s'unir et ne répondaient pas avec assez d'à-propos à l'appel de mon esprit. Quand j'y reviens quelques heures plus tard, il se trouve qu'elle est faite : d'elle-même elle s'est achevée par un travail intérieur dont le secret m'échappe, au moins en partie. Et toutefois dans cet état où elle m'apparaît, c'est moi qui la juge et qui prononce sur elle, pour l'admettre ou la rejeter. C'est seulement en vertu de cet arrêt suprême qu'elle devient ma pensée. Mon Moi a le dernier mot sur toutes les forces connues ou inconnues qui agissent en moi.

— Un philosophe a dit de Dieu qu'il est *Acte pur* : le même a dit qu'il est la *Pensée de la pensée*. Ces deux énonciations se complètent et, au besoin, elles se suppléeraient : car la Pensée de la pensée est l'activité à sa plus haute puissance, et l'Acte pur où ne serait point la Pensée parfaite ne s'entendrait même pas.

— Où serait le temps, si l'éternité n'était point ? Il est lui-même et il dépend d'elle, comme nos pensées sont à nous dans la lumière divine de la raison.

— Il n'est point de pensée si humble, si vulgaire, si étroite qu'on la suppose, qui n'ait, dans son indigence, une place pour l'espace et le temps, c'est-à-dire pour quelque chose de l'immensité et de l'éternité.

— On va répétant sans cesse que tel philosophe a copié tel autre ; on oublie que la vérité est le bien de tous et que, dans les grands esprits, les mêmes pensées fortement conçues appellent des figures et des expressions presque identiques. Le germe est à celui qui le développe : pour qu'une pensée nous appartienne, il ne suffit pas que nous l'ayons ébauchée, il faut que nous l'ayons achevée.

— Plusieurs ont eu toutes les idées de leur temps, mais pas une pensée qui leur appartint.

— Tous les hommes et tous les siècles ont pensé pour celui qui pense à l'heure présente et se croit peut-être un penseur fort original. Ce qu'il ne doit qu'à lui est bien peu de chose auprès de ce qu'il doit à ce nombre infini d'ancêtres.

— Admirez chez tel et tel la puissance de l'intérêt. Il les a fait, dans l'espace de quelques jours, penser autrement qu'ils ne pensaient.
— La puisssnce de l'intérêt ne mérite pas qu'on l'admire. Changer de pensée au gré de l'intérêt ce n'est point penser.

— Au fond, et malgré les apparences contraires, le présent tient peu de place dans notre vie. Ce qui n'est plus, ce qui n'est pas encore, voilà l'objet commun des pensées des hommes.

— Ce qu'on nomme courant d'idées n'est pas moins courant de désirs, de sentiments, de passions. Les idées s'y mêlent pour donner une couleur aux eaux, pour les troubler ou les purifier, mais elles n'influent que fort peu sur la rapidité du courant.

— « La pensée a trois objets : l'homme, Dieu, la Nature ; trois éléments : l'élément primitif, l'élément acquis, la parole. Elle a eu trois moments ou trois âges correspondant à ses trois objets principaux : le troisième, l'âge présent est celui des sciences de la Nature[1]. »

— Voilà qui est bientôt dit, bien symétrique et bien tranchant. Me, permettez-vous quelques observations ?

— Toutes celles qu'il vous plaira.

— Pourquoi d'abord ce mot nouveau : élément primitif ? N'avons-nous pas déjà ceux d'*innéité*, d'*absoluité*, de *nativisme*, sans parler des *catégories* et des *concepts* ?

— Ce mot nouveau est très ancien. A l'avantage d'appartenir à la langue commune, il joint celui d'être simple et de ne point prêter aux malentendus. Il ne promet pas plus qu'il ne saurait tenir.

— N'est-ce pas bien peu de trois éléments essentiels ? J'en découvre, sans grand effort, au moins un quatrième : le pouvoir de penser très inégalement réparti, vous en conviendrez, entre les hommes.

---

[1] *Voir*, dans le livre *De la Pensée*, la Leçon qui a pour titre : *Les trois moments de la Pensée*.

— Je pourrais vous répondre que ce pouvoir ne se distingue pas de l'âme elle-même. Mais je vois d'ici s'avancer une à une vos objections fondées sur la distinction radicale que la plus simple observation découvre, et que confirme une savante analyse, entre le pouvoir de penser et les autres facultés de l'âme humaine. J'admettrai donc, si vous y tenez, un quatrième élément, et comme une force de penser (*vis cogitandi*) qui, avec plus ou moins d'énergie et de sagacité natives, fait agir de concert les trois éléments dont, pour ma part, je me serais contenté.

— Je suis heureux de cette concession : elle rompt cette trop parfaite symétrie qui m'inquiétait. Me permettez-vous encore une demande?

— Bien volontiers.

— Prétendriez-vous que tous les philosophes du premier âge aient étudié uniquement, exclusivement l'âme humaine, que ceux de l'âge suivant aient concentré sur Dieu, sa nature et ses attributs, l'effort de leurs méditations et de leurs pensées, que ceux de nos jours.....

— En vérité, me croyez-vous capable d'une pareille exagération? J'ai défini chaque âge par son principal objet : rien de plus, rien de moins. Les sciences de la Nature, — qui l'ignore, — sont nées avec la science de l'âme humaine, bien que celle-ci les ait bientôt dépassées. A son tour l'âge des sciences de la Nature, si fécond qu'il nous paraisse, s'il ne devait rien ajouter à la science de l'homme et à celle de Dieu, me semblerait d'une désolante stérilité.

— Voilà qui me réconcilie avec vos premières affirmations. Avouez qu'elles étaient trop concises, trop absolues.

— Il serait peu philosophique de vous refuser cette satisfaction.

—⋅⋅—

— Les *éléments primitifs*, ordre, unité, grandeur, beauté, liberté, et la suite, sont dans l'acte de la pensée les moteurs, les excitateurs ; ils lui donnent la vie, l'ampleur, l'élévation, ils lui assurent la durée. Les autres, *les éléments acquis* puisés à toutes les sources, milieu social, famille, lectures, leçons, conversations, ne sont guère que des matériaux, mais ceux-ci peuvent être abondants ou rares, vulgaires ou de choix, fragiles ou de durée, et c'est ainsi que par leurs qualités ou leurs défauts ils entrent pour une part dans les qualités ou les défauts de la pensée.

— La pensée, par *les éléments acquis* dont on peut dire qu'ils sont en elle multitude infinie, par les sens indispensables à leur introduction dans l'âme, a des rapports sans nombre et des points de contact avec la Nature entière. Par *les éléments primitifs, nécessaires,* sans le concours desquels elle ne pourrait se constituer, elle entre dans le domaine de l'infini, de l'absolu, du parfait, dans le monde divin. Jusqu'où ne descend-elle pas? Jusqu'où n'a-t-elle pas droit et pouvoir de monter? *Quo non ascendam!*

— Se flatter d'être un penseur et ne point croire en Dieu, c'est se glorifier d'un titre de noblesse et le désavouer au même instant.

— Il est aussi impossible à la pensée humaine de nier Dieu que de le comprendre. Elle serait moins grande si elle n'entendait pas qu'il dépasse infiniment toute grandeur qu'elle peut concevoir.

— Nées dans le temps nos pensées se divisent, se succèdent, se rectifient, se complètent dans le temps et avec le secours du temps. Il n'y a pas plus de division et de progrès dans la pensée de Dieu que dans son Éternité.

— L'intervalle est à peine sensible de l'instant de notre naissance à celui de notre mort, si nous le mesurons par rapport à l'éternité. Seules la pensée et la vertu peuvent lui communiquer un peu de la durée qu'elles puisent à la source éternelle du Vrai et du Bien.

— « Mon Dieu ! ne me donnez pas de pensées libres (à vrai dire je ne vois pas clairement ce qu'elles pourraient être), mais donnez-moi beaucoup de largeur et une grande liberté d'esprit, pour recevoir toutes les pensées vraies qui se présenteront à moi ou qu'il vous plaira de m'envoyer. »

— C'est une chose merveilleuse de voir combien d'idées différentes peuvent loger et se mouvoir à l'aise dans un seul esprit. Mais ce qui n'est pas moins surprenant, c'est qu'une seule idée exprimée par un seul mot suffise, pendant vingt ou trente ans, à absorber l'attention d'un peuple, à le faire raisonner et déraisonner sans fin et sans qu'il la dépasse.

— L'histoire de la philosophie suffirait à établir la distinction des deux premiers éléments de la pensée, car l'un des deux, dans chaque philosophe et dans chaque École, a toujours tenu le premier rang, et ne pouvant tout prendre pour lui s'est fait du moins la part la plus large.

— Le plus bas degré de penser c'est de voir en toutes choses le côté matériel, celui qui frappe le plus vivement les sens, et de s'y absorber. Commence-t-on au contraire à s'en dégager, à entrevoir d'abord, à apercevoir ensuite ce qui relève de l'esprit, on commence à vraiment penser. De degrés en degrés, à mesure que l'élément inférieur tient moins de place sans jamais disparaître, on s'élève dans l'ordre de la pensée et on peut parvenir jusqu'aux plus hautes cimes.

— Rien n'est difficile, rien n'est obscur pour ceux qui ne regardent pas : les problèmes ne commencent qu'où commence l'attention.

— C'est l'attention qui pose les problèmes et c'est elle qui les résout. Impatiente des obscurités qui lui font obstacle elle appelle et elle fait descendre la lumière.

— L'élément supérieur, suprasensible, qui n'est qu'un point lumineux, à peine aperçu de ceux qui pensent dans leurs grossières pensées, devient comme un ardent foyer dans la contemplation des sages.

— Il n'est point d'eau si limpide courant sur un lit de cailloux qu'un peu de vase montant à la surface ne puisse, en un instant, troubler. Plus rapidement encore du fond de notre nature corrompue une idée fausse peut jaillir et troubler, pour un court instant, la méditation la plus sereine, la pensée la plus pure.

— Penser seul, penser deux, penser dix, penser trois cents, penser mille ensemble n'est pas du tout une même chose, ni suivie des mêmes effets. On ne le voit si bien que dans les assemblées délibérantes où la passion grandit avec le nombre de leurs membres, mais non la pensée calme et maîtresse d'elle-même. Il est vrai qu'on avait eu soin de lui faire d'abord sa place dans des commissions et des comités moins nombreux.

— L'orateur, quand il improvise dans quelque nécessité pressante, n'improvise que ce qu'il sait, et cette improvisation, à y regarder de près, roule dans son cours plus de sentiments que de pensées, celles-ci inachevées pour la plupart.

— Il a des sentiments religieux.
— Je l'en félicite : c'est l'indice d'un bon naturel.
— Il a des idées religieuses.
— Rien de mieux, pourvu qu'il n'en change pas trop souvent.

— Il a des convictions religieuses.

— Cette fois c'est autre chose, et comme si l'on disait : il pense souvent à Dieu, il le prie, et la suite. Cette suite, en effet, dépend tout entière d'un même point de départ : la pensée de Dieu, Dieu présent à l'âme et à la pensée.

— Il n'est pas une seule des voies où s'engage notre pensée qui n'aboutisse à l'Infini. Si bien peu s'en doutent, c'est que bien peu vont jusqu'au terme de leur pensée.

— Par le *pressentiment* l'âme sort d'elle-même et du présent, elle franchit les bornes étroites de la conscience ; par *l'intuition,* elle devance et dépasse la raison. Si incertains qu'en soient les effets, ils nous donnent droit de penser que les pouvoirs actuels de l'âme ne sont que la forme élémentaire et comme l'essai de ses pouvoirs.

— L'excès de lumière nous aveugle, le défaut nous empêche de bien voir. Il n'en faut ni trop ni trop peu pour entendre, et la première condition c'est qu'elle soit proportionnée à la capacité de notre esprit.

— Un trait de lumière vif, rapide, a sillonné mon esprit, puis il a disparu. La pensée qu'il y a déposée à des profondeurs dont le secret m'échappe n'est encore qu'un germe. Ce germe grandira sous l'action du temps et de certaines puissances dont quelques-unes me sont inconnues ; il attirera à lui, par de mystérieux canaux, les aliments que j'avais dès longtemps recueillis, sans savoir qu'ils lui fussent destinés. Il me suffira d'y jeter de temps à autre un regard pour qu'il ne s'arrête pas et qu'il ne dévie pas dans son développement. Au dernier moment, tous les éléments rassemblés, unis, combinés, il ne faudra qu'un médiocre effort pour que ma pensée s'épanouisse.

— La nature n'est pas moins belle aux premières heures du jour sous un voile transparent de vapeur légère. La pensée ne perd rien à grandir sous l'abri passager des illusions et des rêves qu'un peu plus de soleil fera bientôt évanouir.

— On peut diminuer de deux manières la pensée qu'on a reçue, en en retranchant quelque chose, ou en y ajoutant du sien.

— Les plus ignorants ne nient point le soleil, parce qu'ils ne peuvent fixer sur lui leurs regards, mais le dédain de la vérité est au-dessous de la simple ignorance.

— On dit : le mouvement des idées, le courant des idées, les idées du jour, les idées reçues, les idées en faveur, les idées à la mode ; on ne dit rien de tel des pensées. Ce n'est pas dans ce tourbillon qu'elles pourraient naître, et elles ne sont plus des pensées quand tout le monde les pense.

— Qui n'est pas une personne ne saurait penser. On dit d'un peuple que telles idées le gouvernent, qu'il a pour le moment telles idées : il n'est jamais question de ses pensées.

— « Je regrette de n'y avoir point pensé. » — Traduisez, suivant les circonstances : je n'y ai pas songé, — je ne l'ai pas su faire, — je ne l'ai pas voulu.

— *Foire aux idées,* terme expressif d'une langue où l'image n'abdique jamais et, si vulgaire qu'elle soit, grave du moins la pensée. C'est à la foire qu'on trouve tout ce qui brille et retentit, comme dans certains esprits l'abondance des idées qui ont plus d'apparence que de fond. Elles s'y pressent, s'y croisent, s'y accumulent, mais aucune n'a pris le temps de grandir et la peine de se compléter. Il est vrai qu'à la foire on peut découvrir entre mille futilités quelque objet de prix. A meilleur compte encore, et pourvu qu'on ne manque pas l'occasion, on peut acheter à la foire aux idées quelques semences précieuses dont le vendeur ignore ce qu'elles valent.

— Qu'il y ait dans la Nature des générations spontanées quelques savants le soutenaient hier encore, mais nul n'a jamais soutenu qu'il pût y avoir des pensées sans germes.

— *Songer, rêver* tout éveillé, ce n'est point faire courir, c'est laisser doucement errer ses pensées, en accueillant de préférence les images et les souvenirs agréables, en glissant sur les autres. L'action de l'âme ne va guère dans cet état de douce quiétude qu'à écarter ces dernières : encore faut-il qu'il ne lui en coûte qu'un faible effort.

— Le rêve du jour n'a que des charmes : il reste assez de liberté pour le faire évanouir, s'il cessait de nous plaire. Celui qui s'impose à nous durant le sommeil, fût-il pénible, nous n'avons pas le pouvoir de l'écarter, et pas même celui de l'ensevelir, au réveil, dans un profond oubli. Il dominait notre liberté pendant la nuit, et, le jour venu, notre mémoire n'est pas toujours maîtresse de le supprimer.

— Comment voulez-vous que Glycon ait dit le contraire de ce qu'il pense, lui qui n'a jamais pensé.

— Rien ne s'oppose à ce que les coutumes, les rites, les cérémonies, les dogmes se transmettent d'une génération à l'autre durant de longs siècles sans la moindre altération. La pensée a plus rarement ce privilège ; elle est trop personnelle, trop faite de tout ce que nous sommes, trop mêlée à notre vie, à notre cœur, à notre culture, à notre caractère. A peine écrite il faut qu'on l'interprète, et nul ne la pensera plus comme le premier l'a pensée.

— On ne sait rien de l'âme et de la pensée d'autrui et l'on n'en peut rien dire, si l'on n'a une âme et une pensée à soi. De là l'extrême différence entre les critiques dont les uns ajoutent pour nous lumière à lumière, jouissance à jouissance, dont les autres multiplient les difficultés et épaississent les ténèbres.

— Nous sommes dix qui avons sous les yeux le même spectacle, le même sens de la vue pour en jouir, le même télescope pour venir au secours de notre vue. Et pourtant je n'oserais affirmer que deux seulement d'entre nous voient aussi juste, aussi loin, aussi clairement. Je ne parle même pas de la disposition de l'âme, de la manière de sentir, de celle de jouir et de tant d'autres diversités. Qu'on nous établisse maintenant vis-à-vis du monde intérieur avec nos observations pour le connaître, avec nos pensées pour venir au secours de nos observations ; qu'on joigne à nos pensées le secours des maîtres, celui des livres, et l'on ne sera point surpris de quelques légères différences dans les tableaux qu'on en présente.

— Vous ne convaincrez pas un homme qui n'a point lu les Anciens et les connaît seulement par ses préjugés, de la nécessité de les étudier, de l'agrément et du profit que procure cette étude. Il n'a pas dans son esprit les idées qu'il faudrait pour vous entendre, car ces idées c'est surtout dans l'antiquité qu'on les puise. Vous ne le ferez penser comme vous ni par raisonnement, ni par éloquence, parce qu'il n'a pas la même culture que vous. Un grand bon sens, ou plutôt une sorte d'intuition pourrait seule le ranger à votre avis. Combien de fois ce prodige arrive-t-il ?

— On dit souvent qu'il y a deux mondes, le monde de l'esprit et le monde de la matière ;

joignons-y le monde des mots, surtout en faveur des philosophes. Ils l'habitent volontiers et s'y plaisent si parfaitement qu'il leur arrive parfois d'oublier les deux autres. La preuve, c'est qu'au sortir de leur commerce on est souvent comme un étranger au sein des réalités qu'on croyait le mieux connaître. Et pourtant ce troisième monde, si vague et si flottant qu'il soit, continue à se maintenir par le mystérieux pouvoir de l'ordre qui donne une suite aux idées, une suite aux paroles, alors qu'idées et paroles ne traduisent plus qu'imparfaitement la suite des choses.

— Une mauvaise santé, mille circonstances peuvent rendre la pensée plus laborieuse, mais on peut bien penser jusque sous le coup de la mort.

— Penser facilement et sans ennui dépend, pour une part, de la machine et des sens ; penser juste dépend d'abord de l'esprit. C'est encore penser juste que de suspendre l'exercice de la pensée, quand on ne croit pas les circonstances favorables pour bien penser.

— Il est des pensées profondes par elles-mêmes, et d'autres qui le deviennent grâce au concours de quelques termes abstraits et fort obscurs. Tout le monde entend les premières; seuls les initiés se flattent de comprendre les secondes. J'incline à croire que les premières seules sont profondes.

— Voulez-vous, même après tant de démonstrations éloquentes, toucher du doigt, mesurer de l'œil le peu qu'est la gloire humaine, voyez-la, dans les dictionnaires biographiques, décroître, s'effacer, se fondre à chaque édition nouvelle. Tel dont les faits et les œuvres semblaient d'abord à l'étroit dans cinq ou six longues colonnes, trente ans plus tard tient à l'aise en dix lignes, que trente ans plus tard la presse des grands hommes lui disputera. Non moins rapidement s'éteint la renommée d'un livre d'où la pensée est absente. Nul n'en saurait le titre dans cent ans, n'étaient les érudits et leur scrupuleuse curiosité.

— « Lui, le penseur, il n'a pu croire que.... »
Cette belle apostrophe réveillant mon attention, j'ai regardé de près et n'ai découvert dans ce penseur ni le savoir qui fonde la pensée, ni la ferme raison qui en éprouve les éléments, ni la langue qui les coordonne, ni la force intérieure qui les fait tenir ensemble et debout, en un mot, rien de ce qui constitue la pensée. Et j'ai reconnu que ces mots n'étaient que des mots.

— Les esprits, plus ils sont faibles plus ils sont exposés à être absorbés par une idée exclusive qui ne souffre point de partage. Ils en peuvent changer, mais ce qui ne change pas c'est la tyrannie de l'idée qui domine.

— Si quelque chose peut faire oublier dans un homme ou rendre supportable la bizarrerie de ses idées, c'est la bonté de son cœur. Cette compensation, grâce à Dieu, n'est pas sans exemples.

— Informez-vous d'abord si votre nouveau collègue a l'esprit juste, la parole franche, le caractère conciliant : vous demanderez plus tard ce qu'il pense.

— Je ne connaissais ni le livre, ni l'auteur. En même temps que les idées du premier pénètrent dans mon esprit, je me fais du second une idée qui se modifie et s'étend à chaque page. Si précises que soient les premières, si imparfaite que soit la seconde, il se peut qu'elle leur survive dans ma mémoire.

— Voyez Ariste cheminer à pas lents, d'un air grave et digne, à travers les rues de la ville et sur la promenade publique. Il paraît absorbé dans une méditation profonde, et il lui reste de sens extérieur juste ce qu'il en faut pour se conduire. A quoi pense-t-il? — A la guerre présente et à ses tristes débuts? — Aux difficultés intérieures? — elles ne sont pas médiocres. — A la Conférence qu'il entendit hier et qui l'a charmé? — Aux nouvelles théories scientifiques dont il suit, on l'assure du moins, le développement avec un vif intérêt?..... Ariste ne pense à rien.

— On dit : la vérité est le bien de l'intelligence ; on dirait mieux qu'elle est celui de l'âme entière. On dit encore de telle faculté, qu'elle a telle fonction spéciale dévolue à elle seule; on devrait ajouter : à condition que les autres facultés y concourent. La moindre pensée digne de ce nom les tient toutes en éveil et à ses ordres.

— Ne point céder à la pensée qui nous obsède c'est tout à la fois vouloir et penser. C'est réserver les droits d'une pensée qui se forme contre une pensée formée qui voudrait l'exclure.

— Avant d'atteindre à la vraie pensée d'un homme, pensée que souvent il ne s'avoue pas, que de surfaces à traverser! Combien d'écorces à enlever l'une après l'autre pour parvenir jusqu'à la moelle, ou pour constater qu'elle n'existe pas!

— La raison se termine directement, nécessairement à Dieu : la route est sûre, assez courte, et, pour qui ne ferme pas les yeux, parfaitement éclairée. L'expérience, au prémier abord, semble moins favorisée : elle s'avance par des voies plus longues, moins directes, et parfois même éclairées d'une lumière douteuse. Mais si pénible que soit le trajet, — il lui arrive d'être facile et court, — à moins de tourner sur elle-même et de revenir sans fin sur ses pas, elle aboutit au même terme que la raison. Niez Dieu, s'il vous plaît ainsi, mais renoncez à penser, à moins que vous n'ayez découvert le secret de penser sans le secours de l'expérience et de la raison.

— *Les éléments primitifs* de nos pensées sont unis à leur principe *La Pensée de la pensée*, par un lien indissoluble, tel que le rompre ce serait anéantir en nous le pouvoir de penser. Mais, dans ce principe lui-même, peut-on séparer l'ordre éternellement pensé de l'amour éternel de l'ordre, l'unité de l'amour de l'unité, la beauté de l'amour de la beauté, le bien de l'amour du bien, en un mot Dieu de lui-même et de l'amour de ses perfections. A son tour, l'amour de ces perfections infinies n'est-ce pas comme la source d'un vouloir,.... disons mieux, n'est-ce pas comme un Acte éternel et éternellement fécond ? —

Est-ce trop dès lors d'affirmer qu'en nous et dans des proportions humaines, — le témoignage constant de l'expérience s'ajoutant à celui de la raison, — les éléments primitifs de la pensée engendrent, chacun à chacun, un amour d'eux-mêmes que suivent des vouloirs et des actes en rapport avec notre nature finie, bornée, et plus que bornée, déchue de son premier état.

CHAPITRE II.

De l'Histoire de la Pensée.

— Rien de plus étroitement uni que la philosophie et son histoire. La première pensée du premier philosophe a servi de point de départ à la seconde, les deux premières à la troisième : la chaîne en s'étendant ne s'est jamais rompue. Une vaste pensée est celle qui contient une multitude de pensées nées avant elle, et dont le souvenir plus il est présent plus il lui communique de force. Parcourez l'histoire : elle vous montrera les philosophes naissant des philosophes, les écoles des écoles, par filiation ou par opposition, pour se continuer ou pour se combattre, toute pensée nouvelle confirmant ou contredisant quelque pensée qui l'a précédée. Vainement, par un effort impossible, on aurait oublié les théories de ses prédécesseurs, leurs livres et jusqu'à leurs noms, on ne peut se séparer de soi-même et de ses souvenirs. L'histoire de la pensée s'impose au penseur ; s'il se refuse à remonter le cours des âges, il ne saurait éviter de remonter celui de ses propres pensées. La pensée ne germe que dans la pensée, et la philosophie ne se sépare pas de son histoire.

— Gardez-vous de chercher lequel est plus vrai, lequel est seul authentique du Socrate de Xénophon ou du Socrate de Platon. Prenez-les tous deux comme on vous les montre ; joignez-y un troisième Socrate profondément religieux, enthousiaste et mystique à ses heures, dans le meilleur sens de ces deux mots : Platon et Xénophon ne vous démentiront pas. Bon Sens, Dialectique, Intuition : voilà les trois aspects de cette sagesse parfaitement une, voilà les trois voies désormais ouvertes à la philosophie, et ces trois voies conduisent au même but. Les érudits séparent, divisent, distinguent : ils ont droit de le faire, pourvu qu'arrivés au terme ils reconstituent l'unité brisée. Celle de Socrate dans la diversité de ses éléments est une des plus complètes que l'histoire nous découvre. Son âme réunit à un degré éminent trois puissances qui semblent s'opposer, et dont une seule domine d'ordinaire dans les âmes les mieux partagées. Les savants cherchent comment cela se peut faire : le genre humain croit que cela est possible et que cela s'est fait. Pour lui Socrate est comme un résumé de la Sagesse qui est à la fois Bon Sens, Philosophie, Religion.

— On a souvent analysé, on étudie encore les causes de l'influence exercée par Platon et par Aristote sur la marche de l'esprit humain, durant une longue suite de siècles et jusqu'à l'époque présente. On est dans le vrai, quand on place en première ligne leur vaste savoir, leur merveilleuse intelligence. Il convient toutefois d'ajouter qu'ils sont venus au moment favorable, qu'ils ont eu assez de prédécesseurs pour éveiller leur génie, pas assez pour l'étouffer. L'histoire les a servis autant qu'elle nous perd. Nous consumons à l'étudier le meilleur de nos forces. Les uns s'y enferment et n'en sortent plus ; les autres, sous prétexte d'y chercher des lumières, y reviennent si souvent qu'ils perdent le goût de la lumière intérieure. Enfin quelques-uns la sachant trop bien n'ont qu'un souci, celui de ne la point répéter : ils renoncent à penser, de peur qu'on ne les accuse de reproduire la pensée d'autrui.

— La première pensée vraie a été, dans l'esprit du premier philosophe, le premier point de vue de l'ordre que la dernière achèvera d'embrasser tel qu'il est, tout entier, si la pensée de l'homme est capable d'un tel effort.

— L'invention consiste, en philosophie, à découvrir avec sa pensée aidée de l'expérience des siècles quelque grande ligne, ou seulement un détail de l'ordre universel qui avait échappé à la pensée des philosophes nos prédécesseurs.

※

— Est-ce assez, croyez-vous, de trois moments dans l'histoire de la pensée[1], et l'embrassent-ils tout entière depuis ses origines jusqu'à nos jours ? Il me semble découvrir au moins une lacune.

— Laquelle, je vous prie ?

— Avez-vous seulement nommé le peuple juif ? Quelle place faites-vous à ses prophètes, à ses sages, à ses poètes, à ses historiens ? Quelle place faites-vous à la Bible, le Livre par excellence ?

— Dites-mieux : au Livre inspiré, au Livre saint. Ce titre seul ne permet point qu'on le confonde avec les œuvres de la pensée purement humaine : il est trop au-dessus d'elles, bien qu'il ait exercé sur elles une influence qui date du christianisme, et ne finira qu'avec lui. Auparavant l'action des

---

[1] *Voir* au livre *De la Pensée*, le chapitre : *Les trois moments de la Pensée.*

livres saints était renfermée dans les plus étroites limites. Depuis la prédication des apôtres, elle est devenue rapide, profonde, universelle ; elle ne connaît plus de frontières. Est-ce lui faire tort que de la confondre, pour ainsi dire, avec l'action du christianisme et d'unir, dans la seconde période, les deux Testaments, le Nouveau qui a imprimé à la pensée humaine une irrésistible impulsion, l'Ancien sur lequel le Nouveau ne cesse de s'appuyer?

— J'y réfléchirai, mais il me semble, à première vue, que votre explication n'est pas sans valeur. Je réserve toutefois les rapports de votre Platon et de quelques anciens Sages avec le peuple hébreu.

— Convenez que l'âge socratique n'y perdrait rien, et que sa gloire n'en serait pas diminuée.

— Je rends grâce aux critiques pénétrants, aux brillants écrivains qui nous ont si bien fait connaître Platon, et qui ont éclairé d'une vive lumière les passages obscurs de quelques-uns de ses plus célèbres dialogues. Mais Platon leur doit bien aussi quelque reconnaissance de l'avoir si parfaitement concilié avec lui-même et d'avoir tout disposé chez lui dans un si bel ordre.

— Explorer la pensée d'autrui dans ses replis les plus profonds, les plus cachés, l'exposer avec une clarté et une exactitude irréprochables, œuvre unique, d'un grand et solide savoir, d'une pénétration peu commune. Il est déjà si difficile de descendre au fond de son âme et d'y porter la lumière.

— Libre aux philosophes, s'il en existe encore, qui croient qu'on peut tout expliquer, tout comprendre ; qu'il n'est point de ténèbres que le raisonnement ne dissipe, point d'obstacles qu'il ne renverse ; libre à eux de condamner dans Platon l'emploi des mythes, des allégories, des légendes. C'est dans sa philosophie si vaste, si profonde, la part du mystère auquel se résignent ceux qui mesurent les prétentions de notre esprit à sa capacité et à ses forces. Peut-être aussi est-ce celle d'une révélation primitive que la pensée désespérant de la garder seule, surtout en l'absence de l'écriture, a confiée pour une part à l'imagination, afin que celle-ci y ajoutât l'éclat de ses vives couleurs.

— Les mythes, les allégories sont, dans l'œuvre de Platon, comme la voix du peuple qui vient dire à son tour ce qu'il pense et surtout ce qu'il sent relativement aux grandes vérités et aux grandes obscurités de la philosophie, le dire à sa mode à lui qui n'est pas de discuter et d'épiloguer, mais de peindre et d'imaginer, de répandre à profusion la vie où les philosophes ne savent trop souvent que multiplier et faire entrechoquer les abstractions.

— Platon, quand il a fait dire à ses philosophes et à ses sophistes, dans une question difficile, tout ce qu'ils pouvaient proposer de vrai, de vraisemblable, de douteux, de précis, de subtil, d'étrange, donne parfois la parole à la poésie interprète des croyances populaires et des sentiments les plus enracinés, les plus profonds de l'âme humaine. Les philosophes ne les connaissent pas toujours, et surtout ils ne les expriment pas aussi bien qu'elle, pour la raison très simple qu'à force de les tourmenter et de les disséquer dans leurs subtiles analyses, ou ils les rendent méconnaissables, ou ils les font évanouir.

— Socrate ne voulait à aucun prix d'une philosophie organisée, exclusivement didactique, scolaire. Platon n'en voulait qu'à demi, et tout en commençant de l'établir, il y mêlait encore ses mythes et sa poésie. Avec Aristote cette philosophie d'École est constituée, fondée, close même sur quelques points : elle ne fera plus que s'accroître et parfois aussi se rétrécir. Et pourtant la philosophie du *plein air* différente de celle qui s'enseigne *intra parietes*, a si peu renoncé à ses droits, à ses chères habitudes de libre parcours que nous la voyons fleurir à toutes les époques, au sein même du christianisme. Les mystiques la représentent de Saint Jean et de Saint Denys, jusqu'à l'auteur inconnu de l'Imitation, plus tard encore : leur plus beau moment correspond à l'apogée de la Scolastique, c'est-à-dire du règne des Écoles. L'ordre et la liberté vont côte à côte dans l'histoire comme dans l'âme humaine[1] : quelques heurts, quelques désaccords passagers ne les empêchent pas de servir de concert la cause de la vérité.

— Tous les progrès de la pensée humaine viennent-ils des Écoles et de la philosophie réduite en théories, condensée en systèmes ? Assurément non, et pourtant quels maîtres de la pensée, parmi ceux qui se croyaient les plus libres, n'ont pas subi à leur insu, même contre leur gré, par mille voies directes ou indirectes, l'influence de ces Écoles ! De combien de Maîtres plus ou moins heureusement novateurs la parole ne se serait-elle pas éteinte, sans éveiller le moindre écho, si ces Écoles n'avaient formé des disciples capables de la recueillir et de la propager !

---

[1] Voir *Vie du Père Hecker*, 1897, Lecoffre.

— L'enseignement des plus saines doctrines philosophiques ne tarde pas à languir dans les Écoles, si quelque impulsion venue du dehors ne ranime de temps à autres maîtres et élèves. Ils s'assoupissaient au murmure monotone des thèses cent fois soutenues, des analyses répétées, sans qu'on y ajoutât des analyses nouvelles, quand une voix, amie ou ennemie il importe peu, mais forte et vibrante les a soudain réveillés. Les voilà contraints de réfléchir, d'observer par eux-mêmes, de descendre jusqu'au fond des textes et des pensées dont ils effleuraient seulement la surface. La vie du dehors a ranimé leur vie : celle des Écoles, entre leurs murs étroits, ne se suffit pas longtemps à elle-même. On y mourrait, si l'air ne s'y renouvelait de temps à autre ; mais l'air n'est point la tempête : c'est assez qu'il fasse respirer, il ne faut point qu'il renverse.

— La doctrine la plus vraie d'une immortelle vérité s'étiole dans un esprit qui ne la cultive pas, qui ne l'agite pas : elle y mourrait, si elle pouvait mourir.

— Un Système philosophique proposé et défendu par un homme de génie, pourvu que ses principes ne soient pas contraires à ceux de la raison, imprime à la pensée d'une civilisation, d'un siècle, un mouvement qui survit parfois au Système lui-même et dont les résultats dépassent de beaucoup les siens en importance et en durée.

— Épris d'unité et de grandeur pour le moins autant que les conquérants, les philosophes, j'entends les vrais Maîtres de la pensée, n'aspirent pas seulement comme eux à régner sur toutes les contrées de la terre : leur ambition embrasse dans ses rêves l'univers entier dont elle poursuit la domination, je veux dire la connaissance complète, absolue, par un suprême effort de génie et de pensée. Il est bien entendu qu'ils n'y parviendront pas plus que les conquérants à réaliser leur chimère, que peut-être leurs successeurs n'y parviendront jamais. Ce qui reste des uns et des autres, de leur rêve, de leur long et dur labeur, c'est un acte de foi et un hommage à l'Infini qu'ils n'ont pas désespéré d'atteindre ; c'est aussi une preuve renouvelée, de siècle en siècle, par les grands Empires et les grands Systèmes philosophiques, que l'âme humaine éprise qu'elle est de lui, de son unité, de sa grandeur incommensurable voudrait dès ici-bas l'embrasser tout entier. Il se peut toutefois que les grands Systèmes philosophiques, dont il reste toujours quelque chose, fussent plus pour la connaissance de la vérité, que les conquérants et les grands Empires détruits sans retour, pour l'unité d'une domination universelle.

— Le nombre des Systèmes philosophiques entièrement distincts les uns des autres n'est pas aussi grand qu'on pourrait croire au premier abord, quand on en lit les titres dans les annales de la pensée. Ils se réduisent en réalité à trois ou quatre, entre lesquels il y a place pour bien des nuances qui n'en altèrent pas les caractères essentiels. Il n'est pas jusqu'à la forme extérieure, jusqu'au vocabulaire inventé par certains philosophes qui ne contribue, sous ce rapport, à nous faire illusion. On croit à la soudaine apparition d'idées nouvelles, de doctrines absolument inédites, quand il n'y a rien au fond de changé que les mots. Parfois aussi c'est la Nature qui étudiée de plus près, par des méthodes plus sûres, avec des instruments plus parfaits, vient ajouter quelques clartés, quelques probabilités de plus à des doctrines vieilles de deux mille ans.

— Une doctrine, mais surtout un Système philosophique a toujours quelques points faibles et mal gardés par où l'ennemi peut s'introduire, des passages obscurs que seuls les initiés ou les plus habiles sont en état d'entendre, des fils rompus que ne peut rattacher aucune adresse. Ce n'est point du tout la même chose pour l'esprit qui l'anime, surtout s'il reproduit quelque grand trait de l'esprit humain. Qui oserait dire de Socrate et de Platon qu'ils ont été, du commencement à la fin de leurs leçons ou de leurs livres, des interprètes toujours fidèles de la vérité. Mais aussi quel esprit cultivé ne sait et n'aime à redire, — du premier, qu'il n'a jamais séparé l'homme de Dieu, la vertu de la science, et le sens commun des plus sublimes spéculations; — du second, qu'il a constamment élevé ses regards plus haut que le monde accessible aux sens, qu'il a cru de toutes les puissances de son âme, pensée, amour, volonté, et qu'il a fait croire à un idéal de beauté, de bonté, de science, de justice, plus réel que toutes les réalités d'ici-bas! On a disputé, douté, hésité, sur tel ou tel point de la doctrine : on est d'accord, on est unanime sur l'esprit qui l'a engendrée.

— L'Épicurisme est né bien avant Épicure et le Stoïcisme a de beaucoup précédé Zénon, ou, pour mieux dire, le germe de ces deux doctrines est dans la double nature de l'homme qui tantôt s'abandonne au plaisir, et tantôt se révolte contre la tyrannie des sens et du plaisir. L'alternative est de toutes les heures, et le conflit qui date des premiers jours du monde ne finira qu'avec l'humanité.

— Il s'en faut de tout qu'un Épicurien, je parle des Épicuriens qui pensent, soit, sur une foule de questions, du même avis qu'un autre Épicurien, et pareillement les Stoïciens sont loin de s'entendre entre eux sur la nature de l'âme du monde, sur celle de la raison, sur la manière de s'adapter ou de se résigner à l'ordre universel. Mais pour le principe même de leur philosophie nul désaccord sérieux, car ce principe c'est dans l'âme humaine quelque chose qui ne change pas.

— Atticus se laisse mourir d'inanition pour échapper à la douleur; Caton se perce de son épée pour ne pas survivre à la défaite de son parti et de la liberté. L'Épicurien raffiné, l'austère Stoïcien séparés sur tant de points se sont rencontrés à la fin dans le même dégoût de la vie, dans un pessimisme dont ils ne savaient pas le nom, mais dont ils ont plus résolument que ses modernes docteurs appliqué les conclusions dernières.

— Métaphysique obscure, contradictoire, logique subtile, surtout habile à changer le sens des mots où à en forger de nouveaux, morale au-dessus des forces moyennes de l'homme et même des volontés les plus énergiques, des caractères les mieux trempés, puisqu'elle n'a pas le secours de la prière : c'est plus qu'il n'en fallait pour enfermer le Stoïcisme dans une classe de privilégiés et dans des limites qu'il n'a jamais su ni voulu franchir. C'était, avant le règne de l'Évangile, la philosophie d'un petit nombre, et depuis longtemps ce n'est plus, dans son premier et plus authentique sens, la philosophie de personne. Les âmes stoïques se font rares, on en découvre pourtant çà et là quelques-unes, le Stoïcien a pour jamais disparu.

— Dites d'un homme : *c'est un Épicurien*, tout le monde comprend, il n'est pas besoin d'autre explication. Dites : *c'est un Stoïcien,* il vous faudra définir, expliquer, distinguer, produire des exemples, citer des traits, et il n'est pas sûr après tout cela qu'on vous ait bien compris.

— Doctrine d'Épicure très claire et très fausse, preuve convaincante ajoutée à tant d'autres que si la clarté fait valoir la vérité elle n'en est pas le signe infaillible.

— On a dit souvent : les grandes pensées germent dans la solitude. Oui, mais à condition qu'on y porte déjà une pensée cultivée par la pensée d'autrui. Les Pères de l'Église qui ont exercé une influence décisive sur leur siècle et sur quatorze siècles qui l'ont suivi avaient longtemps étudié dans les écoles les plus fameuses, Alexandrie, Athènes, Antioche, avant de se recueillir dans la solitude. Le monde a été vaincu par cette pensée qui portait en elle, avec la foi au Christ et à sa parole, la pensée des siècles.

— Aristote ou l'un de ses disciples résumant sur ce point la pensée du monde ancien a dit qu'il est impossible à l'homme d'aimer Dieu. Le christianisme au contraire : tout en lui, mystères, dogmes, sacrements, préceptes, conseils, humilité, charité, tout procède de l'amour de Dieu pour l'homme, appelle et enflamme l'amour de l'homme pour Dieu. Si le christianisme continue la philosophie ancienne, assurément ce n'est pas en ce point, et ce point c'est presque tout.

— Tous les chrétiens n'ont pas une mère comme sainte Monique, ni une sœur comme celle de saint Basile, et toutefois depuis l'ère chrétienne que de philosophes, de poètes, d'orateurs chez qui la pensée, l'éloquence, la science du cœur humain dévoilent le contact d'un cœur plus pur, d'une pensée plus délicate, une culture enfin que les hommes ne donnent ni si douce, ni si profonde !

— Quel philosophe ne souhaiterait qu'un plus grand que lui complétât son œuvre inachevée ! Aristote et Platon ont eu ce rare bonheur : c'est au christianisme qu'ils le doivent.

— Ce n'est pas seulement sur lui-même que le christianisme exerce son pouvoir de purifier et de maintenir, c'est sur les philosophies qui ont précédé sa naissance. Platon lui doit beaucoup, Aristote davantage : c'est surtout par lui qu'ils enseignent encore l'un et l'autre après tant de siècles. Tandis que les philosophes grecs d'Alexandrie, les médecins juifs et arabes, les érudits de la Renaissance altéraient à l'envi la doctrine de ces deux grands hommes, il a pris soin, sans en changer les grandes lignes et les traits essentiels, de la rendre plus conforme à la vérité.

— On chercherait vainement, avant l'ère chrétienne, les traces d'une action sérieuse et constante exercée par les femmes sur la marche de la pensée : depuis c'est autre chose. Le prêtre ne grave pas avant elles le nom de Dieu dans la mémoire de l'enfant ; elles en éveillent l'idée, elles en inspirent l'amour. Il fallait que chaque philosophe de l'antiquité retrouvât par lui-même, dans son âge mûr, la notion plus ou moins exacte du Dieu inconnu. Aujourd'hui les mères ont pris pour elles ce soin de la transmettre d'abord à leurs fils par une tradition qui ne s'interrompt jamais. Dieu personnel, vivant, créateur du monde que sa Providence conserve : voilà, depuis le christianisme, la pensée qui domine toutes les pensées et les juge. Elle n'a pas de plus fidèles gardiens que nos mères, et elle durera tant que durera l'amour maternel agrandi par l'amour divin.

— Si Montaigne et Charron n'avaient pas été les prédécesseurs immédiats de Descartes, il est peu probable que celui-ci eût installé le doute au seuil de sa philosophie. Il n'a que faire en ce lieu, et c'est une garde étrange à la porte d'un dogmatisme aussi absolu. Les esprits les plus libres font à l'esprit de leur temps des concessions qu'ils ne s'avouent pas. Tel croit que son œuvre lui appartient tout entière qui l'a composée avec ses souvenirs unis à ses propres pensées. Ces combinaisons valent, il est vrai, ce que vaut l'esprit qui combine. A ce titre celles de Descartes lui appartiennent et n'appartiennent qu'à lui.

— L'ironie de Socrate, quand elle s'attaque aux faiblesses et aux contradictions de la nature humaine, est tempérée par le sens délicat de la mesure, par l'amour du beau, par la nécessité de ménager la raison, dernier refuge avant le christianisme. Chez Pascal qui ne craint pas de la pousser à bout, sûr qu'il est de se sauver dans la foi, l'ironie est du moins relevée par l'éloquence, adoucie par la charité ; plus tard elle ne l'est plus par rien. Elle se moque, elle persifle, elle insulte, elle prend plaisir à nous ravaler, à étaler une à une et sans pitié les misères de l'homme dont l'ironie socratique ménage la grandeur native, dans lequel Pascal nous fait admirer et plaindre une grandeur déchue.

— Jusqu'où peut aller la richesse de la pensée demandez la réponse à saint Augustin ; s'il s'agit de sa vigueur adressez-vous à Descartes. L'un se répand, l'autre se concentre : dans l'un les germes de toutes les théories, dans l'autre une théorie constituée et fermée. Nul n'a poussé plus loin que saint Augustin la recherche ardente et curieuse du vrai : nul n'a désiré plus vivement que Descartes ramener toutes les vérités à un petit nombre, et ce petit nombre à un point de départ unique. La puissance de penser est à un haut degré dans chacun d'eux, mais le premier pense librement, largement, le second en vue d'un Système et pour le confirmer. L'un est demeuré jusqu'à la fin maître de sa pensée, l'autre s'est asservi à la sienne. Descartes a eu des disciples, une École que sa pensée a fait vivre un peu plus ou un peu moins d'un siècle ; la pensée de saint Augustin depuis quinze siècles qu'on y puise n'est pas encore épuisée.

— S'il est une manière de penser moins serrée peut-être et moins concentrée que celle des philosophes de profession, mais aussi moins étroite, moins subordonnée aux exigences d'un Système, une manière de penser large et forte à laquelle l'enchaînement des causes est toujours présent dans leur principe, qui voit tout en Dieu, explique tout par sa Providence et par la nature de l'âme humaine, qui unit aux vues les plus hautes les observations les plus exactes, le langage le plus simple à l'éloquence la plus sublime, qui répond à toutes les questions de son siècle et devance celles de l'avenir, c'est la manière de penser propre à Bossuet. Qu'il annonce aux simples fidèles les vérités de l'Évangile ; qu'il écrive pour eux dans le calme de la solitude ses Méditations et ses Élévations ; qu'il prononce, devant les auditoires les plus pieux et les plus illustres, le Panégyrique d'un saint ou l'Oraison funèbre d'un grand de la terre ; qu'il expose ou qu'il discute, qu'il fasse œuvre de critique, de polémiste ou d'historien, Bossuet nourrit tout ce qu'il dit, tout ce qu'il écrit de pensées solides et profondes.

J'oserais affirmer que le penseur domine en lui l'orateur, s'il ne valait mieux prononcer que son éloquence doit à la pensée tout ce qu'elle a de force, tout ce que, de nos jours encore, elle opère de bien et répand de lumières.

— Le dix-septième siècle est plus riche en penseurs et en pensées que le dix-huitième. Celui-ci ne l'a point voulu croire et, parce qu'il avait mis en mouvement beaucoup d'idées, il a publié partout qu'il avait inauguré le règne de la pensée.

— Les hommes pensaient depuis de longs siècles, et depuis plus de deux mille ans ils étudiaient avec soin, et non sans succès, les lois de la pensée, quand deux philosophes vinrent, à cent ans de distance, proclamer que tout ce travail était en pure perte et qu'ils l'avaient refait, cette fois, avec un plein succès. Ils demandaient qu'on voulût bien les en croire eux et leurs amis. Au lieu de choisir entre Locke et Kant, ce qui n'était point aisé, ou de les concilier, ce qui n'était point possible, la philosophie *(philosophia perennis)* se contenta d'emprunter à l'un des réflexions et des observations utiles, à l'autre des analyses dont elle retrancha l'excès. Elle se propose d'agir de même chaque fois que renaîtra cette prétention étrange, après trois mille ans d'études, de révéler l'entendement à lui-même et d'enseigner enfin aux hommes la vraie philosophie dont ils ne savaient pas le premier mot.

— J'ai entendu louer Kant, comme si la morale commençait à lui et qu'il en fût l'auteur. J'ai lu des livres où on l'invoquait, où on l'encensait à chaque page, et j'ai compris enfin qu'on ait pu, au seizième et au dix-septième siècle, prendre en horreur, tout au moins en aversion profonde, Aristote et sa doctrine.

— Deux auteurs au moins de la philosophie de Kant, Hume et Kant. Le doute que le philosophe anglais avait secrètement déposé dans la fleur n'a pas empêché le fruit de se former et de prendre belle apparence, mais il en a gâté le cœur, et il empoisonne lentement ceux qui s'en nourrissent, s'ils ne se nourrissent que de lui.

— La lecture des livres de Kant a-t-elle contribué à faire quelques hommes de bien, on l'a dit, mais il est douteux. Que l'exemple de sa vie si laborieuse et si pure ait contribué à ranimer chez plusieurs de ses contemporains le goût et l'amour de la vertu, on peut le croire, et, pour ma part, je n'en doute pas.

— A double aspect comme sa doctrine la renommée de Kant ne cessera pas d'être tour à tour bonne ou mauvaise, suivant qu'on envisagera les philosophies dont il a ruiné le crédit ou celles dont il a provoqué la naissance. La raison n'a point perdu l'unité qu'il avait tenté de lui ravir, mais celle-ci manque à son œuvre et, avec elle, la vraie et durable grandeur.

— Ce qui parvient aux classes moyennes des doctrines philosophiques écloses depuis un siècle en Allemagne, en France, en Angleterre, c'est l'idée mère de la théorie, c'est le germe d'où la plante est sortie, salutaire ou empoisonnée. Les érudits, les savants sont loin de le découvrir aussi vite et aussi sûrement : ils se noient dans les détails du Système, ils s'égarent dans les détours, ils se perdent dans les entrecroisements de la discussion. Le peuple des esprits va droit au point central, à la vérité que le bon sens reconnaît pour sienne, que l'âme entière accepte avec gratitude comme une lumière et une force, trop souvent aussi à l'erreur qui flatte les sens, le préjugé, la passion. Pour le reste il n'en a cure : mieux inspiré que l'auteur lui-même il ne s'arrête qu'à ce qu'il comprend et peut appliquer.

— Neuf sur dix n'entendent que très imparfaitement la philosophie de Kant, sa morale mise à part, avec tant de persévérance qu'ils s'y appliquent, et surtout ils seraient fort en peine d'en faire accorder du commencement à la fin toutes les parties. Ce qu'il en reste dans ces esprits appliqués, mais d'une pénétration trop ordinaire, c'est que l'ordre universel pourrait bien être tout l'opposé de ce qu'on croyait généralement, et que notre pensée, en y comprenant sans doute nos folies et nos rêves, est désormais le centre du monde où Dieu ne tient plus qu'une toute petite place. Tous les détails du Système, dont un grand nombre assurément ont leur prix, s'effacent et disparaissent dans ce seul point de vue qui fut celui de Fichte son illustre disciple. Phénomènes, noumènes, catégories, concepts, analyses profondes ou subtiles, exactes ou incomplètes, erreurs, vérités, tout est noyé, englouti dans cette surprenante affirmation. Elle va des disciples à leurs amis, de ceux-ci aux lettrés; des lettrés elle descend aux derniers rangs de ceux qui ont quelque prétention à quelque ombre de philosophie. Voilà tout ce qui est entré dans le commerce des hommes d'une doctrine si vaste et si complexe : le reste est pour les philosophes de profession qui se disputent à qui l'entendra comme le maître l'a conçu. Ils ont fait d'ailleurs lentement, d'année en année, porter tous ses fruits à ce subjectivisme de plus en plus excessif et redoutable.

— Bien peu de philosophes, je parle des plus grands, ont su tout ce que contenait leur pensée. Leurs disciples ou leurs adversaires se sont chargés de le leur apprendre ou, après leur mort, de l'apprendre au monde.

— Kant a engendré Fichte, qui a engendré Schelling et Hégel, qui ont engendré Karl Marx[1] et les socialistes allemands, les plus doctrinaires de tous les socialistes. Le germe que le semeur avait confié à la terre il était loin de savoir tout ce qu'il contenait.

— Quelle éloquence était celle de Victor Cousin ? Il est difficile de la définir. — Venait-elle du cœur ? On ne l'a jamais dit. — De la profondeur des convictions ? Les convictions profondes ne sont pas si mobiles. — D'une pensée vigoureuse ? C'est beaucoup lui accorder. — D'une vive et brillante imagination ? Plusieurs inclinent à le croire. — Peut-être tous ces éléments, mais sur-

---

[1] Au témoignage d'Engels, de Henri Heine, de Karl Marx lui-même.

tout le dernier, ont contribué, chacun pour leur part, à la former, comme toutes les doctrines du monde ont contribué à former sa philosophie. Plus d'égalité toutefois et plus d'unité dans le bien dire et dans l'éloquence que dans la doctrine.

— Jamais philosophie n'a poussé plus de racines et plus à la surface que celle de Victor Cousin. Elles allaient de çà et de là, s'allongeant, se croisant, se multipliant, cédant à la tentation de tous les sols et de tous les soleils. Les mêmes sucs nourriciers n'accommodaient pas longtemps leur délicatesse ; il leur en fallait toujours de nouveaux, et elles dépensaient à les chercher au loin et au large des forces qui leur manquaient ensuite pour s'enfoncer dans la terre, et y renouveler leur sève épuisée. De ce travail où le hasard et les circonstances avaient plus de part que la méthode, naquirent des plantes qui n'étaient pas sans grâce, des fleurs qui n'étaient pas sans parfum. Par malheur, de grandes sécheresses étant survenues, plantes et fleurs, à part un petit nombre, se flétrirent comme en un instant.

— L'œuvre que Victor Cousin souhaitait passionnément de faire il ne l'a point faite, et celle qui servait seulement à le délasser à la fin de sa carrière est devenue, plusieurs l'affirment, son œuvre durable. Il n'a pas légué au monde une philosophie, car il en avait enseigné deux ou trois, mais il a ranimé dans son pays le goût de la littérature classique, il a fait aimer le dix-septième siècle. N'oublions pas non plus ces nombreux ancêtres dont il a tour à tour évoqué le souvenir, et par lui-même ou par ses amis exposé plus clairement la doctrine. C'est quelque chose, quand on n'a pas une pensée originale, de faire revivre la pensée des plus grands hommes; c'est quelque chose d'avoir, avec beaucoup d'imagination et de chaleur d'âme, une langue à soi et de la prêter à ceux qui ont eu plus de vigueur d'esprit que de clarté et d'éloquence. On acquiert ainsi le droit de se placer à une moindre distance de ceux qu'on fait valoir ou qu'on ressuscite.

— Celui qui[1] à vingt-sept ans, tout d'un trait, sans une seule rature, a écrit l'article longtemps fameux : *Comment les dogmes finissent*, commençait à peine de penser, et il savait déjà comment naissent, grandissent et meurent les doctrines les plus profondes et les plus fécondes. S'il lui eût été donné de prolonger sa trop courte carrière,

---

[1] Th. Jouffroy : 1796-1842.

trente ans plus tard, avec la maturité d'un esprit
sûr enfin de sa pensée, peut-être aurait-il écrit
comme Caro : *Comment les dogmes finissent et
comment ils renaissent,* et mieux encore : *Où vont
les mœurs, quand finissent les dogmes.*

— Confiez à Wilm[1] demi-français, demi-
germain, le soin d'exposer dans notre langue la
philosophie de Fichte, de Schelling, de Hegel,
leur pensée dépouillée d'une partie de ses voiles
commencera à vous apparaître, mais ce ne sera
plus tout à fait leur pensée. Que Cousin ou Émile
Saisset se charge du même travail, la pensée
sortira claire et distincte, mais ce sera bien moins
encore leur pensée. Ces détours infinis que vous
avez supprimés, il était dans sa nature qu'elle les
parcourût pour arriver ou n'arriver point à un but
qu'elle n'était pas du tout pressée d'atteindre. Ces
nuages dont elle s'enveloppe si volontiers, il est
heureux que vous ne réussissiez pas à les dissiper
totalement, car que deviendraient la majesté du
temple et ses mystères ! N'essayez pas de ravir à
la pensée, sous le vain prétexte de la rendre plus
claire, ce qui appartient à la pensée. Conçoit-on

---

[1] Auteur d'une *Histoire de la Philosophie allemande
de Kant à Hegel,* 4 vol.

le ciel de l'Écosse sans ses brumes : inondez-le de soleil, ce n'est plus le ciel de l'Écosse.

— Grâce aux lumineuses expositions de Victor Cousin et de ses disciples, la philosophie des successeurs de Kant a fait le tour du monde en moins d'un demi-siècle. Il est vrai qu'elle aurait pu nous faire illusion un demi-siècle de plus, si on l'avait laissée à elle-même et à ses *ténèbres visibles*[1]. La lumière lui a été fatale autant que l'obscurité lui était favorable.

— Craignez de faire en philosophie la moindre brèche au bon sens : les plus grosses erreurs y passeront à la file avant que vous ayez le temps de la fermer.

— Semblables aux dieux d'Épicure les imposants fantômes de Hegel flottent aux extrêmes limites de notre monde, sans pouvoir s'y fixer et sans pouvoir s'élever au-dessus de lui. On ne sait, à vrai dire, exactement s'ils sont des dieux, des choses ou rien.

— Ce n'est ni la terre, ni le ciel que leur philo-

---

[1] Dante cité par Victor Cousin, à l'occasion de Hegel.

sophie : on n'y tient pas fermement au sol des faits sensibles et on ne s'y élève pas aux hauteurs qui les dominent. C'est je ne sais quelle région entre les deux où flottent des nuages qu'on prendrait parfois pour des masses solides, quand le moindre coup de vent suffit à les balayer.

— Êtes-vous sûr que le livre de M. Vacherot ait réellement pour titre : *Le nouveau Spiritualisme ?*

— J'en suis sûr ; il me l'a lui-même écrit ; dans quelques jours, si l'éditeur est fidèle à sa promesse, nous l'aurons, vous et moi, entre les mains.

— Bonne nouvelle pour les amis de M. Vacherot ; ils sont nombreux, vous ne l'ignorez pas. Le titre ne les trompera point et ils liront, comme si l'auteur avait écrit : le Spiritualisme ancien et nouveau. On peut abréger et simplifier quand on s'adresse à des lecteurs intelligents : le danger est médiocre ou nul. Il est trop évident que M. Vacherot n'a pas conçu le dessein de nous proposer un spiritualisme en tout différent du spiritualisme ancien, usé, démodé, détruit. C'est de l'âme humaine que le spiritualisme est sorti, et jamais les sciences de la Nature, quels que soient leurs progrès, ne contrediront l'âme humaine : sinon il ne faudrait plus parler d'ordre et d'harmonie, il ne faudrait plus y croire. Toujours anciennes et toujours nouvelles les vérités que le spiritualisme proclame peuvent se rajeunir au contact d'une pensée vigoureuse, elles ne changent point. On les voit mieux, on les aperçoit dans une lumière plus vive ou plus pure : c'est toute la différence. Heureux ceux qui peuvent, à force de science et de talent, rendre aux vérités anciennes méconnues d'un trop grand nombre le charme des choses nouvelles toujours si puissant sur les âmes. M. Vacherot a tout ce qu'il faut pour être un de ces heureux philosophes : nul doute que nous en ayons bientôt la preuve.

— L'auteur du *Nouveau Spiritualisme*, quand il parle de Dieu dans l'abandon d'une pensée qu'aucun parti pris n'enchaîne, en parle comme ferait un chrétien avec je ne sais quel accent communicatif de foi et d'amour. C'est alors le Dieu un, le Dieu saint, le Dieu de l'homme et du monde. Quand le même philosophe à ce Dieu qui créerait éternellement un monde éternel accorde et retire tour à tour les attributs les plus saints, quand il incline vers le panthéisme qu'il déteste, sa pensée comme partagée entre deux directions fait de vains efforts pour retrouver son unité perdue. Elle se courbe, se replie ; elle avance, elle recule, elle s'embarrasse et, avec elle, cette parole nette et forte jusqu'à l'éloquence lorsqu'elle s'inspire du Dieu véritable. On dirait de ce livre comme d'un ciel où tantôt vainqueur et tantôt vaincu le soleil lutte contre d'implacables nuages dont il illumine, par d'heureux retours, les masses profondes, sans parvenir à les dissiper.

— Il est des érudits qui s'inquiètent de savoir si Strauss est demeuré fidèle à l'idéalisme, ou s'il n'était pas, à la fin de sa vie, partisan résolu du pur mécanisme : ils écrivent sur ce grave sujet de longues dissertations. Au fond, que leur importe un changement de plus ou un changement de moins dans l'existence de celui qui a tant changé ? N'avait-il pas acquis le droit de descendre encore ?

— Est-il vrai et faut-il croire, comme plusieurs s'en portent garants, que l'*Inconnaissable* d'Herbert Spencer se rapproche de plus en plus de notre Infini ? Voilà qui serait d'un bon exemple pour les philosophes de l'avenir. Ceux du passé ont trop souvent, à la fin de leur carrière, exagéré la pensée maîtresse de leur Système, au lieu de la faire rentrer dans les limites de l'ordre et du bon sens. Cette nouveauté nous plaît, elle ne saurait venir que d'un grand esprit : mais, est-il bien vrai ?

— *Positivisme :* Ce mot porte en lui-même la moitié de son explication. Cette philosophie est claire autant qu'elle est courte et à la surface : deux conditions pour qu'elle se répande aisément, et qu'elle devienne la philosophie de ceux qui aiment la clarté et redoutent la profondeur.

— On passe aisément, naturellement, du positivisme au pessimisme, de la négation de l'idéal et de la vie à venir au dégoût du réel et de la vie présente. Mais on y vient aussi de l'Épicuréisme par l'abus et la lassitude du plaisir.

— La philosophie spiritualiste ou mieux rationaliste s'est estimée très habile de faire, dans notre pays, un peu avant et un peu après 1830, l'économie du christianisme. Il lui en coûte depuis lors dix fois plus de peine qu'auparavant pour se maintenir dans ses positions, et elle n'y réussit pas.

— « Or ça, que faites-vous, à quoi pensez-vous de démolir ainsi mon logis, mon abri, mon cher refuge ? Je m'étais endormi, il y a quinze ou vingt ans, en 1845 ou en 1847, entre les bras d'une philosophie raisonnable, d'un spiritualisme sensé, mitigé, étranger aux idées religieuses, et je me réveille en plein matérialisme. Où Cousin et ses disciples régnaient en maîtres et discouraient sans contradicteurs, il n'est plus question d'eux que pour les proscrire et s'en moquer. D'où vient ce rapide et prodigieux changement? Où sommes-nous, grands dieux ? Qu'allons-nous devenir et que faut-il croire? »

— « Il faut croire qu'à se priver des secours d'un ancien et puissant allié on risque fort de succomber dans la lutte contre un adversaire plus vigilant et mieux armé qu'on n'est soi-même. »

— *De la mode en philosophie, mais spécialement en France, au dix-neuvième siècle :* titre d'une thèse qu'aucune Faculté ne recevrait aujourd'hui, mais qu'on écrira dans cent ans, au grand profit du public et des philosophes.

— Que de paroles éloquentes, que de nobles protestations contre des théories avilissantes, en faveur de l'âme, du devoir, de Dieu, du monde invisible, de la vie à venir, ont retenti et retentissent encore dans ces amphithéâtres de la Sorbonne qui ne tarderont pas, on l'assure, à disparaître, dans cette salle des thèses, étroite et sombre, que remplacera dans quelques mois une salle vaste et commode. Élevez, élargissez les murs de l'antique Sorbonne, rien de mieux, et la France entière d'applaudir : on y manquait d'espace, on y manquait d'air. Mais aussi dilatez les âmes, élevez les esprits et les cœurs, et que l'histoire ne dise jamais de vous : « ils ont élevé à la Science un temple magnifique, mais ils en ont banni l'âme de la Science : vous en voyez les suites ».

— A vingt-deux ans Lemovic[1] sortait d'une École célèbre : ses maîtres lui avaient prédit, et il croyait à leur parole, un brillant avenir. Il aimait avec passion la philosophie qu'il devait enseigner, les Lettres qu'il ne séparait point de la philosophie. Charmés par son érudition discrète, par sa sincérité et son éloquence, ses premiers élèves devinrent en peu de temps ses amis et ses disciples. A vingt-cinq ans un mal héréditaire lui faisait sentir ses premières atteintes : à trente ans il était maître de la place, et ni science, ni art, ni longueur de temps, ni remèdes héroïques ne devaient réussir à l'en chasser. Depuis lors Lemovic n'a cessé de languir et de lutter, de perdre ses

---

[1] *Lemovic*, de son nom Magy né à Limoges ou à Saint-Yrieix, en 1824, mort le 15 avril 1887, est l'interlocuteur de Jules Simon dans le Récit-dialogue intitulé : *Devant le palais de l'Institut* (*La Cité chrétienne*, 3ᵉ volume).

forces et de les reprendre, de retrouver avec bonheur ses élèves, son enseignement, et de les quitter avec des regrets infinis.

Éxilé de la chaire à l'âge où l'on y prend possession de soi-même et de sa pensée, il a voulu du moins fixer dans un livre la doctrine que sa parole ne pouvait plus répandre. Dix fois la plume est tombée, pour des mois entiers, de ses mains défaillantes : dix fois il l'a reprise avec un indomptable courage. Le séjour de Paris lui était précieux, ses bibliothèques publiques étaient d'un grand secours à ses travaux : l'impitoyable mal a commandé qu'il sortît de la capitale, pour s'établir au centre de la France, dans une très petite ville et très pauvre en tout genre de ressources. C'est là qu'il habite à l'heure présente, écrivant des livres que l'Institut couronne et que le monde ne connaît pas. Qu'importe au monde la Métaphysique, et si tel ou tel la cultive avec succès, dans un intérêt général qu'il ne soupçonne point !

Pour tant d'espérances déçues, pour remplacer les charges auxquelles il a de lui-même renoncé, les honneurs qui lui viendront tard, si jamais ils lui viennent, vous demandez ce qui reste à Lemovic, et où il puise ce calme et cette paix qu'on admire. Il lui reste cette Métaphysique dont les hauts sommets sont devenus le séjour habituel de son esprit, dont la pure lumière nourrit sa pensée ; il lui reste par dessus tout cette souffrance dont il a sondé le mystère, dont il sait le prix, et que peut-être il n'échangerait pas contre les illusions de ses vingt-deux ans et la brillante carrière qu'on lui avait promise.

— Un de mes amis m'a conté que dans la petite ville de Sirap fort éloignée d'ici et fort peu connue, il se trouve jusqu'à trente ou trente-cinq personnes passionnées pour l'étude de la philosophie. Elles se sont réunies, depuis quinze ou dix-huit mois, en une société qui a choisi saint Thomas pour guide et pour patron : on ne voit plus ces choses-là qu'au fond de la province. Admis à l'une de ses séances mon ami fut surpris de voir avec quelle liberté on y discutait les questions les plus difficiles, et l'on invoquait avec le témoignage de l'âme et de la Nature celui des autorités les plus diverses, anciennes et modernes. Mais ce qui le frappa davantage c'est que le président de la société, quand le moment fut venu de résumer les débats et de proposer des conclusions, ne craignit pas, dans un langage aussi clair que précis et avec un singulier bon sens, d'éclairer la pensée d'Aristote par celle de Platon que toutefois il ne nommait pas. Mon ami les connaît l'une et l'autre aussi bien qu'homme de France et savant d'Allemagne. Il paraît d'ailleurs, au jugement de plusieurs personnes fort entendues en ces matières, que ces deux pensées et ces deux esprits sont unis plus d'une fois dans la doctrine de saint Thomas dont le merveilleux génie aurait emprunté à la philosophie ancienne toutes les vérités qu'elle contient, sans s'inquiéter d'autre chose que de les purifier et de les agrandir à la lumière de la foi. Mon ami en concluait que rien ne vaut le bon sens dans un esprit d'ailleurs soigneusement cultivé, pour découvrir dans les philosophies en apparence les plus opposées ce qu'elles ont de commun et de vrai. Il ajoutait que cette arme de bon sens n'est si puissante et si sûre qu'aux mains des philosophes chrétiens, chez lesquels l'élévation de la pensée s'unit sans effort à une constante modération. — Je me suis gardé de le contredire.

— Qui l'eût dit qu'un Wurtembergeois né protestant, admirateur de Hegel, disciple de Strauss, docteur en médecine de l'Université de Tubingue, deviendrait quelques années plus tard catholique et prêtre, supérieur d'un séminaire, vicaire général d'un évêque français ?

Qui l'eût deviné que, de ses premières impressions et de ses premiers maîtres, gardant en Métaphysique le goût, la passion de l'*unité*, ce fidèle enfant de l'Église, élevé par elle à la connaissance et à l'amour de l'unité véritable, avait, durant de longues années, à travers mille préoccupations, mille travaux, mille dévouements, disposé peu à peu les éléments d'une vaste synthèse, d'une *philosophie de l'unité* qui aurait tout embrassé et expliqué tout ce qui peut l'être ?

Qui l'eût espéré que, ravi trop tôt à l'affection de ses amis et de ses élèves, les mains pieuses, l'intelligence et la constance d'une femme, sa fille spirituelle (il suffirait d'un souffle pour éteindre la plus délicate et la plus frêle des existences), traceraient d'une main sûre, d'un style simple et sévère, le plan et les lignes principales du monument que l'architecte n'avait pas eu le temps d'élever ?

Ce que vaut la philosophie de l'abbé Hetsch [1], ce qu'elle contient d'original et de vrai, les philosophes en jugeront. Mais, ce que vaut la femme chrétienne, jusqu'où peut s'élever son intelligence soutenue dans son élan par son cœur et par sa foi, nous venons de l'apprendre une fois de plus, en ce siècle et en ce pays de France, à une si

---

[1] *L'abbé Hetsch*, par Mme Nelly Du Boys, Paris, 1885, un vol. in-12 (650 pages), Poussielgue frères, 2e édition.

faible distance de Mlle Louise Humann et de Mme Schwetchine.

— Tout le mouvement philosophique semble aujourd'hui concentré dans quatre ou cinq États du vieux monde. On ne dit point que le Dominion canadien, les États-Unis, le Brésil, les républiques de l'Amérique du Sud, à plus forte raison les colonies australiennes, aient vu paraître encore leurs premiers philosophes. Aussi bien, tous ces États naissants ont-ils, pour l'heure, autre chose à faire, et la philosophie pratique y prime la spéculative dont le nom même leur est inconnu. En vain l'on objecterait que, dans des circonstances presque identiques, l'esprit délié des cités grecques avait pris une bien autre avance. Les Grecs n'avaient pas le christianisme, et le christianisme enferme en lui le meilleur et le plus solide de la philosophie. On peut, quand on le possède, attendre pour acquérir le superflu un moment favorable. L'Église a d'ailleurs, dans ces régions lointaines, porté avec elle sa philosophie où la méthode de Socrate, l'inspiration de Platon, la précision d'Aristote se sont unies et corrigées sous l'influence du ferme bon sens et du génie organisateur de saint Thomas.

Entrés dans le mouvement de l'ancien monde, à l'heure où les sciences de la Nature s'y développaient avec une activité inouïe et de merveilleux succès, les citoyens de ces nouveaux États ont fait la seule chose qui fût sage : ils observent, ils analysent, ils expérimentent. Protégés, on l'espère du moins, par leur foi religieuse contre l'abus des hypothèses, ils attendent sans impatience celui qui doit, aux premières années du siècle prochain, porter une fois de plus la lumière dans le chaos des faits, et qui peut être aussi bien l'un des leurs qu'un enfant de la vieille Europe. Admettons, en effet, que leur culture soit moins ancienne et moins universelle que la nôtre : en retour, leur esprit est libre des préjugés d'école et de parti qui nous embarrassent.

— Si le Système d'un philosophe fait valoir ses pensées par l'ordre rigoureux qu'il leur communique, à leur tour les pensées font valoir le Système et lui survivront.

— Ce beau corps de doctrine où tout est si bien uni, si étroitement enchaîné, où toutes les questions ont une réponse et où aucune réponse ne contredit l'autre, n'a jamais existé dans l'esprit des grands philosophes absolument tel qu'on le présente à notre admiration. Ils ont pensé successivement toutes ces choses, il en est même plusieurs qu'ils ont cessé de croire et de penser. On serait fort en peine d'indiquer avec précision un moment, un jour de leur vie où ils les auraient embrassées toutes à la fois avec tous les rapports qu'on découvre entre elles. L'historien de la philosophie, s'il ne fait pas l'unité du Système qu'il expose, du moins y contribue-t-il pour une large part.

— Vous faites tort à ce philosophe et aussi à ses lecteurs de dire ou d'écrire en parlant de lui : *son Système, sa doctrine.* Il n'a jamais eu tant de prétentions que vous en témoignez pour lui. Est-ce une raison, parce qu'il a mis un peu d'ordre dans ses pensées, de vouloir qu'il ait réponse à toutes les questions ?

— Qui dit Système dit pensée unique, souvent exclusive, toujours dominante, pensées secondaires enchaînées à cette pensée maîtresse, désir d'embrasser tout entier et de copier fidèlement l'ordre universel, impuissance d'y parvenir.

— Pour quatre ou cinq philosophes dont la pensée a fait vivre une école et plusieurs générations de disciples, combien d'autres dont la vie a été plus longue que leur courte pensée !

— Quand une grande philosophie paraît dans le monde il s'en fait bientôt comme deux parts : celle de son esprit à laquelle un petit nombre s'attache pour s'en pénétrer, — celle des formules et des mots qui ne tarde pas à devenir, pour de longues années, la pâture de ceux qui ne sauraient atteindre jusqu'à l'esprit.

※

— *Premier philosophe.* — Si c'est à mon école que vous désirez entrer, sachez que mon principe est celui-ci : tout est force dans l'univers, et vous-même, mon futur disciple, vous êtes *une force* : rien de moins, rien de plus.

— Je n'ai garde d'y contredire : et pourtant ne suis-je que cela ?

— *Deuxième philosophe.* — Il se trompe, mon jeune ami, croyez bien qu'il se trompe. Comment serait-il une force, lui qui est tout au plus ce que nous sommes tous, *une collection de phénomènes !*

— C'est bien peu, et il me semble, à première vue, que je suis davantage.

— *Troisième philosophe.* — Vous êtes, en effet, mieux qu'une force, mieux qu'une collection de phénomènes, vous êtes, croyez-le bien, *une substance dont toute la nature est de penser.* C'est là votre vrai, votre unique caractère.

— Si beau, si noble que soit celui-là, j'aimerais à en posséder d'autres, et, de fait, il me semble que je les possède.

— *Quatrième philosophe.* — La vérité vraie, la voici : vous n'êtes pas seulement une substance pensante, vous *créez les choses que vous pensez,* et tout leur être leur vient de ce que vous les pensez.

— Nous y reviendrons si vous le permettez ; je ne me soupçonnais pas une telle puissance, et la chose, au premier abord, n'est pas des plus claires.

— *Cinquième philosophe.* — Je n'en suis point surpris : ce qu'il vous dit là est tout le contraire de la vérité. *Il n'y a, dans le monde, que des corps,* et, dans certains corps moins imparfaits, mieux organisés, des sens pour mesurer, évaluer, apprécier les mouvements et les transformations des corps. Tout est là : suivez-moi.

— *Sixième philosophe.* — Peut-être auriez-vous grand tort, jeune homme ; car que savons-nous, et que savent-ils ? Vous avez entendu leur contradictions. Venez à mon école : je vous enseignerai à *douter de tout.*

— Pas n'est besoin de vos leçons, mon maître : il suffirait de les écouter quelques jours pour ne plus croire à rien. Je les entendrai quand ils seront moins exclusifs, quand ils voudront bien entendre la voix intérieure et se mettre d'accord avec *le bon sens*. Sinon, non.

※

— Cette lutte qui se prolonge et menace de ne point finir, est-ce la lutte de deux théories ou celle de deux vanités?

— Dans les longues polémiques, si l'on commence par les choses, on continue trop souvent par les mots, on finit rarement par la découverte de la vérité.

— Les grands hommes, surtout les philosophes, devraient conjurer leurs amis, enjoindre à leurs disciples de ne les point louer avec excès. Rien n'est funeste à ceux qui méritent d'être admirés comme l'abus de l'admiration. Leur gloire en peut souffrir au point de faire place, pour un temps, au dédain et à l'oubli.

— Les plus audacieux révolutionnaires n'ont pas réussi jusqu'à ce jour à changer les lois essentielles des sociétés ; de prétendus philosophes ne parviendront pas davantage à renverser les lois de la logique et de la pensée.

— Rien n'empêche de croire que, dans une autre vie, le châtiment des philosophes qui ont péché par amour excessif de leur pensée propre, c'est de voir dans quels excès sont tombés ceux qui l'ont conduite jusqu'à son terme.

— Le moindre inconvénient auquel s'exposent ceux qui, dans l'ordre philosophique, négligent le passé et n'en tiennent aucun compte, c'est de le répéter faiblement.

— Les révolutions sont, dans la vie des peuples, des crises plus ou moins violentes dans lesquelles l'intérêt et la passion tiennent toujours une place considérable : rien de tel dans l'histoire de la pensée. On n'y connaît point les surprises, les coups de force et d'audace, les solutions de continuité soudaines et irréparables. Quand on brise avec le passé c'est surtout en paroles, par âpreté d'humeur et de langage, jamais pour longtemps. On prendrait pour un sot ou pour un fou celui qui se flatterait de changer les lois de la pensée ; il n'est guère plus sage de croire qu'elles ont été, pendant tant de siècles, absolument stériles. Les grands philosophes ne l'ignorent pas et ils agissent en conséquence.

— Pour bien comprendre la doctrine d'un philosophe, il faut l'étudier dans son rapport avec la vérité dont il se dit l'interprète, avec son temps dont il subit, bon gré mal gré, l'influence, avec ses prédécesseurs qu'il continue alors même qu'il les combat, avec l'avenir que, pour sa petite ou sa grande part, il contribue à faire ce qu'il sera. Gardons-nous d'oublier sa manière de dire et d'écrire, si nous voulons mesurer exactement la force et l'étendue de son esprit, discerner le son que rendait son âme.

— Si l'on entend par révolution quelque chose de rare, d'audacieux, d'inattendu, qui suppose un grand courage et comme une sorte de violence faite à soi-même et à une routine invétérée, il en est une à laquelle tout philosophe digne de ce nom doit se résoudre un jour, si paisible que soit son humeur. Qu'il brise donc, qu'il rompe avec ses plus chers souvenirs d'école et d'études ; qu'il ferme ses livres, sans les proscrire ; qu'il oublie, sans les mépriser, jusqu'aux titres et jusqu'aux auteurs de tant d'œuvres excellentes ; que ce passé, ce passé qu'il honore, soit pour lui comme s'il n'était pas, et l'opinion du jour comme un pur néant. Qu'il descende dans son âme et s'y établisse ; qu'il assiste à sa vie, à ses affections, à sa liberté, à sa pensée, pour savoir si ce qu'on en dit est bien ce qui est ; qu'il écoute, silencieux et recueilli, la voix intérieure ; qu'il s'abîme, sans s'y perdre, dans la contemplation de l'Infini.... il aura consommé la révolution la plus hardie et la plus utile. A vrai dire il n'en est point d'autre en philosophie, et sans celle-là il n'est point de philosophe.

— C'est le fait d'une coupable indifférence ou d'une profonde ignorance de ne point s'intéresser aux questions qui s'agitent sous nos yeux. S'y absorber au contraire, se passionner pour elles comme si le monde n'en avait jamais connu d'autres, c'est le propre d'un esprit borné. Pour les bien apprécier, il faut songer qu'elles ont leur place dans le développement des choses humaines et dans celui de la pensée, mais que cette place est seulement prêtée et pour un jour. D'autres questions sont déjà nées qui préoccuperont au même degré d'autres hommes et d'autres esprits très indifférents, si même ils les connaissent, à celles qui nous passionnent à l'heure présente.

— On voudrait que les défenseurs de la vérité fussent toujours d'accord non seulement sur les grandes questions, mais encore sur les points secondaires, qu'il n'existât et qu'il ne parût entre eux aucune division. Autrement dit, on demande qu'ils aient même nature, même caractère, même degré de science et de culture, enfin que tant d'esprit divers n'en fassent qu'un, et que cet esprit unique embrasse toute la vérité.

— Ceux qui reprochent à l'enseignement de la philosophie dans nos Écoles françaises d'avoir eu, durant près d'un demi-siècle, presque uniquement pour objet ce qu'on nomme dédaigneusement *les vérités moyennes,* Dieu, l'âme, la vie future, le devoir, oublient peut-être que ces vérités, en même temps qu'elles plongent par leurs racines dans toutes les sciences, atteignent par leurs sommets ce qu'il y a de plus haut dans la pensée. Elles n'ont qu'à s'abaisser légèrement pour puiser à volonté dans l'immense domaine qui s'étend au-dessous d'elles, et l'effort n'est pas grand qui les fait monter jusqu'aux spéculations les plus sublimes. On les présente, il est vrai, et de là vient leur nom, sous une forme qui s'accommode à la moyenne des esprits cultivés : d'ordinaire ces clartés leur suffisent. Mais il arrive aussi qu'avec un peu de hardiesse on écarte les voiles, pour les montrer dans une lumière plus vive à des yeux qu'elles ravissent, sans les éblouir.

— C'est un spectacle instructif de voir les philosophes changer à des intervalles toujours plus rapprochés le mot décisif, celui qui explique tous les mots et tout ce qui est. *Matière, nombre, être, idée, atome, acte, pensée, monade, sensation, force, amour, absolu, association, phénomène,* qui de vous n'a pas été ce premier mot, ce mot du mystère, et qui de vous l'est encore ? Lequel de vos successeurs qui l'est aujourd'hui est sûr de l'être demain ? Recherche étrange que celle de ce dernier mot par une raison qui n'a pas le dernier mot d'elle-même ! Laissons-les toutefois se distraire à cette innocente occupation. Qu'ils en changent donc plus souvent encore qu'ils n'ont fait, si ce changement peut les consoler de ne point trouver tout ce qu'ils cherchent et de ne point comprendre tout ce qu'ils trouvent.

— C'est surtout à la fin et à leur étroitesse croissante qu'on reconnaît les opinions peu à peu détournées du grand courant de la pensée humaine. L'erreur que plusieurs avaient commise de les prendre pour le fleuve lui-même le temps s'est chargé de la détruire. Il a fait voir qu'elles n'ont pour elles ni la source, ni la pente, ni la profondeur.

— Les poètes parlèrent les premiers : d'une voix unanime ils affirmèrent qu'avant tous les autres ils avaient instruit les hommes à penser, que depuis lors ils n'avaient cessé d'embellir par des images, de faire valoir par le rythme et l'harmonie les pensées les plus belles, les plus vraies, les plus profondes, qu'ils les avaient, grâce à ce charme tout puissant, fait pénétrer jusque dans les derniers rangs du peuple.

A ce point de leur discours les romanciers se récrièrent : à eux seuls, en effet, appartenait cette influence dont les poètes avaient tort de se vanter. De plus en plus ils remplaçaient dans le monde moderne, non seulement les poètes, mais les philosophes, les historiens, les savants dont ils s'appropriaient les pensées et les découvertes, pénétrant plus loin qu'eux tous par l'attrait de leurs inventions et par celui d'un style plein de vie et de nouveauté. « Nous sommes, dirent-ils en terminant, et nous serons désormais jusqu'à la fin, les apôtres du progrès, les propagateurs de la pensée, les semeurs de la vérité, les délices du genre humain. »

Étonnés, confondus, les savants tardaient à répondre, les historiens dédaignaient de le faire; quelques philosophes moins patients qu'il ne convient étaient sur le point de se fâcher, quand l'un d'eux plus maître de lui-même :

« Les poètes ont raison, dit-il, et nous n'avons, lorsque leur âme est noble et pure, que des grâces à leur rendre. Mais pour les romanciers, ils sont trop nombreux pour que nous les estimions si parfaits, trop soucieux de plaire à n'importe quel prix pour que nous les croyions si utiles. Pour un peu de pensée délayée, diminuée, réduite à rien qu'ils communiquent au peuple, nous les voyons le plus souvent exciter ses passions, abaisser ses sentiments, amollir son âme, corrompre sa langue, repaître sa curiosité d'aliments nuisibles et grossiers. Le plus sûr effet de leurs livres c'est d'ôter le goût, c'est d'affaiblir dans leurs lecteurs le pouvoir de penser. Accordons aux plus sincères, aux meilleurs d'entre eux d'être des moralistes auxquels la précision a manqué, ou des poètes trop indifférents à la mesure et à l'harmonie : nous ne pouvons rien de plus en leur faveur. »

Les historiens, les philosophes et la plupart des poètes firent signe que tel était aussi leur sentiment.

— Des enfants ne diraient pas mieux qu'eux et avec une plus naïve présomption : « Nous sommes bien plus habiles que nos prédécesseurs; nous avons découvert du premier coup ce qu'ils cherchaient en vain depuis tant de siècles : écoutez plutôt. » Et les voilà de nous redire, en la décorant de quelques termes bien rares, bien abstraits, bien obscurs, une théorie aussi vieille que la philosophie elle-même. Toutes y passeront, je dis les plus usées et les plus démodées : on les reprendra pour les montrer, tour à tour, une à une, avec la seule précaution de les habiller à neuf. On a raison d'affirmer que rien ne change ici-bas, ni les hommes, ni les enfants, ni les philosophes.

— On dirait des plus grands philosophes, des vrais maîtres de la pensée, comme d'un seul et immortel Génie qui, reprenant, à de longs intervalles, son œuvre ébauchée, viendrait ici-bas la pousser un peu plus avant, pour se replonger, après quelques années d'un travail glorieux, dans de profondes et séculaires méditations.

— L'humanité n'est pas seulement l'homme dont parle Pascal, qui apprend sans cesse et dont la science s'accroît d'année en année. C'est aussi l'homme qui, mobile dans ses goûts et ses passions, veut et ne veut pas, oublie et se souvient, passe d'une affection à une autre affection, d'un amour à un autre amour. Nous sommes las d'avoir entendu ce qu'on disait au xviie siècle où nous n'étions pas, et nous transmettrons à nos descendants la satiété profonde des choses qui nous avaient d'abord charmés et dont ils n'auront pas joui. Est-ce donc que nous vivions déjà dans ceux qui nous ont précédés, ou est-ce que leur vie se continue dans la nôtre? Notre existence mortelle a beau commencer à une date précise du temps, nos sentiments, nos goûts, nos pensées sont nés avant nous. Tout ce que nous pouvons sur eux c'est d'en modifier la suite, comme nos descendants modifieront à leur tour l'âme que nous leur aurons léguée.

— Même loi du petit nombre pour tout ce qui est grand plus il est grand, éloquence, poésie, pensée, charité. Beaucoup d'hommes honnêtes, peu de sages; beaucoup de vrais chrétiens, peu de saints; beaucoup de philosophes très dignes de ce nom, cinq ou six maîtres de la pensée.

— « *O fons Blandusiæ candidior vitro, dulci digne mero.....* » Qui se récite ces vers à lui-même? — Un érudit dans son cabinet de travail? Un ami de la nature au fond de ses bois, au milieu de ses jardins? — Non, mais un missionnaire [1] près d'une source abondante et pure

---

[1] De Birmanie au Yun-nan : lettre de l'abbé Simon,

qu'il a découverte, après la marche la plus pénible à travers les montagnes qui séparent la Birmanie de la Chine. C'est la première fois que ces lieux sauvages voyaient un Européen ; c'est la première fois qu'ils retentissaient de l'action de grâces chrétienne suivie bientôt des accents de la poésie. Où pénètre un de nos apôtres on peut dire que le monde moderne entre à sa suite tout entier, les Lettres avec l'Évangile, la civilisation avec la foi, ce que l'antiquité a de plus exquis, ce que le christianisme a de plus saint.

— Pléiades de poètes, Écoles de philosophes ou de théologiens, Cycles, Cénacles, groupes de tous les noms se succèdent et s'enchaînent dans les trois moments de la pensée, chacun d'eux faisant luire sur le monde, avec plus ou moins de force et d'éclat, un rayon de l'éternelle vérité et de l'éternelle beauté. Dans les mieux inspirés, dans les plus justement célèbres, l'union de ces deux caractères est si intime qu'on a peine à les distinguer l'un de l'autre, et l'on ne saurait dire si c'est la vérité qui est plus belle ou si c'est la

---

devenu plus tard Vicaire apostolique. Voir : *Les Missions catholiques*, année 1884, page 572; Lyon, rue de la Charité.

beauté qui est plus vraie. Où l'harmonie est moins parfaite, la beauté s'altère à mesure que la vérité s'éloigne ou se retire. Ce qui en reste à la fin n'est plus que l'ombre d'elle-même, et comme la pâle et décroissante lumière qui demeure après que le soleil est descendu sous l'horizon.

CHAPITRE III.

L'homme, l'âme humaine.

— Creusez, creusez toujours : sûrement vous trouverez le fond, à moins qu'il ne s'agisse de l'âme humaine.

— La science de nous-mêmes commence généralement par celle du prochain, et souvent elle s'en tient là. Cette vive pénétration qui démêle chez autrui d'imperceptibles nuances, et jusqu'aux plus légers défauts, est sujette à d'incurables langueurs quand il s'agit de nous analyser nous-mêmes. On n'a pas assez de force pour descendre en soi, on en a toujours de reste pour pénétrer chez les autres. La science de l'âme serait encore dans l'enfance, si elle n'était que la science de notre âme.

— La plus savante *Psychologie* et la plus complète n'est point celle qui nous dispenserait de descendre dans notre âme : c'est celle qui nous donnerait le goût et nous enseignerait l'art de nous étudier nous-mêmes.

— Le bon sens accorde qu'on dise : *l'homme est une ombre, la vie est un rêve*, mais il n'admet pas qu'on ajoute : *l'homme est une apparence, c'est une collection de phénomènes*. Il est trop pénétrant pour ne pas distinguer une métaphore d'une erreur, et ce qui est intelligible de ce que nul ne saurait entendre.

— Le principe de nos changements est en nous-mêmes et non dans le temps qui ne fait que les mesurer. Pour ne pas avouer que nous nous usons, nous aimons mieux dire qu'il nous use.

— L'amour de diviser, de créer des facultés spéciales est si grand chez certains philosophes que, des deux états de l'âme les plus étroitement unis à tous les autres, la conscience et l'attention, ils ont voulu faire deux facultés spéciales, avec le cortège ordinaire des subdivisions et de délimitations les plus précises.

— L'attention s'applique aussi bien au dehors qu'au dedans ; le recueillement est pour l'intérieur seul et descend jusqu'au plus intime. L'at-

tention met en œuvre, elle consume les forces
que le recueillement répare et qu'il accroît.
L'attention fait agir à la fois et de concert tous les
éléments de la pensée, elle va sans cesse de l'un
à l'autre avec une rapidité incroyable ; le recueillement se tient ferme et stable à l'élément primitif
ou principal, et par lui il tient tous les autres.
Son acte, pour être moins empressé, moins apparent que celui de l'attention, n'en est pas moins
efficace. Par lui l'âme prend de nouveau possession d'elle-même ; elle retrouve sa paix, si elle
l'avait perdue, sa direction, si elle s'était égarée,
sa puissance d'entendre et de comprendre, si elle
s'était épuisée. Par le recueillement elle échappe
aux surprises, aux entraînements passagers, aux
séductions de la mode, aux caprices de l'opinion ;
elle ne donne pas à l'erreur qui s'insinuait le
temps de l'envahir et de la dominer. Pour s'élever,
pour durer, pour produire tous les effets dont elle
est capable, il faut que de temps à autre l'attention se fasse recueillement : c'est là qu'est son
point de départ et son terme.

— Le dialogue permanent de nous-mêmes avec
nous-mêmes et de nous-mêmes avec la voix intérieure peut languir, à certaines heures, au point
de sembler s'éteindre, mais si nous écoutons bien
nous nous assurerons qu'il ne cesse jamais entièrement.

— La tendance de nos analyses psychologiques est à séparer de plus en plus phénomènes et facultés, la tendance de notre âme à les unir obstinément par les liens les plus étroits. Où pourront bien se rencontrer notre âme et nos analyses ?

— Comme ces fleurs qui s'épanouissent à la surface des eaux et dérobent à nos regards le secret de leurs origines, ainsi les faits de l'âme ne nous sont connus que par leurs sommets, quand ils arrivent dans la dernière phase de leur développement jusqu'au niveau de la conscience. Celle-ci ne sait presque rien du long et mystérieux travail qui en a précédé l'épanouissement.

— *Rien n'est simple,* — *tout est simple :* double loi que les observateurs de l'âme humaine n'ont pas le droit d'oublier un seul instant. Pas un phénomène en elle, pas une force qui n'en suppose ou n'en renferme une foule d'autres; pas une seule de ces multitudes qui regardée de près, dans son principe et sa fin, ne soit unité.

— Infatigables observateurs des faits de conscience, craignez de lasser votre regard : il verrait à la fin ce que vous devinez, ce que vous désirez, non ce qui est.

— C'est une chose étrange que les plus savantes, les plus exactes psychologies contemporaines ne nous montrent point l'homme, tandis qu'il apparaît à chaque instant dans les livres des moralistes. Est-ce une raison pour qu'on cesse d'écrire des psychologies? Nullement, mais c'en est une pour que les psychologues ne dédaignent pas de se faire, à l'occasion, quelque peu moralistes. L'exemple d'Aristote est-il donc si méprisable qu'on refuse de le suivre?

— Distinguez, divisez, notez, qualifiez avec le plus grand soin les pouvoirs de l'âme et les faits qui se rattachent à chacun d'eux, vous n'aurez pas plutôt terminé ce beau travail, et voilà que ces groupes si bien formés, à la première occasion, au moindre choc, se mêlent, s'entrecroisent à ne plus se reconnaître, et se confondent, pour finir, dans l'unité de l'âme humaine. On dirait de nos analyses psychologiques qu'elles sont à la fois solides et vaines, vraies et fausses, nécessaires et inutiles. On ne cessera pas d'en proposer de nouvelles : on ne cessera pas de croire à l'unité du Moi.

— Rien n'est plus simple en apparence, en réalité rien n'est plus complexe que le *sentiment* où l'analyse n'a pas de peine à découvrir à côté de l'élément principal les éléments secondaires auxquels il s'unit sans effort, bien que leur nom soit souvent, on le croyait du moins, inconciliable avec le sien. Le sentiment exclusif, celui qui n'admet pas de partage et semble vouloir tout entraîner, ce serait plutôt la passion, si la passion elle-même n'avait pas ses contrastes, ses contradictions et, dans ce qu'elle a de plus intime, d'inexplicables alliances : *Odi et amo...*

— Ils veulent que nous les croyions capables d'établir le catalogue exact, précis, définitif des phénomènes et des facultés de l'âme, et ils n'ont jamais pu dresser méthodiquement celui d'une seule bibliothèque. Comment admettre qu'ils connaissent l'ordre de mon âme, quand celui de mes livres leur échappe entièrement, ces livres qui, si nombreux qu'ils soient, n'embrassent qu'une partie de l'âme humaine, de ses œuvres et de son histoire ?

— La mode est aux Psychologies : chaque École, on pourrait dire chaque philosophe veut avoir la sienne, et il en vient de paraître deux dans la même année[1] : la première en date aussi claire

---

[1] 1886.

et aussi précise qu'il est possible en un tel sujet, la seconde plus riche de détails, de citations, d'indications, au courant des derniers progrès et des opinions les plus récentes. D'ailleurs, dans l'une et dans l'autre, toutes les qualités de l'esprit français, moins l'invention qui n'avait pas ici le droit de se produire.

Les philosophes de profession, quand ils ont lu quelques pages de ces livres : *c'est cela, c'est bien cela*. Les mêmes, quand fermant le livre ils regardent dans leur âme : *ce n'est pas tout à fait cela, — peut-être même n'est-ce point cela*. Dans le livre ils avaient aperçu comme un ordre successif, artificiel, abstrait, un peu l'ordre des phénomènes de notre âme, davantage celui des pensées de l'auteur, et ils avaient consenti. Mais ensuite voyant en eux-mêmes un ordre simultané, vrai, vivant, ils inclinent à ne plus consentir. Le grand inconvénient de ces Psychologies d'ailleurs fort savantes et fort utiles, quelques-unes faites de main de maître, c'est que pour y bien voir l'âme il faut qu'on soit du métier et qu'on sache la langue. Autrement rien ne sert de s'y engager : on est en grand péril de s'y perdre.

— Les faits de l'âme analysés, décrits, classés, c'est une partie de la science de l'âme, celle que cultivent les philosophes. Habilement groupés, disposés de manière à former de vivantes peintures, voilà encore un aspect de la science de l'âme : les moralistes y ont su mettre autant de charme que de vérité. Tour à tour unis, opposés, combinés de mille manières, élevés à leur plus haute puissance dans l'œuvre des poètes et surtout des poètes tragiques, ils se découvrent enfin, dans leurs violents conflits, tels qu'ils sont jusqu'au fond d'eux-mêmes sous l'aiguillon de la passion, et c'est encore une partie de la science de l'âme, sans laquelle les deux autres demeureraient incomplètes.

— A les prendre une à une, nos premières impressions, nos premières sensations, nos premières idées ont par elles-mêmes si peu d'importance, elles sont si rapides et si fugitives, elles laissent si peu de traces dans notre mémoire que rien n'est difficile ensuite comme de les retrouver et de les décrire. Et pourtant celles qui les suivent dans l'enfance, dans l'adolescence, sont tellement leurs tributaires ; elles font, à chaque instant, de tels emprunts à ces éléments confus, lentement accumulés, pour s'élever à la précision, à la clarté, qu'on ne saurait, dans l'étude de l'âme humaine, envisager seul ce second moment, sans s'inquiéter du premier. C'est le grand écueil des psychologies les plus savantes, fussent-elles l'œuvre des esprits les plus pénétrants. Dans les faits qu'elles décrivent parvenus à leur maturité, si l'on peut s'exprimer ainsi, leur analyse pressent, sans pouvoir les atteindre, un nombre prodigieux de faits élémentaires, des rudiments plus ou moins informes dont la genèse se dérobe à leurs investigations, dont la claire connaissance leur est à peu près interdite. Ce n'est pas seulement dans le fond de sa nature que notre âme se dérobe à notre inquiète curiosité, c'est dans la mystérieuse formation des facultés et des faits que nous décrivons parfois avec une assurance et une précision assez mal justifiées.

— Le mal n'est point qu'on découvre dans notre âme des faits jusqu'alors inaperçus, du moins on l'assure : le mal est qu'on leur attribue une importance qu'ils n'ont pas, et qu'on leur soumette comme à un principe unique et à une autorité suprême tous les autres faits. Vainement le fait à la mode, *association*, *hérédité*, *transformation*..... cède la première place, tous les vingt ans, à un autre fait dont le principal titre est qu'on l'avait jusqu'alors un peu trop négligé, l'illusion subsiste, et le prince régnant est toujours, au gré de ses partisans, le prince dont le règne ne finira point.

— Il n'est pas un acte de l'âme, parmi ceux qui reviennent le plus souvent et qu'on estime les plus importants, dont l'unité ne soit tout ensemble réelle et relative, qui ne soit lui-même et quelque chose en plus qui n'est pas lui, dans lequel l'élément qui domine, celui d'où lui viennent son nom, son caractère, ne laisse grande ou petite, apparente ou cachée, stable ou variable, une place à des éléments d'un autre ordre.

Dans le plus simple, le plus un de tous, au dire du moins des philosophes, *l'acte volontaire,* que d'idées, de sentiments s'insinuent, pénètrent, se montrent, s'effacent, reparaissent pour le soutenir, le confirmer, l'ébranler, le détruire ! De même pour la pensée : car de croire que le vrai seul l'attire et la remplit, que l'amour et la haine, la prévention, le parti pris ne la précèdent pas maintes fois et ne la faussent pas, il faut bien s'en garder : on aurait contre soi, avec la propre histoire de son esprit, l'histoire entière de l'esprit humain. Et pourtant c'est dans la pensée, grâce surtout à son fonds immuable d'éléments primitifs aisément réductibles à un seul, qu'on pourrait découvrir plus d'unité ; en elle encore que l'unité de notre âme rendue plus évidente par cette pénétration réciproque de tous ses pouvoirs, défie les objections en apparence les plus redoutables.

— Il faut s'aimer soi-même avec un étrange excès pour croire qu'ici-bas l'on n'aime que soi.

— L'espérance et l'inquiétude, le plaisir et la peine ont leur place dans tous nos désirs qui ont leur place dans toute notre vie.

— Le bonheur n'est jamais tout ce que le désir a rêvé, car le rêve n'y est plus.

— Quel bonheur est plus pur, moins mêlé d'amertume que celui de nos rêves ! Assurément nous l'oublions, quand nous nous plaignons d'avoir ici-bas si peu connu le bonheur.

— Se flatter qu'on dominera dans son âme, avec un empire absolu, le plaisir et la peine, la joie et la tristesse, c'est se flatter qu'on dominera tous ses désirs, même celui d'un tel état. Il n'est de stoïciens qu'en paroles : cesser de désirer c'est cesser d'être homme.

— Ceux qui distinguent avec tant de soin dans leurs livres la réalité de l'illusion, et qui ne cessent de les opposer l'une à l'autre, pourraient-ils nous dire s'ils ont découvert dans la vie humaine beaucoup de réalités où l'illusion n'eût aucune part.

— Notre vie ne commence pas tout entière au jour de notre naissance ; la patrie a vécu pour nous longtemps avant nous, et l'humanité longtemps avant la patrie. Le milieu dans lequel nous grandissons est tout pénétré de la pensée des âges précédents; il est riche des fruits de leur travail. Nous puisons à pleines mains dans le trésor commun; nous en faisons, souvent même sans grand effort, notre partage et notre bien. Un jour arrive où nous avons à la fois vingt ans et, dans ces vingt ans, je ne sais combien de siècles.

— Ne voyez-vous pas que ce long et brillant avenir où les hommes, surtout les jeunes gens, entassent les uns sur les autres projets, rêves, espérances, n'est pas seulement l'avenir de leur courte carrière, mais celui d'une vie sans fin qu'ils mêlent, sans y songer, à la vie présente, reculant ainsi jusqu'à l'infini ses étroites limites.

— Se nourrir d'espérances c'est se nourrir de l'infini que tout espoir porte en soi et qui le console, à chaque déception nouvelle, de ne pas atteindre l'éphémère objet qu'il poursuit.

— Voyez dans la solitude de cette vaste bibliothèque publique cet homme, lecteur d'habitude ou d'occasion, qui s'y est attardé après tous les autres. Il n'est, de sa personne, qu'un point dans cet amas de livres, de brochures, de cartes, de manuscrits qui remplissent plusieurs salles : sa vie suffirait à peine, s'il en était chargé seul, à en dresser le catalogue. Et pourtant c'est à propos de lui que tous ces livres ont été écrits : il en est lui, chétive créature dont la vie pour sûr n'atteindra pas un siècle, le sujet éternel, l'inépuisable matière. C'est son passé qu'ils racontent, son présent qu'ils étudient, son avenir qu'ils s'efforcent de lui révéler. Sa nature, âme et corps, est décrite dans des milliers de volumes, et ces volumes sont si loin d'avoir tout dit qu'il en naît tous les jours, et que c'est à peine si l'un attend l'autre. Lesquels retrancher de ces livres innombrables, lesquels mettre à part où il n'ait point sa place ? — Ceux qui traitent des sciences exactes ? — Mais c'est du fond même de son intelligence qu'ils sont sortis. Les notions qu'elles analysent c'est dans son esprit qu'il en a lu les rapports. — Ceux qui traitent du ciel, des astres, de la nature ? — Mais c'est lui qui en a sondé les profondeurs, c'est lui qui en a déchiffré l'énigme. Ses constants efforts leur ont tour à tour, un à un, ravi tous leurs secrets. — Ce qu'il a pensé de lui-même, de Dieu et des choses, voilà, en réalité, ce que contiennent tous ces livres, et il ne cessera d'en écrire que quand il cessera de penser. Peut-il épuiser l'infini où ses pensées s'alimentent? Peut-il épuiser la nature et la raison ?

— On trouve, par tout pays, des monuments et de beaux points de vue : il n'en coûte que la peine et les frais du voyage. Les hommes sont plus rares : n'en voit pas qui veut, et l'argent n'y sert de rien. Mais aussi quel souvenir de leur commerce, et comme il survit à celui des monuments et des points de vue les plus magnifiques !

— Si Philinte estime les hommes meilleurs qu'ils ne sont en général, l'intérêt de son repos y est bien pour quelque chose. La mauvaise humeur d'Alceste n'est guère moins satisfaite de les croire méchants, fourbes, pervers. L'un et l'autre voient les hommes comme il leur convient qu'ils soient et comme leur caractère y trouve mieux son compte.

— Nous compatissons volontiers aux douleurs silencieuses, beaucoup moins à celles qui nous fatiguent de leurs interminables doléances. N'est-ce pas assez du soulagement qu'elles se procurent par ces longs discours, et qu'y pourrions-nous ajouter !

— « Qui l'eût cru, dit Eudore, que Polémon fût capable d'une telle bassesse ? Qui l'eût pu seulement penser ? » Et il retourne à ses occupations ordinaires, aussi confiant que par le passé dans l'honneur et la vertu de ses semblables, aussi mal protégé contre l'égoïsme et la méchanceté d'autrui. Toute sa vie il répètera à chaque injure, à chaque injustice : « En vérité qui l'eût cru ? Qui l'eût pu seulement penser ? »

— Si une politesse parfaite ne prouve pas qu'on porte en soi la réalité de tous les beaux sentiments, elle fait voir du moins qu'on les connait et qu'on en sait le prix.

— On pourrait se tromper de juger de l'âme par les dehors prévenants d'une exquise politesse, mais on se tromperait bien plus sûrement de n'y voir qu'un continuel et odieux mensonge.

— La politesse n'engage pas à fond, mais si vague et si réservée que soit sa promesse, il n'est pas rare qu'elle la tienne.

— Il y a plus de naturel que d'art dans la vraie politesse : on ne l'apprendra jamais, si on ne la sait déjà.

— Il se peut que la vraie politesse survive aux croyances et aux vertus au sein desquelles elle s'est formée, mais elle n'y survit pas tout entière.

— L'orgueil n'a pas conclu l'alliance étroite que parfois on suppose avec la vanité : poussé à son plus haut point il n'est pas rare qu'il la supprime.

— Si l'orgueil, l'orgueil silencieux, profond, est un remède assuré contre la vanité, ne peut-on dire que le remède est pire que le mal?

— La vanité a beau se dépenser en paroles ouvertement ou discrètement chargées de ses propres louanges, la source pourra bien quelques instants cesser de couler avec la même abondance, mais ne craignez pas qu'elle tarisse.

— Le corbillard du pauvre peut être la dernière marque de la charité qui a tout donné, de l'humilité qui a tout refusé, honneurs, dignités, popularité, mais ce peut être aussi, comme aux bruyantes funérailles de Victor Hugo, le suprême effort de l'orgueil se survivant dans la mort.

— Tout désir porte en lui-même au moins une parcelle de foi au bonheur, comme il contient déjà avec l'espérance d'atteindre son objet un commencement de plaisir, et avec la crainte de n'y point parvenir, un commencement de douleur. Le désir est plus qu'un sentiment, qu'une passion, c'est le résumé de la vie, c'est la respiration de notre âme. On meurt, quand on ne respire plus.

— Le plaisir d'être n'est si bien senti que quand il décline et semble prêt de s'évanouir. Il faut bien qu'il soit réel, puisque son absence remplit l'âme d'un mortel ennui, d'une sombre mélancolie qui peut aller jusqu'au suicide : tellement ce plaisir qu'on s'imagine parfois ne point sentir est le fonds commun, la condition de tous les plaisirs qui n'ont plus de lieu, quand il disparaît.

— Le plaisir vivement senti, c'est l'exception et la rare exception, si on le compare au plaisir permanent, toujours égal à lui-même, de se sentir être et vivre, plaisir auquel correspond, dans l'ordre moral, la joie intime d'être en paix avec soi-même et avec l'univers. Voilà qui n'ébranle point les sens, mais aussi qui ne les trouble point : peu de vivacité, mais une grande douceur et nulles suites fâcheuses. C'est sur ce plaisir constant, uniforme que l'autre s'élève par intervalles, avec plus ou moins d'impétuosité; mais qu'il ne s'en éloigne pas trop et se hâte d'y revenir. Il ne faut pas qu'il use la vie dont il doit seulement varier la monotonie, peut-être aussi ranimer l'élan.

— Je ne me souviens pas de la Bretagne de la même manière et avec le même plaisir que je me souviens de la Provence, l'une et l'autre parcourues, visitées à un intervalle assez long, mais dans la même saison de l'année, au plus beau moment de l'automne. Au souvenir proprement dit qui m'est resté de ces deux régions de la France se joint dans mon âme, quand il se représente à elle, faut-il dire une sensation, ou un sentiment, ou une émotion, — le mot propre ne me vient pas à l'esprit, et peut-être il n'existe pas, — où se fondent le ciel, le sol, la brume, le soleil, l'air surtout qu'on y respire et qui diffère singulièrement pour ces deux provinces. Ainsi en est-il d'un grand nombre de mes souvenirs où à la pensée s'allie je ne sais quelle autre chose difficile à définir et pourtant bien digne de tenter l'analyse et l'ambition des psychologues. Uniquement préoccupés dans la question de la mémoire du fait intellectuel, la plupart d'entre eux ont trop négligé le fait sensible qui l'accompagne et le complète si souvent.

— Nous voulons que le printemps qui s'approche, que tous les printemps à venir soient beaux de la ravissante beauté du monde naissant, comme l'ont été quelques beaux jours épars çà et là parmi une foule de jours enlaidis par le vent, le froid et la pluie, des printemps de notre jeunesse. Nous voulons encore que très exactement, à la date fixée, l'été de la Saint-Martin avec son mélancolique soleil, mêle une dernière fois aux menaces de l'hiver les promesses et comme un avant-goût du printemps. Les déceptions succédant aux déceptions n'y feront rien, notre foi est inébranlable. Nous rêvons du printemps comme nous rêvons du bonheur, sans nous décourager, sans nous lasser. Le moindre rayon de soleil se glissant dans l'intervalle des plus épais nuages suffit à ranimer toutes les illusions de nos rêves.

— La jeunesse embellit l'avenir avec ses rêves, la vieillesse avec ses souvenirs. Pour qui a bien vécu et croit en Dieu, les souvenirs valent les rêves ; ils n'ont plus de déceptions à craindre, et ils ne contiennent pas moins d'espérances.

— L'espérance est de tous les âges, moins vaste et moins riche pourtant chez le jeune homme auquel la carrière bornée qui s'ouvre devant lui dérobe la vue de l'éternité, — inépuisable, infinie chez le vieillard dont la jeunesse va renaître dans une carrière sans limites.

— J'assistais paresseusement à la vie inconsciente de mon esprit étroitement liée à celle de mon corps et de mes sens étroitement unis eux-mêmes à la vie de la Nature. Je regardais tout éveillé, mais d'un œil distrait, les impressions succéder aux impressions, les images s'associer capricieusement aux images. Tout cela se passait sans moi, bien que tout cela fût en moi, quand, soudain : où allez-vous, où m'entraînez-vous? D'un geste intérieur plus rapide que l'éclair, j'ai contenu cette agitation, j'ai repris la direction du mouvement qui s'égarait. Puis, j'appelle ma pensée, mais que celle-ci tarde ou qu'elle s'empresse, c'est assez d'abord de ma volonté. Est-elle donc plus à moi que ma pensée? Non, car elle n'agit elle-même qu'en vertu d'une pensée secrète, confuse, enveloppée, mais qui, sans le secours de ma volonté, ne s'élèverait jamais à l'état de pensée précise et claire, mais surtout ne s'y maintiendrait pas.

— Est-ce pour l'honneur de les combler que certains philosophes imaginent entre les pouvoirs de notre âme, entre notre âme et le monde extérieur, des abîmes sans fond? Est-ce pour le plaisir de les renverser qu'ils inventent des séparations, des obstacles dont notre esprit ne savait rien avant qu'ils les lui eussent révélés? Heureusement il sent mieux son unité que la force de leurs objections, et nul sophisme ne prévaudra contre ce témoignage qu'il se rend à lui-même tous les jours, à tous les instants, chaque fois qu'il se considère et qu'il agit.

— Le philosophe qui devient enfin, à sa grande joie, maître de sa pensée, ne sait point que le premier jour de cette souveraine domination a été trop souvent, pour plusieurs, le premier jour d'un dur esclavage. La pensée maîtresse, comme on la nomme, est trop souvent une maîtresse impérieuse; mieux elle enchaîne toutes les idées secondaires, plus le système à son tour nous enchaîne et nous ravit notre liberté.

— Rien de moins logique que la pure Logique: c'est la voie directe, la route royale de l'erreur. Loin qu'elle puisse tout redresser, il la faut redresser à chaque instant par l'expérience, par la science totale de l'homme et du monde.

— Écrivez une Logique où la charité soit inscrite parmi les principes, et vous verrez quelles railleries Essayez d'appliquer les règles de la Logique aux rapports des hommes entre eux sans le concours de la charité, et vous verrez quelles folies et quels crimes.

— Si l'amour est en Dieu la dernière raison des choses, la charité qui procède de l'amour a bien droit d'être, dans l'âme humaine, le principe qui fait l'accord entre les principes. Les Logiques en multiplient ou en diminuent le nombre au gré de leurs auteurs : rarement songent-elles à celui-là.

— Entendez gémir Lycidas : « Encore une vérité dont il nous faut prendre le deuil! Encore une qui s'évanouit sous les coups de la Science! Hier c'était celle-ci qui disparaissait, aujourd'hui c'est le tour de celle-là de s'anéantir. Grand Dieu, qu'allons-nous devenir! Le monde ne sauroit vivre sans vérités, et voilà que les vérités s'en vont l'une après l'autre! » — Avouons qu'elles sont bien mal apprises, ou que l'esprit de Lycidas est bien faible de croire que les vérités meurent et que l'une peut tuer l'autre. Le monde est plein de Lycidas à l'heure présente et qui n'y regardent pas de plus près.

— « Le beau traité qu'on vient d'écrire sur

l'art de penser! Il a plus de mille pages ; les moins accommodants seront forcés de convenir que rien n'y manque. » Rien, sinon peut-être un peu plus de brièveté et je ne sais quel art de faire goûter de si arides leçons.

— Combien de temps encore écrira-t-on des Logiques nouvelles sur le modèle des Logiques anciennes, si rarement sur celui de la vie humaine ! Petit et stérile changement que celui des formules et des mots : c'est pourtant à celui-là qu'on se borne d'ordinaire. Multipliez plutôt les applications et les exemples, comme l'ont fait avec tant de raison Port-Royal et Balmès.

— Beaucoup de choses ici-bas où la raison n'intervient pas directement, elle y consent sans s'y montrer.

— L'art de penser, pour être efficace et complet, suppose dans celui qui enseigne et dans ceux qui étudient, toutes les connaissances et toutes les aptitudes. Il est vrai qu'on peut aussi le résumer en deux lignes : *conduire ses observations et ses pensées par ordre ; s'abstenir de juger dès qu'on cesse d'entendre.* Le bon vouloir fera le reste, car il comprend l'amour de la vérité.

— L'art de penser renferme en soi tous les arts. Pour lui trouver des limites il faudrait le borner à l'une de ses parties, au raisonnement par exemple ; mais alors ce n'est plus l'art de penser. Pourquoi promettre plus qu'on ne saurait tenir ? C'est l'erreur ou plutôt la faiblesse que n'ont pas évitée les sages eux-mêmes.

— Le sens commun[1] est tous les jours, en tout lieu, à notre disposition : c'est notre bien et c'est le bien des autres ; nous y puisons et ils y puisent, nous en usons et ils en usent ; de nous-mêmes nous n'y ajoutons rien, eux pas davantage. — Notre bon sens est plus à nous ; moins passif, il n'attend pas d'être sollicité, il agit de lui-même, il juge, il discerne, et, dans ces inspirations qui sont les siennes quelque chose de notre caractère et de nos habitudes s'introduit presque à notre insu. — Cette demi-liberté n'est pas, il est vrai, sans inconvénient et elle expose le bon sens à faillir de temps à autre, mais les chutes sont légères tant qu'il ne perd pas de vue son fidèle compagnon, le sens commun, toujours prêt à lui tendre une main secourable.

---

[1] Voir ch. IV.

— Une preuve que la pensée se mêle à tout, use de tout dans notre âme, c'est qu'on dit communément et non sans raison, la force, la finesse, la noblesse, l'énergie, la délicatesse de la pensée. A parler en toute rigueur elle devrait être seulement vraie ou fausse. Les autres qualités qu'on y remarque lui viennent, les unes du tour d'esprit, les autres du caractère de celui qui pense; un grand nombre du cœur et des affections, plusieurs enfin de la façon de parler ou d'écrire. Sentiments, caractère, culture, langage, tout en nous influe sur la pensée et lui donne ou reçoit d'elle quelque chose.

— Si grandes que soient les oppositions dont la source est dans la pensée, elles ne sont rien auprès de celles que produit la différence des caractères. Les premières peuvent se modifier, s'atténuer, s'effacer : les autres ont quelque chose de fixe et d'irréductible.

— Rien de moins semblable que les effets des mêmes convictions servies par des caractères différents.

— L'homme était hier, pour un grand nombre de philosophes, tout intelligence, comme il avait été la veille tout sensation, puis tout sentiment;

aujourd'hui le voilà tout volonté, en attendant qu'il redevienne demain tout sentiment ou tout pensée. Notre regard est-il donc si faible qu'il ne puisse l'embrasser tout entier, je ne dis point dans son fond et jusqu'aux racines entrecroisées de ses pouvoirs intérieurs, mais dans leur indissoluble union, dans ce merveilleux accord dont la foule des esprits jouit sans l'analyser, que les philosophes troubleraient par leurs raisonnements, s'il n'était pas au-dessus de leurs atteintes.

— Plus on a de lumières et de bon vouloir, mieux on est gardé contre l'erreur. Cette règle sans doute ne suffit point, mais, si on l'oublie, les livres les plus savants sur la nature et les causes de l'erreur seront sans utilité.

— Que le bien penser influe sur le bon vouloir, on l'accorde en général : on est moins disposé à reconnaître que le bon vouloir puisse quelque chose en faveur de la pensée. On oublie que le bon vouloir repose sur un fond solide des vérités silencieusement mais constamment présentes à l'esprit, et très capables d'attirer à elles ou d'engendrer d'autres vérités. On oublie encore que rien ne dispose à percevoir le vrai comme le désir de le posséder et la ferme résolution de ne lui opposer aucun obstacle.

— Toutes les pensées du monde, sans en excepter les plus belles et les plus hautes, ne valent pas, pour conquérir ou conserver la paix de l'âme, un acte de bon vouloir. A moins peut-être que l'acte de bon vouloir ne renferme en soi, comme en abrégé, toutes les plus belles pensées du monde et les plus hautes.

— « Il ne pense à rien, » — c'est-à-dire, le plus souvent, dans le langage populaire, il ne sait rien préparer, rien prévoir. Si l'on songe à ce que renferme ce seul mot prévoir, et qu'il suppose expérience, réflexion, possession de soi, caractère, constance, on reconnaîtra que le peuple n'a pas moins que les sages une haute idée de la pensée.

— Appliquée à la rigueur la règle de l'évidence devrait supprimer toute subordination d'un esprit à un autre esprit, tout au moins celle des philosophes à un chef d'école : c'est le contraire qui arrive. Après comme avant Descartes les esprits médiocres se réclament des esprits supérieurs, les Écoles se multiplient, leurs chefs n'ont pas moins d'autorité. Il y a dans le monde et il y aura toujours une hiérarchie des esprits, les plus faibles cédant aux plus forts, les moins appliqués aux plus attentifs. Ceux-ci disent qu'ils ont bien vu, et ceux-là les en croient sur parole. Ils n'ont pas ce qu'il faut pour les contrôler : le temps et la capacité leur manquent. Règles nouvelles, excellentes pour ceux qui les dictent, et tant qu'il leur plaît de les suivre. Les autres les admirent d'avoir si parfaitement émancipé la raison ; ils n'ont rien de plus pressé cependant que d'abdiquer et de reprendre leurs chaînes. Ils croyaient sur la parole d'autrui ; ils doutent, ils nient, au besoin ils méprisent sur la foi de cette même parole : c'est là toute la différence.

— Excellente, quand il s'agit d'enseigner, la méthode qui procède par demandes et par réponses, instances, objections, première, seconde objection, et la suite, rendrait la conversation monotone et insupportable. Il arrive souvent qu'on y fait soi-même la demande et la réponse ; on a mille moyens ingénieux d'y placer sa pensée et de se dérober à celle d'autrui. Cette disposition d'esprit est peut-être la principale cause du plaisir que les hommes éprouvent à s'entretenir les uns avec les autres. C'est une autre manière de s'entretenir avec soi-même, et moins monotone.

— « Vous n'entrez pas dans ma pensée. » — C'est que peut-être vous ne l'avez pas exprimée avec assez de clarté et de précision. Donnez tous vos soins à ce qu'on puisse l'entendre aisément, et je vous promets d'y entrer, mais je ne m'engage pas à y acquiescer.

— N'est-il pas vrai que nous lisons tous deux le même livre, à la même page? — Non, cela n'est pas vrai. Vous le lisez avec votre esprit, moi avec le mien; vous le lisez avec vos inclinations, avec vos passions, avec vos pensées habituelles qui ne sont pas mes inclinations, mes passions, mes pensées. Nous lisons les mêmes mots, nous ne lisons pas toujours le même livre. J'en sais que la lecture des Pères de l'Église a rendus plus chrétiens qu'ils n'étaient, et j'en sais dont la foi chancelante n'a pas résisté à cette épreuve où les autres ont retrempé leurs forces.

— On ne s'entend ici-bas qu'à demi avec soi-même et avec les autres, avec ceux dont on partage les idées et qui partagent les idées de leur temps. En apparence que de rapports, que de points communs; en réalité que de malentendus, que d'oppositions! Mais qu'est-ce que ces idées dont la pleine compréhension est si rare, la durée si éphémère, la communication si incomplète, auprès de celles qui ont, dans une diversité infinie, peuplé l'esprit de nos ancêtres et qui peupleront celui de nos descendants. Étrangers les uns aux autres, quand nous paraissons le mieux nous connaître, nous savons peu de chose de ce qu'on pense à cent lieues de nous, presque rien de ce qu'on a pensé il y a cent ans. C'est pour nous un long passé que passions et préjugés ont à plaisir obscurci, et qu'il faut nous révéler comme celui de l'Inde ou de la Chine. Pensée de Dieu, que seraient nos pensées si vous n'éclairiez ces ténèbres, si vous ne dissipiez cette confusion, si vous n'établissiez un lien visible ou caché entre toutes les pensées, tous les esprits et tous les temps !

— On peut échanger des idées, faire échange d'idées, sans que rien change dans l'esprit de ceux qui se livrent à ce tranquille commerce. Nous doutons qu'on dise jamais et que l'Académie approuve : échange de pensées, faire échange de pensées. Si l'idée est comme à la surface de l'esprit, toujours prête à sortir, à rentrer, à se déplacer, la pensée n'est guère si mobile, ni si prête à répondre au premier appel, à se transformer dès qu'on l'y invite. La conversation peut en déposer le germe dans notre âme, mais il lui faut la solitude pour naître et s'épanouir.

— Ces deux philosophes se séparent enchantés

l'un de l'autre. Ils ont conversé durant une heure entière, chacun d'eux répondant à sa propre pensée et n'ayant qu'elle en vue. Assurément ils seraient fort en peine de dire de quoi ils sont tombés d'accord, mais ils sont enchantés l'un de l'autre.

— C'est, de nos jours, comme un bavardage continuel de journaux, de feuilles légères, de livres frivoles dont la vide et monotone rumeur nous poursuit en tous lieux et jusque dans la solitude. Pour cesser un moment de l'entendre et chasser tous ces importuns, une dernière ressource c'est d'appeler à son aide un solide esprit, Platon, saint Augustin, Bossuet. Il suffit, au témoignage d'Homère, que la sage et diligente maîtresse apparaisse sur le seuil, pour changer en un profond silence le bavardage assourdissant d'une légion de servantes.

— Que les femmes s'appliquent à l'étude des sciences rien de mieux, si l'inclination les y porte et si leur nature de femme n'en doit pas souffrir; mais qu'on les laisse aussi comme auparavant saisir au vol, cueillir en passant, entendre à demi mot et sentir mieux que nous ce qu'elles ne comprennent pas aussi bien : encore en est-on sûr. Foin des livres savants, s'ils devaient leur ravir l'inestimable don d'un savoir qui s'ignore, d'un savoir qui ne sait pas tout, qui sait avec aisance, qui jouit de lui-même et ne se produit que rarement au grand jour[1] !

— L'esprit des femmes serait-il comme ces plants de choix auxquels suffit une légère culture ? Trop bien soignés, trop bien nourris, il n'est pas rare que leur vertu s'altère, et qu'au lieu d'un vin délicat ils ne donnent plus qu'un épais et lourd breuvage.

— Dans l'amour ce qu'il y a de plus durable c'est l'amitié.

— Dans l'amour vraiment digne de son nom ce que l'amour perd l'amitié le rend aussitôt.

— L'amitié succédant à l'amour c'est, sur la même tige, la rose d'arrière-saison qui succède à la rose du printemps.

— Il est de la nature de la corruption de s'étendre de proche en proche : toutefois celle des

---

[1] Voir, au livre *De la Pensée*, la Leçon : *Les femmes et le progrès de la pensée.*

sens, de l'imagination et du sentiment, la pensée demeurant saine, peut être guérie ou diminuée. Il n'est plus de remède au contraire et la corruption peut tout envahir, quand elle a sa source dans la pensée.

— « Bon sang, dit-on, ne saurait mentir » : — à une condition toutefois, c'est qu'on lui continue les aliments qui l'ont formé.

— Des quatre vies qui s'écoulent en nous : vie des sens, vie des sentiments, vie de l'imagination, vie de la pensée, chacune des trois premières a sa place dans les deux autres et la quatrième dans toutes. Les trois premières peuvent se trouver chez l'animal, la quatrième est dans l'homme seul où elle tend sans cesse à élever le reste à sa hauteur.

— Il manque quelque chose à la plus heureuse mémoire, si elle ne sait rien oublier.

— Il est des biens dont on ne jouit tant que par le souvenir.

— La mesure dans la louange est la perfection de la louange, avantageuse à celui qui n'est plus, honorable à celui qui s'efforce de perpétuer sa mémoire. Il a montré autant de discernement que de talent ; il a fait voir qu'il connaissait la nature humaine, qu'il croyait à la raison de ses auditeurs, à la puissance de la vérité. Quelles qualités, et dans quelle rare union, aussi rare que la vraie louange !

— Il n'est personne qui ne pense du bien de soi ; on pardonne même à ceux qui en disent, quand on les sait très capables de publier, le cas échéant, tout le bien qu'ils savent d'autrui.

— L'amour-propre des autres n'a point de ruses ni de détours qui puissent nous tromper : le nôtre, pour peu qu'il se connaisse, les savait tous avant de les leur voir employer.

— Quelle société possible si les hommes n'avaient foi à la bonté les uns des autres ! Politesse, urbanité, courtoisie, aménité, affabilité : signes extérieurs de cette mutuelle bienveillance. Il faut bien penser qu'ils ne trompent pas toujours, puisqu'on n'a pas cessé d'y croire.

— On loue les enfants et les hommes pour les qualités qu'ils ont, et pour celles qu'on aimerait à découvrir en eux. On les félicite de les posséder pour les encourager à les acquérir.

— La beauté du corps fait valoir toutes les qualités de l'âme, elle n'en remplace aucune.

※

— « Le mécanisme de l'âme et surtout celui de l'intelligence aux psychologues ; la vie de l'âme et l'homme entier aux moralistes. » — Pourquoi ce partage ? Pourquoi ce divorce ? Pourquoi ces deux mondes rendus étrangers l'un à l'autre, maintenus dans cette absolue séparation par une routine invétérée et que, dans ce siècle d'audaces, aucune audace n'ose plus réunir ? Faut-il donc attendre que les étrangers nous devancent ? Les suivrons-nous du moins dans cette voie, nous qui depuis plus d'un siècle aimons tant à les suivre ? L'entreprise en vaut la peine, et il y a dans l'esprit français assez de finesse, assez de mesure, assez de ressources de toute sorte pour qu'elle réussisse et nous place au premier rang.

※

— Je vous dis, je vous répète que la morale repose tout entière sur l'idée *du Devoir*.

— Je vous dis, je vous répète que son seul et unique fondement c'est l'idée *du Bien*.

— Et l'idée *du Respect*, je vous prie, l'idée du

respect de soi-même et de sa personne dans la personne d'autrui ? Croyez-vous, Messieurs les Métaphysiciens, que la Morale, pour être complète et parfaite, ait besoin d'un autre principe ?

— Vous n'y êtes pas : le meilleur de tous les principes, — que sert de le nier ? — c'est depuis bien longtemps, ce sera toujours, tant qu'il y aura des hommes, *la recherche du bonheur*.

— A condition, et cette condition vous l'accepterez si vous êtes sincère, que ce bonheur soit *le plaisir :* autrement je ne sais pas ce que ce mot bonheur signifie.

— Et *la volonté du plus grand nombre,* en faites-vous si peu de cas, la comptez-vous pour rien ? Espérez-vous trouver en dehors d'elle un point de départ solide, inébranlable à vos prescriptions ?

— Si la volonté du plus grand nombre est d'accord avec *ma raison,* oui : sinon, non. Je ne connais d'autre guide que ma raison, je n'entends qu'une voix, celle de ma raison ; je n'obéis qu'à un commandement, celui de ma raison.

— Permettez : votre raison est-ce *la raison impersonnelle* ou *la raison purement subjective ?*....

Chacun d'eux prenant la partie pour le tout et son principe dans la partie qui lui plaît, sans tenir le moindre compte du rapport des parties et de leur mutuelle dépendance, nous n'aurions pas de sitôt la fin de tous ces discours. Allons à ceux qui unissent, non à ceux qui divisent, à ceux qui font la part de Dieu dans l'œuvre de Dieu, et dans la vie présente, celle de la vie à venir.

⁂

— Un devoir sans grâce et sans attraits est-ce bien tout le devoir? Qui préviendra ses ordres? Qui lui donnera plus qu'il n'exige? Quelle Cité reposera fermé et tranquille sur ce devoir qui ne devance pas, qui ne dépasse pas le devoir? Quelle vie humaine s'épanouira, souriante et gracieuse, sur ce devoir qui n'aime point? Schiller avait raison : l'*Impératif catégorique* de Kant n'est pas tout le devoir, et il n'aidera personne à l'accomplir.

— Le devoir de quelques-uns c'est de faire plus que le devoir.

— Toutes les pensées et toutes les vertus sont comme en germe dans l'acte de respect, depuis l'idée de Dieu, principe de tout ordre, fondement de toute hiérarchie, jusqu'au courage qui s'exerçant à vaincre les résistances de l'amour-propre prépare les autres victoires.

— Une âme grande peut faire d'autres âmes à

son image ; elle tient, sans le savoir, école de grandeur : témoin Corneille. C'est l'honneur de l'âme humaine qu'il en soit ainsi : bien dirigée elle va droit au plus grand, au plus haut, et il n'est pas rare qu'elle y atteigne.

— *Principes*, thème à beaux discours, source de belles actions. Ceux-ci en raisonnent à merveille, ils les vantent, les recommandent, à la première occasion ils les tournent ou les oublient ; ceux-là qui en savent à peine le nom les appliquent avec une rare constance. Ils rétablissent, par leur conduite ferme et sage, l'autorité des principes dont les autres feraient douter malgré leur stérile éloquence.

— Principes de morale réputés par plusieurs seuls vraiment principes, seuls indispensables, loués, exaltés à tout propos, hors de propos, au détriment de tout le reste. Mais qu'ils ne s'avisent point de devenir un obstacle ou un embarras : on leur fera bien voir qu'ils se sont mépris, qu'ils ont trop présumé d'eux-mêmes, qu'ils sortent de leur rôle qui est d'être des principes et rien autre chose.

— Ce n'est pas la même chose de savoir gouverner sa vie ou de savoir l'orner. Plusieurs ont, sur leur route, évité, à force de précautions, tous les faux pas, qui n'ont pas même aperçu les paysages tour à tour gracieux ou imposants à travers lesquels elle se déroule. A plus forte raison n'en ont-ils pas joui et n'en sauraient-ils, l'heure des voyages une fois passée, ranimer dans leur âme l'agréable souvenir.

— Il n'y a guère moins de bonheur dans l'espérance et dans le souvenir que dans le bonheur lui-même.

— Il y a dans le monde moins de voluptueux que de vaniteux, et moins de gens avides de jouir que de le faire savoir. Un remède à la brièveté de nos plaisirs c'est de les prolonger dans l'opinion d'autrui : le luxe produit cet effet. Il serait plus gênant qu'agréable, s'il ne devait donner au prochain une haute idée de notre goût, de notre richesse, de notre bonheur. Voilà ce qui nous plaît d'abord en lui.

— Un bonheur assuré contre tous les coups de la fortune c'est de se plaire au bonheur d'autrui.

— Les lieux où l'on se plaît davantage on les aime un peu pour eux-mêmes, beaucoup pour les amis dans le commerce desquels on y a vécu. Il est vrai qu'on n'y songe point jusqu'au jour où la mort nous les ravit, ou bien la fortune les en éloigne. Alors les plus belles, les plus vastes cités sont pour nous comme un désert; alors nous ne sentons plus de la solitude qui nous charmait que son silence et notre abandon.

— Chacun sait combien volontiers les gens à cheval ou en voiture préviennent de leur salut l'humble piéton qui se gare et s'incline. Les moins favorisés de la fortune ne sont pas les moins sensibles à cette légère et passagère élévation. Cette vanité ne saurait avoir aucune suite fâcheuse ; mais où va se loger la vanité, u plutôt quel est l'avantage assez médiocre, assez insignifiant, assez éphémère pour que la vanité le néglige !

— Théodore attend pour penser que vous ayez parlé. Volontiers il prendrait les devants pour mieux vous faire sa cour, mais vos traits, vos yeux, votre sourire ne disent pas encore assez clairement quelle est votre manière de voir. C'est à peine s'ils permettent à Théodore d'ébaucher une pensée qu'il achèvera sitôt que vous aurez exprimé la vôtre.

— Vous n'avez jamais eu, dites-vous, le bonheur

de voir Antenor se ranger à votre avis : c'est l'homme du monde le plus contredisant. Il est pourtant un moyen de le faire penser comme vous : dites devant lui le contraire de ce que vous pensez.

— On dirait qu'Eudémon a honte des excellentes choses qu'il dit, tant il les dit de l'air d'un homme qui hésite et ne sait point. Jamais il ne parle qu'on ne l'interroge ; souvent même il tarde à répondre, doutant si l'on ne s'est point mépris et si c'est bien à lui qu'on s'adresse. Ceux qui le voient en passant l'ont pris plus d'une fois pour un ignorant ou pour un sot : seuls ses intimes amis rendent justice à son mérite. Il n'a pas (loin de lui cette pensée) la prétention de tout connaître, mais il sait parfaitement ce qu'il sait et le fait comprendre en peu de paroles. Rien de banal dans sa conversation, rien non plus d'affecté : tout est simple, solide et vrai. Avez-vous gagné sa confiance, a-t-il lui-même triomphé de son naturel, au lieu de quelques mots sans suite qu'il murmurait entre ses dents, voici venir une parole nette, nourrie, nerveuse. Il est vrai qu'il pourra bien, repris de son ancienne défiance, s'arrêter tout à coup ; ne vous en inquiétez pas. Vous reviendrez un autre jour à la charge, vous reviendrez dix fois, vingt fois, tant qu'il vous plaira, jamais vous ne plaindrez votre peine. Eudémon, sans qu'il y songe et sans qu'il le croie, vous apprendra toujours quelque chose.

— Depuis le jour où dans le cœur de Timophile, ce grand et riche propriétaire de vastes domaines, a germé l'innocent, mais cruel désir d'obtenir, lui aussi, après tant d'autres qui ne le valent pas, ses collègues dans les Comices de la Région, ses amis, ses proches, la croix du *Mérite agricole*, Timophile n'est plus Timophile. Le plus calme, le plus doux des hommes est devenu le plus inquiet, le plus agité. Lui autrefois si peu jaloux du bonheur d'autrui, il excelle maintenant à découvrir, dans le caractère et le passé de ceux qu'il suppose être ses rivaux, les taches, les défaillances qui devraient les priver à jamais de l'honneur qu'ils ambitionnent. C'était autrefois le visiteur le plus rare, le plus mal noté pour ses oublis et ses négligences, le correspondant sur le bureau duquel les lettres s'accumulaient, sans qu'il se pressât d'y répondre : aujourd'hui tout est changé, Timophile possédé de je ne sais quel démon ne connaît plus ni repos, ni loisir. On ne voit plus que lui sur les places, dans les rues, par tous les temps, rasé de frais, cravaté de blanc, emprisonné dans un étroit habit noir. Le facteur des postes assure qu'il reçoit à lui seul autant de lettres que trois de ses meilleurs clients : il est payé pour le savoir.

Celui qu'on nommait l'indolent Timophile, qu'on était toujours sûr de trouver à la maison, dans sa bibliothèque ou dans son jardin, on l'a vu le même jour, du moins on l'assure, au chef-lieu de son département, dans les bureaux de la Préfecture, à Paris, dans ceux du Ministère de l'Agriculture : c'est à croire qu'il possède le don d'ubiquité. Un personnage influent a passé dernièrement deux ou trois heures dans sa petite ville, sans qu'il l'ait su, sans qu'il ait pu l'entretenir : il en a été malade de regret et de douleur. N'aurait-il pas avant-hier prononcé devant un inconnu telle parole qui mal comprise pourrait, si elle était répétée, compromettre le succès de sa candidature? Et Timophile, le discret Timophile de se reprocher amèrement son bavardage, sa déplorable habitude de parler de tout, à tout propos, devant toutes sortes de personnes. Il vit dans une alternative continuelle d'espérances qui ne durent pas et d'inquiétudes qui se renouvellent sans cesse. A deux époques de l'année surtout c'est comme une fièvre qui le consume lentement. « Votre nomination est à la signature », lui écrit pour la troisième fois un puissant protecteur, et le voilà transporté de joie. A quelques jours de là paraît dans l'*Officiel*, dont il est le lecteur assidu, la longue liste où son nom devrait être et où il le cherche en vain : sa joie se change en une morne tristesse.

C'est ce que ses amis (on n'est trahi que par les siens) appellent *le chemin de la croix* de Timophile, et ils craignent qu'il en soit seulement aux premières stations. A vrai dire, les mieux intentionnés, les plus sincères d'entre eux ne savent ce qu'ils doivent souhaiter, et s'il serait bon pour leur ami d'obtenir la distinction qu'il désire si vivement. Car qui sait s'il s'en tiendrait là, et s'il ne solliciterait pas avec la même passion une faveur plus haute ? N'ont ils pas encore présente à l'esprit la fin malheureuse d'un proche parent de Timophile ? Il avait juré solennellement le jour où il fut créé chevalier de n'ambitionner jamais, au grand jamais, un grade plus élevé. Quelques années plus tard il mourait de chagrin de n'avoir pas été nommé Commandeur.

En attendant, la croix de Timophile est toujours à la signature.

— On peut avoir beaucoup d'expérience et peu de sagesse, comme on peut, avec beaucoup d'idées, ne former que de médiocres pensées.

— S'il y avait dans le monde autant de trompeurs que de tromperies, il faudrait désespérer du monde, mais il n'en est rien. Il s'en faut de tout que le nombre des méchants égale celui des crédules et des sots.

— Il est si naturel aux hommes d'admirer et d'adorer qu'ils ne sauraient concevoir, même obscurément, quelque grande chose, science, humanité, progrès, liberté, sans en faire aussitôt la chose uniquement grande et vraiment divine.. A elle leur foi et leurs hommages, en attendant la statue qui viendra, pour sûr, un peu plus tard.

— Il en est des folies humaines comme des eaux d'une rivière troublées par un violent orage. Le sage les regarde passer avec tristesse, mais avec une ferme espérance. Il sait que la source est pure et qu'elle ne saurait tarir.

— « Demandez et vous recevrez. » On doit croire que ces paroles de l'Évangile, si elles n'excluent pas la demande des biens du temps, ont surtout en vue les biens de la vie à venir et les dispositions de l'âme qui nous rendent dignes de les posséder. Ne pourrait-on faire entendre aux solliciteurs ardents à la poursuite des honneurs et des dignités de ce bas monde qu'elles n'autorisent pas l'importunité de leurs requêtes, mais surtout qu'elles n'en garantissent pas le succès ?

— « Tu n'as rien reçu, mais tu n'as pas pris la peine, tu n'as pas eu l'ennui de demander. De quoi te plaindrais-tu ? » — « Aussi n'ai-je garde de le faire, ô sage Epictète, qui avez si bien dit pour votre temps et pour tous les temps. »

— Les amis d'Eugène Fialon[1] le plaignent sincèrement de n'avoir pas obtenu dans le cours de sa longue et laborieuse carrière, les honneurs que semblaient appeler ses travaux et son rare mérite. « Peut-être, après tout, y a-t-il de sa faute, car enfin s'il avait consenti à solliciter tel puissant du jour, à flatter tel Ministre, à courtiser tel dispensateur des faveurs et des grâces, nous n'aurions pas le regret de voir un homme de bien, un homme de talent, se retirer des emplois publics où il a toujours fait plus que son devoir, sans avoir obtenu une seule des distinctions libéralement accordées à des débutants qui sont loin de promettre tout ce qu'il a donné. »

---

[1] Ces lignes ont été écrites plusieurs années avant la mort d'Eugène Fialon survenue en février 1896 : on n'y a rien changé. Les belles et consciencieuses Études de notre ami sur saint Basile et saint Athanase, la première couronnée par l'Académie française, sans parler de ses autres écrits, n'ont pas été moins appréciées par les hommes de goût que par les érudits de profession.

Cet étonnement de ses amis est, dans cette affaire, ce qui étonne le plus Eugène Fialon. Ces démarches qu'ils lui reprocheraient volontiers de n'avoir point faites, il n'y a pas même songé, et il ne s'y serait à aucun prix résigné. Pas une plainte sur ses lèvres, pas le plus léger ressentiment dans son cœur. Ne croyez pas d'ailleurs qu'il fasse appel à une justice plus haute pour le venger d'une injure qu'il n'a pas sentie, et à de solides espérances pour le consoler de pertes imaginaires. De tels remèdes ne sont pas pour de si légères blessures ; il les réserve pour les maux réels, pour les vraies douleurs de la vie : on n'en a que trop à guérir, et c'est là qu'est leur véritable emploi.

— On s'étonne bien à tort que Z... ce savant, ce lettré, ce philosophe d'un rare mérite ait passé du positivisme au pessimisme : rien pourtant n'est plus naturel. Bannissez de notre âme l'idéal dont le divin rayon l'illumine et la fortifie, abolissez en elle l'espoir de la vie à venir qui endort ses douleurs, dissipe ses tristesses, la vie présente va peu à peu s'envelopper d'ombres, et la nature elle-même perdre un à un tous ses attraits. Le mal que la pénitence ne répare plus, que la charité ne couvre plus de son amour et de ses largesses, apparaît dans son affreuse laideur. Autant vaut n'être plus.

— Pourquoi ceux qui célèbrent le plus éloquemment la mort ne se donnent-ils pas la mort? Sans doute ce n'est point l'amour de la vie qui les retient, car ils la détestent, ni les jouissances qu'elle procure, ils déclarent n'en point connaître, encore moins la célébrité qu'ils ont acquise par leurs livres pleins d'une funèbre éloquence, ils sont au-dessus d'un sentiment aussi vulgaire. Craindraient-ils, — motif infiniment plus noble, — que la doctrine ne meure avec l'apôtre qui la prêchait? L'histoire est là pour les rassurer, et nul doute que l'éclatant exemple de leur trépas volontaire ne fît plus pour hâter le bienheureux instant du suicide universel que leurs exhortations les plus pressantes. Qu'ils se hâtent donc de mettre le sceau à leur doctrine en rejetant l'insupportable fardeau de la vie. Ce faisant, ils couperont court aux suppositions les plus fâcheuses.

— Gœthe écrit Werther : c'est le début de sa gloire, mais c'est la fin de huit ou dix de ses lecteurs qui se croient des Werther, et ne réussissent qu'à se tuer comme son triste héros. Assurément le mal était né avant qu'il fût décrit, mais l'art de l'écrivain en a hâté les progrès. Les poètes n'ont-ils pas mieux à faire que de rendre le vice aimable et de nous tromper sur le sens de la vie?

— *Pessimisme indien* : effort pour anéantir le moi, puis inerte résignation, tranquille espoir de s'endormir au dernier jour et pour jamais dans le sein de l'Absolu. *Pessimisme contemporain* : exaltation du moi, désespoir de n'avoir réalisé que la moindre partie de ses rêves de jouissance et d'orgueil, dégoût de la vie, désir et horreur du néant. — Lequel des deux vaut mieux, si l'un des deux vaut quelque chose !

— Bien peu, sans doute, parmi les pessimistes de nature, quels que soient leur nuance et leur nom, acariâtres, grincheux, hargneux, mécontents, Zoïles, misogynes, Thersites, misanthropes, soupçonnent qu'il puisse y avoir une philosophie du pessimisme, mais surtout ils goûteraient médiocrement le remède que cette philosophie leur propose, ils le trouveraient trop radical. Au fond, c'est une joie pour eux que cette plainte éternelle contre la nature marâtre, la société mal faite, contre les hommes mauvais, fourbes, hypocrites, égoïstes, injustes. Le plaisir de les censurer, de les maudire, d'aboyer à leurs défauts, de détailler par le menu leurs méfaits et leurs vices, ce n'est rien moins qu'un plaisir des dieux. Et vous leur proposeriez d'en tarir la source, d'en finir avec la vie par un trépas volontaire ! Que vous connaissez mal, philosophes du pessimisme, la vraie nature du pessimiste et le fond qui se dérobe sous de trompeuses apparences ! Sans compter que vous semblez n'avoir jamais rien su de la secrète douceur des larmes, du *charme de la plainte*[1], comme a dit Corneille, et des invincibles espoirs qui ne meurent qu'avec nous !

— On ne raconte pas le bonheur d'un grand peuple qui tiendrait en deux ou trois pages, mais l'histoire n'a jamais fini de dire ses épreuves, ses crises, ses combats, ses misères de toute sorte. On ne met guère non plus la joie sur la scène, elle aurait tout dit d'elle-même en quelques vers ; mais le théâtre a vécu depuis qu'il existe, et il vivra jusqu'à la fin de l'inépuisable trésor des douleurs, des craintes, des vains espoirs, des illusions évanouies, des luttes, des déchirements auxquels l'âme humaine est en proie. Est-ce à dire que la douleur tienne dans la vie plus de place que la joie, on en peut douter, mais sûrement elle s'y présente sous des formes bien plus variées, elle y produit plus de changements, elle imprime dans l'imagination et dans la mémoire des traces plus profondes.

---

[1] Et puisque vous trouvez tant de charme à la plainte,
En toute liberté goûtez un bien si doux.
      CORNEILLE, *Les Horaces.*

— Que le monde est beau! Que l'œuvre de Dieu est bonne, malgré des imperfections et des souffrances dont la vie à venir saura bien nous dédommager! — Que le monde est mauvais! Que la race des hommes est odieuse! Que la terre est un séjour affreux! Hâtons-nous d'en sortir et de rentrer dans le néant! — Comme il vous plaira : pour moi je suis avec ceux qui aiment et qui espèrent. Un rayon de soleil me console des jours les plus sombres, car je sais que mon soleil grandira et que les ombres s'évanouiront.

— Dès sa plus tendre enfance et avant même qu'il sût marcher, Agathon destinait le troisième de ses fils à l'École polytechnique. Il est bon, disait-il, de proposer de loin aux jeunes gens un but un peu élevé et qui puisse exciter leur ardeur, enflammer leur courage. Celui-là d'ailleurs n'est pas au-dessus des moyens que je crois découvrir en Théodore. Ces moyens ne furent pas ceux que le père de famille avait rêvés, et à l'insuffisance naturelle de Théodore se joignit une paresse acquise, mais solidement enracinée. Nous le présenterons à Saint-Cyr, dit Agathon, et, après tout, la différence n'est pas si grande d'une École à l'autre. Peut-être même la carrière des Saint-Cyriens est-elle plus brillante et plus rapide. De deux frères, mes camarades d'enfance, entrés le même jour aux deux Écoles, le Saint-Cyrien qui est pourtant le plus jeune vient d'être nommé colonel, et son frère n'est encore que commandant. L'arme est moins encombrée, on y marche d'un pas plus sûr. C'est Saint-Cyr qu'il nous faut, et je suis ravi que Théodore ait de lui-même renoncé à l'École polytechnique.

Les portes de Saint-Cyr s'étant fermées avec une singulière obstination devant un candidat aussi bien préparé, Agathon s'en émut aussi peu que possible. « Nous étions bien sots, dit-il, de nous attarder à ces Écoles où les jeunes gens les mieux doués cessent d'être eux-mêmes et prennent fatalement le pli qu'on leur donne : on les dirait tous jetés dans le même moule. Nos meilleurs officiers, ceux qui ont gardé leur caractère propre et largement développé, au grand profit de l'armée et de la France, leurs qualités naturelles, ont été des engagés volontaires. On ne voit que cela dans l'histoire de la première République et du premier Empire. Théodore sera comme eux, simple soldat d'abord, et quand il entrera plus tard à Saint-Maixent, il aura passé par tous les grades inférieurs, il connaîtra le faible et le fort de la vie militaire. Voilà la voie qu'il faut suivre : c'est celle qu'ont parcourue glorieusement les vrais soldats, les brillants officiers, c'est celle qui conduira sûrement Théodore aux plus hauts grades de l'armée française.

La résolution prise, l'engagement signé, Agathon court à sa campagne où il lui tarde de s'établir pour tout l'été. « De mémoire d'homme, dit-il, on n'avait vu mois de mai plus beau, plus doux, plus favorable aux biens de la terre ; on n'a jamais eu l'espérance, presque la certitude de plus belles récoltes. Tant mieux, mille fois tant mieux ; le pauvre peuple aura plus aisé de vivre, et les fermiers nous paieront sans peine, avec l'année présente, l'arriéré qui commençait à s'accumuler. » Mais peu à peu les promesses du printemps s'évanouissent ; tous les fléaux à la fois, grêle, tempêtes, pluies diluviennes viennent fondre sur les campagnes désolées. L'herbe pourrit, les épis se vident ; avec les fleurs qui se flétrissent s'en va l'espoir de l'automne. A ces nouvelles, Agathon de répondre : « Le mal n'est pas peut-être aussi grand qu'on le pense, et l'année n'a pas dit son dernier mot. Quelques bons coups de soleil, et toutes choses se rétabliront au gré de nos désirs. Je veux que nos vignes aient coulé, mais moins il y aura de raisins plus il leur sera facile de mûrir, et la qualité nous dédommagera de la quantité absente. Oublie-t-on que septembre fait le vin : or, nous ne sommes encore qu'à la fin de juin. Il n'est pas bon d'ailleurs que les prix s'avilissent, on a trop de mal ensuite à les faire remonter ; on n'a pas toujours à se réjouir de récoltes trop abondantes. »

Le phylloxéra lui-même, s'il est venu à bout de nos vignobles les plus résistants, n'a rien pu contre l'heureux naturel d'Agathon. Il va répétant sans cesse à ses amis, à ses voisins, qu'on a tort de s'inquiéter, que tôt ou tard on remerciera le ciel de nous avoir envoyé cette épreuve, et il s'étonne de les voir dans d'autres sentiments que les siens : « Aurions-nous connu, sans cet inconvénient passager, les cépages américains, leur variété, leur fécondité, leur force merveilleuse de résistance à toutes les maladies ? Nos vignes languissaient, leur sève s'épuisait, les voilà renouvelées, rajeunies pour des siècles. Encore deux ou trois ans, et nous aurons du vin à ne savoir qu'en faire. Ce n'est pas d'ailleurs un si grand mal que nos vignerons du Midi aient reçu cette petite leçon. Leur soudaine fortune les avait grisés. Ils ne savaient de quelle façon dépenser leur argent, et le plus souvent ils l'employaient fort mal. La jeunesse surtout commençait à se perdre : la voilà bien forcée de revenir à ses anciennes et sages habitudes. Travaillez, mes amis, prenez de la peine : c'est le fonds qui manque le moins, comme dit notre bon La Fontaine, et tout en ira mieux. »

Tout est toujours pour le mieux dans l'esprit d'Agathon, sinon dans la réalité des choses. Les armements qu'on perfectionne, les casernes et les arsenaux qu'on remplit, la guerre qu'on prépare avec une fiévreuse ardeur ne sont pas pour l'effrayer. « Où irions-nous, dit-il, et dans quels abîmes de corruption ne serions-nous pas bientôt plongés, si le métier des armes n'était là pour fortifier les corps et assouplir les volontés ? Les longues paix sont mortelles aux nations qu'elles amollissent, dont elles minent lentement l'énergie, qu'elles livrent à tous les excès du luxe et des honteux plaisirs. » — Parle-t-on, comme d'une chose probable, presque certaine, d'un désarmement général, cette perspective ne lui est pas moins agréable. « Enfin, dit-il, nous allons respirer un peu, et nous ne craindrons pas tous les jours de voir nos campagnes ravagées, nos maisons pillées, nos parents, nos proches, nos amis immolés sur les champs de bataille. Tant de bras qui lui manquaient seront rendus à l'agriculture ; l'industrie va de nouveau fleurir ; le commerce renaît, nos ports se remplissent de vaisseaux : c'est une ère de prospérité qui commence. »

Des fils d'Agathon — il en a quatre, et tous ne sont pas destinés à Saint-Maixent — l'aîné se marie très convenablement. Il en est ravi : « Quelle belle union, dit-il, quel couple parfaitement assorti, et comme la suite va répondre à de si heureux commencements ! La vie décidément n'est pas si mauvaise que des moralistes chagrins nous la

représentent ; elle a du bon, beaucoup de bon. »
— Le dernier de ses enfants, une petite fille, vient de mourir en bas âge, après une courte maladie. A ses amis qui s'empressent autour de lui pour le consoler, il répond avec une sincérité parfaite qu'il est fort touché de leur démarche, mais qu'après tout le mal n'est pas si grand de sortir jeune de ce monde où tant de douleurs, tant d'épreuves attendent les pauvres humains: on échappe de la sorte à bien des misères. Ainsi l'ont pensé les philosophes et les poètes anciens, Sophocle entre autres, dont il cite un fort beau passage, et il se range à leur sentiment.

Agathon est toujours avec ceux qui voient le monde et ce qui s'y passe sous le jour le plus favorable. Il excelle, fût-ce au prix de quelques contradictions, à mettre en lumière le bon côté des choses, et dût le présent ne lui offrir que des sujets de tristesse et d'ennui, l'avenir lui reste ouvert dans son immense étendue. Il est assez vaste pour que les optimistes de toutes les nuances y trouvent, comme Agathon, un refuge assuré ; il ne leur manquera jamais, quand tout le reste viendrait à leur manquer.

— Entre les moralistes anciens et les moralistes modernes, entre Horace par exemple et Labruyère, la seule différence sérieuse c'est celle de la langue et du talent. Les critiques qui les comparent excellent à faire voir en quoi l'un ne ressemble pas à l'autre, mais nul d'entre eux ne s'est avisé de prétendre que l'homme d'il y a deux mille ans, celui qu'ils ont si exactement dépeint, n'est pas, les nuances passagères mises à part, absolument l'homme d'aujourd'hui.

— L'optimiste n'a pas changé ; il est tel de nos jours qu'on l'a vu dans tous les temps et dans les pays les plus éloignés du nôtre. Il excelle comme autrefois à tirer le meilleur parti des événements et des circonstances, à les interpréter dans le sens le plus favorable : il fait le monde à l'image de son âme, et il ne s'en doute pas. C'est de tous les hommes le moins doctrinaire, et, comme on dirait présentement, le plus inconscient de sa propre nature. Le pessimiste au contraire, bien qu'il soit né le même jour, et qu'on le retrouve dans toutes les contrées, sous tous les climats, n'est pas depuis un demi-siècle aussi exactement semblable à lui-même : il s'est modifié, je n'oserais dire que ce soit à son avantage.

Ce n'est plus seulement l'esprit mal fait, le caractère soupçonneux qui tourne tout à mal, actions, paroles, intentions, et aussi bien les variations de la température que celles des événements et des choses. Pour l'ancien pessimiste plutôt grincheux et hargneux que fourbe et hypocrite, il n'y a jamais eu, il n'y aura jamais d'ami sincère et constant. Tous les hommes sont des égoïstes ou des menteurs ; les plus beaux dévouements ont un motif intéressé : on le cache, mais il saura bien le découvrir. Tout va de mal en pis : les saisons sont changées, il n'y a plus d'été, plus de ces bonnes chaleurs d'autrefois : pour sûr on fera cette année la plus pitoyable des récoltes. Le monde qu'il se représente sous l'influence de son malheureux caractère est plein d'intrigants et de fourbes : autant vaudrait la forêt de Bondy ou une caverne de voleurs. Son dernier enfant a l'intelligence précoce : mauvais signe, à vingt ans il ne sera plus qu'un sot. Elle tarde, au contraire, à se développer : « qu'en ferons-nous, dit-il, et à quoi sera-t-il bon ? Il faut, dès maintenant, songer à lui faire des rentes. Travaille, pauvre père, pour ceux qui ne sauraient vivre de leur travail. Mais aussi quelle folie de se marier, et qui s'en est jamais trouvé bien ! »

La guerre l'a ruiné, la paix ne le rétablira pas ; il est le seul auquel on n'ait payé qu'une indemnité dérisoire : tous les passe-droit, tous les dénis de justice sont pour lui et pour les siens. L'aîné de ses fils passe pour réussir assez bien dans son commerce : « attendons la fin, dit-il, et qui sait d'ailleurs le fond des choses ! » L'été se comporte on ne peut mieux, et la chaleur venue en son temps est assez forte : « tout sera brûlé, nous ne récolterons que des cendres. » Il pleut quelques jours de suite : « c'est un vrai déluge ; courez, mes amis, après vos foins que la rivière emporte. Ah ! les belles moissons que vous allez rentrer..... à la Saint-Martin ! Le bon vin ! et comme la force de son alcool va faire éclater vos cuves ! Bon ou mauvais d'ailleurs, encore deux ou trois ans, et je défie qu'on en trouve une seule bouteille : le phylloxera aura tout rongé, tout ravagé, tout détruit. » On lui adresse un compliment mérité, quelques paroles aimables : on se moque, on en veut à sa bourse. On lui donne, avec tous les ménagements possibles, un avis utile : « de quoi se mêle-t-on ? Voilà bien les jaloux, les envieux ; ne sauraient-ils me laisser en paix ! »

Ces quelques traits recueillis au hasard sont du pessimiste d'autrefois semblable en plus d'un point au pessimiste d'aujourd'hui : peut-être ai-je tort de dire qu'il a changé, je reconnais mon erreur. La cause en est qu'un faux frère a usurpé son nom, et d'une fâcheuse disposition d'esprit a fait une philosophie pleine de mensonges. Plus de misanthropie dont la rude franchise n'était pas toujours si déplaisante, où la haine du vice avait du moins sa place ; plus d'indignation vertueuse contre les hypocrites et les méchants. Pour le pessimiste contemporain, postérité bâtarde de Çakya Mouni et des boudhistes de l'Inde, la distinction du bien et du mal, du vice et de la vertu, grossière illusion, pure chimère. Il n'y a dans le monde ni hommes de bien ni pervers, mais seulement une immense et universelle douleur, une souffrance infinie, croissante, incurable. Il faut y échapper par la mort volontaire, et si le genre humain comprend un jour ses véritables intérêts, par un suicide universel. Quelques-uns, les faibles d'esprit, les naïfs, plus souvent les victimes de la passion ou du désespoir, se sont tués, en autorisant leur crime de ces perfides leçons. Mieux avisés, plus prudents, les maîtres, les docteurs se contentent de prêcher la mort, en vivant le plus longtemps et le plus agréablement qu'ils peuvent. En réalité ces pessimistes de plume et de cabinet ne sont ni pessimistes, ni misanthropes, ils n'en ont pas la sincérité. Orgueilleux, pleins d'eux-mêmes, ils sont avides des louanges que les hommes distribuent à tort et à travers. Cette vie dont ils voudraient tarir la source, dont ils souhaitent ardemment la fin, ils savent en jouir comme les plus habiles Épicuriens. Rendons cette justice aux vieux, aux vrais pessimistes de ne pas les confondre avec eux.

— Dans ce peu de temps que dure la vie assez

de temps encore pour survivre, les grands hommes à leur fortune, les grands écrivains à leur talent, les hommes ordinaires à leurs facultés.

— Nos temps troublés ne comportent guère les délicates miniatures, les portraits qu'on peignait à loisir à une époque où choses et gens jouissaient d'une stabilité relative, et où les moyens de se déplacer, de courir le monde avec une rapidité inouïe n'étaient pas encore découverts. On pouvait alors, même après un long temps, retrouver sur sa route et jusque dans son voisinage les fats, les vicieux, les étourdis, les misanthropes, les originaux de toute sorte que Molière et Labruyère ont si exactement, si finement dépeints. Essayez à l'heure actuelle, dans l'agitation fiévreuse de nos esprits et le perpétuel changement de toutes choses, de retenir au passage, de fixer les traits de ceux qu'un jour met en lumière et que le jour de demain rend à leur obscurité, vous n'y parviendrez pas. Le portrait n'est pas plutôt ébauché que l'original a disparu; vous aurez beau le chercher dans la foule où il est rentré après s'en être détaché un instant, impossible de l'y découvrir. Si quelques individus ont encore un caractère à eux, celui des classes s'efface de plus en plus : s'il s'en forme de nouvelles, celle des politiciens, par exemple, peut-être il sera bon d'attendre, avant de les peindre, que leurs traits soient plus nettement accusés. La personne subsiste tant bien que mal, le genre tend de plus en plus à disparaître.

— Unité de la personne humaine, don de la nature fait à tous également; unité de la vie dépend à la fois de la nature et de la liberté.

— Unité d'une belle vie : en trois mots, le plus bel éloge qu'on puisse faire de celui qui a cessé de vivre; un petit nombre le méritent, bien que tous ambitionnent de l'obtenir.

— Tel qui, dans sa jeunesse, avec autant de noblesse que de courage, avait résisté aux coups les plus violents de ses adversaires et de la fortune, s'est, dans la suite, trouvé trop faible pour porter dignement le fardeau de sa prospérité ou de sa gloire. Que de carrières, dans la politique et les Lettres, ont commencé par le culte désintéressé du bien et du beau, par un vrai détachement de soi-même, ont brillé à leur midi de l'éclat de la gloire la plus pure et la mieux méritée, ont fini tristement par les petitesses du plus aveugle amour-propre, dans les abaissements d'un égoïsme vulgaire !

— Observez-le, étudiez-le aussi loin que remontent les traditions, l'écriture, l'histoire ; prenez-le il y a quatre mille ans, six mille ans, ou bien aujourd'hui, avant ou après l'ère chrétienne, dans tous les pays du monde, au cœur de la barbarie, au sein des capitales les plus civilisées ; interrogez les monuments, les institutions, les poésies populaires, les grossières ébauches de ses industries primitives, les merveilles de ses industries perfectionnées ; retournez-le dans tous les sens, voyez-le en paix, en guerre, à la ville, à la campagne, dans sa vie privée, dans sa vie publique, dans sa hutte, sous sa tente, dans sa maison ou son palais, chez lui ou hors de chez lui, vous trouverez d'autres habits, d'autres aliments, d'autres goûts, d'autres coutumes, d'autres lois, d'autres mœurs, d'autres religions, vous ne trouverez pas une autre nature humaine. Le changement même des pensées, le plus grand de tous, ne la change pas dans ce qu'elle a d'essentiel ; le progrès dans la vérité et la vertu en fait un homme plus éclairé et meilleur, il n'en *fait un autre homme* que par figure et pour mieux exprimer la grandeur du progrès qui s'est accompli dans sa nature demeurée dans son fond ce qu'elle était à l'origine.

— Quel prodige que l'homme tour à tour présent et absent à lui-même, prenant, abandonnant, reprenant la direction de sa vie, de sa pensée, de sa volonté ! Tout à l'heure ce n'est plus lui, on l'aurait pu croire, qui vivait en lui : images, imaginations, impressions, sensations se succédaient, confuses dans le songe de la nuit, flottantes dans la rêverie du jour, mais où il semble qu'il n'était pour rien, bien qu'elles fussent en lui. Soudain il s'est ressaisi, il a repris la direction de son âme, il y a rallumé, — comment, il l'ignore, — le flambeau de la conscience et de la pensée. Mais où était-il l'instant d'auparavant? Où sera-t-il dans quelques instants, quand le sommeil, ou la rêverie, ou l'apathie, ou l'inattention l'auront de nouveau séparé de lui-même? Sa vie se passe à se perdre, à se retrouver, et ce n'est pas seulement le bien et le mal, la volonté droite et la volonté perverse qui se le disputent, c'est le néant et l'être qui semblent se partager ses jours dont la durée serait bien réduite, s'il la mesurait au temps qu'il a vécu en pleine possession de lui-même.

— Le motif intéressé qu'on s'imagine découvrir dans les dévouements les plus purs, c'est, en réalité, le naturel et légitime instinct qui nous porte à désirer le bonheur et qui ne nous permet, sous aucun prétexte, en aucune occasion, d'en sacrifier l'espérance. Voudrait-on que l'homme se séparât de lui-même, et la vertu consisterait-elle à supprimer la nature ? Sera-t-elle plus forte, plus sûre d'elle-même, sera-t-elle mieux la vertu, quand la foi aux biens éternels cessera de la soutenir? De cette sorte d'intérêt tout à espérer, rien à craindre pour la dignité de l'âme humaine, pour la concorde entre les nations. S'il y régnait en souverain, on n'aurait plus à redouter les terribles conflits des autres, à déplorer le sang qu'ils ont fait verser, dans tous les temps, sur tous les points du globe.

— Il est des âmes qui ne rendent qu'un son, deux tout au plus : l'instrument est solide, monotone, un peu grossier. Plus riche et plus harmonieux il est aussi plus délicat et menace de moins durer. Et pourtant, si le choix nous était laissé, c'est le second que, pour la plupart, nous choisirions d'être.

— Ce doux et ineffaçable souvenir qu'un commerce de quelques jours a laissé de son âme au fond de la mienne vient-il uniquement de lui, du charme de sa conversation, de la générosité de son cœur, de la force et de l'élévation de son esprit? Est-ce seulement lui que je regrette en lui, ou n'est-ce pas, sans que j'en aie conscience, quelque chose de plus grand et de meilleur que lui, une suprême perfection dont il a réveillé dans mon âme l'idée et l'amour!

— Les sauts sont moins brusques de pensées à pensées que de sentiments à sentiments contraires. La raison en est peut-être qu'il y a plus d'unité dans la pensée et plus d'harmonie entre les éléments qui la constituent, au lieu qu'il est peu de sentiments où l'unité ne puisse être, à chaque instant, détruite par le soudain jaillissement d'éléments opposés à l'élément principal, vienne un choc assez fort pour les faire sortir de la torpeur où ils languissaient près de lui. Il est vrai qu'au contraire il est des âmes en grand nombre où c'est la pensée qui flotte incertaine de sa voie, et se contredit sans pouvoir se fixer, tandis que le sentiment persévère, fidèle à lui-même, avec une inviolable et singulière constance.

Plus insaisissable que le Protée de la fable, la nature de l'homme a toutes les diversités, toutes les oppositions, toutes les contradictions, et quelquefois les métamorphoses les plus inattendues. Elle met au défi l'habileté des psychologues les plus pénétrants de la soumettre à des lois qu'elle violerait incessamment, d'épuiser les descriptions qu'ils voudraient faire de ses mobiles tableaux. A la différence de l'histoire naturelle des animaux celle de l'homme est à la fois faite depuis longtemps et toujours à refaire, ou plutôt à compléter. Ses points fixes sont dans l'ordre de la raison où elle se rapproche de l'absolu, de l'immuable, de Dieu; mais ses variations infinies, bien qu'elles se produisent dans des régions inférieures, ne le distinguent guère moins de l'animal soumis dans la conservation et le développement de sa vie à des lois inflexibles. L'homme lui est supérieur autant par ce qui change sans cesse en lui que par ce qui ne change jamais.

CHAPITRE IV.

Bon sens et Raison.

— Dans une demeure à deux étages le bon sens n'a de prétentions que sur le rez-de-chaussée, tandis que le raisonnement a droit de s'installer au premier étage et la raison au deuxième d'où l'on domine tout le reste. Mais où il n'y a pas de rez-de-chaussée, je me demande ce que pourraient bien être le premier et le deuxième étage.

— *Simple bon sens* ne dit pas plus que bon sens : aucune raison sérieuse de préférer l'un à l'autre. *Gros bon sens* m'inquiète : cette épithète l'affaiblit au lieu de le fortifier. Ou son objet est donc bien grossier, ou il a de lui-même bien diminué la portée de son regard, bien rétréci le champ de sa vision.

— Le bon sens n'est pas d'une seule pièce, toujours égal à lui-même. Il a des degrés, un commencement, une fin. Où il commence d'apparaître tout le monde le sait, ou plutôt tout le monde le sent. Où il finit, il ne le sait pas lui-même : limites indécises. Le plus probable c'est qu'à son plus haut point il se perd dans la raison.

— Le bon sens est sûr, quand il va seul et que l'imagination ou la passion ne l'égare pas, mais il ne va pas loin. Moins timide, audacieux même le raisonnement pousse de çà et de là des pointes hardies, mais il n'est pas rare qu'il trébuche et qu'il tombe. La raison toujours à ses côtés le redresse, l'encourage, l'instruit à marcher plus droit, à s'aventurer moins loin. Mais elle-même, d'où lui vient ce pouvoir qu'elle exerce sur le raisonnement ? Est-ce bien elle qui éclaire, qui redresse, qui ne se trompe pas, ou n'est-ce point quelque autre en elle ?

— La dernière démarche du bon sens c'est de reconnaître qu'il y a un pouvoir d'entendre supérieur au sien, et des vérités auxquelles il ne saurait atteindre. C'est celle qui lui fait le plus d'honneur, mais elle ne contribue guère moins à affermir son autorité. Celle-ci sera d'autant plus obéie qu'il aura plus grand soin de ne l'exercer jamais au delà des limites dont il a vaguement conscience.

— *Cela tombe sous le sens* : on ne dit pas si c'est sous le bon sens ou sous le sens commun, mais on fait entendre assez clairement qu'on croit à une faculté de discerner le vrai aussi rapide, aussi sûre dans son action qu'aucun des cinq sens peut l'être dans la sienne. Elle saisit le vrai et se l'approprie comme l'odorat, par exemple, saisit et s'approprie le parfum d'une fleur, à une condition toutefois, c'est qu'aucune fâcheuse disposition de l'organe n'entrave son action. De même pour l'esprit qui saisit et s'approprie d'autant mieux le vrai qu'il est lui-même plus parfaitement sain.

— J'ai entendu dire d'un grand homme de bien, lequel était en même temps un homme d'esprit, que sa règle dans les questions difficiles, délicates, — il en avait souvent à résoudre, — était de faire trois parts, la première pour les principes, la seconde pour le bon sens, la troisième, *comme on peut*, disait-il. N'est-ce pas, en réalité, donner une part tout entière, la seconde, au bon sens, sans l'exclure de la première, et avec permission, si besoin était, de s'établir solidement dans la troisième?

— Chacun veut avoir le bon sens pour soi : cela prouve l'état qu'on en fait et le crédit dont il jouit dans le monde. Mais cela ne prouve pas qu'on lui sera fidèle d'une fidélité inébranlable, même contre l'intérêt personnel, même contre la passion. Est-ce qu'on est toujours du parti de ceux qu'on estime le plus ?

— La philosophie peut et doit dépasser le bon sens : elle risquerait beaucoup à le contredire. Il n'y a pas, en effet, de lumière contre la lumière, et le soleil de midi ne contredit pas l'aurore, il la continue et la complète.

— *Poser la question, c'est la résoudre :* formule banale, une de celles qui, sans faire tort à personne, remplissent les intervalles, comblent les vides du discours et de la pensée. Le danger est sérieux au contraire de poser des questions qui n'en sauraient être, du moins au regard du bon sens, celle par exemple du passage du sujet à l'objet, autrement dit de la réalité du corps dans lequel et à l'aide duquel nous pensons, et de tous les corps de l'univers. Grand dommage pour la pensée qu'on oblige à se débattre dans le vide, dont on émousse la pointe en de vaines subtilités, qu'on habitue à ne faire nul cas du bon sens; perte sèche et sans compensation pour la philosophie, et pour le genre humain civilisé qui ne saurait se passer de philosophie.

— Les écarts du bon sens en métaphysique plus redoutables qu'en toute autre partie de la philosophie, car ils vont où va la métaphysique, c'est-à-dire jusqu'à l'infini.

— *Bon sens, sens commun,* deux proches parents, mais dont le premier, malgré les liens qui les unissent et les ressemblances qu'on découvre entre eux, m'attire plus que l'autre et m'inspire plus de confiance. Je soupçonne, en effet, le sens commun de subir des influences de temps, de lieu, voire de politique et de climat qui le rétrécissent ou l'élargissent tour à tour, tandis que, si le verre n'est pas grand où boit le bons sens, c'est toujours le même verre.

— Le bon sens est-il seulement une règle de l'esprit qui l'empêche de faillir, ainsi qu'une lumière vient à notre secours dans les ténèbres ; ou bien renferme-t-il en lui un certain nombre de vérités élémentaires, mais complètes, qu'il nous propose à l'occasion, quand il nous est bon de les connaître et utile de les appliquer ? Question que les curieux peuvent se poser, mais dont l'importance est médiocre dans la pratique de la vie, l'une et l'autre solution entraînant les mêmes conséquences.

— S'il est des vérités, — rien n'empêche de le croire, — qui appartiennent essentiellement, primitivement au bon sens et n'appartiennent qu'à lui, il en est d'autres que l'expérience et le raisonnement ont, dans la suite des siècles, fait entrer si profondément dans l'esprit des hommes qu'il est parfois difficile de les distinguer des premières. Le sens commun prétend avoir lui aussi des droits sur elles, mais il les rejetterait, au besoin, en présence de quelque opposition violente, avec autant de facilité qu'il les a reçues. Laissons les donc à la garde du bon sens qui, en cas de péril extrême, chargera la raison dont il est proche voisin de les défendre avec lui.

— Regardez au fond du bon sens, vous y trouverez toujours *l'ordre et la mesure :* ou bien l'ordre universel dont le bon sens n'est pas sans savoir quelques petites choses, ou bien tel ordre particulier, quelquefois assez limité, qu'il entend mieux, et sur lequel il se trompe plus rarement, sans y être infaillible. Quant à la mesure, s'il la connaît assez bien dans les actes ordinaires de la vie, il l'aime encore plus qu'il ne la connaît, et d'un amour parfois assez mal éclairé, pour ne pas comprendre qu'il est mieux dans certains cas, bien que rarement, d'en franchir les limites. Cette sagesse est trop haute pour que le bon sens y atteigne ; ce discernement est trop délicat, il est du ressort de la raison.

— Deux points de départ, deux règles, deux principes pour mesurer les choses : ou l'homme, ou Dieu. L'un n'exclut pas l'autre, et ils font merveille quand ils s'unissent. Le bon sens use trop exclusivement du premier, c'est une cause de faiblesse; la raison des deux tour à tour ou conjointement, et de là vient sa supériorité, parfois même son excellence.

— Le bon sens aurait langui à jamais dans les régions inférieures de la vie commune, si quelques hommes de talent n'étaient venus à son secours, et s'ils ne lui avaient prêté l'éclat des beaux vers. Grâce à eux il a pris, dans l'estime publique et dans l'ordre de nos pouvoirs intérieurs, le rang auquel il a droit et qu'on oubliait trop souvent de lui accorder.

— La parenté du bon sens et de la raison pouvait sembler douteuse à quelques esprits mal informés ou peu clairvoyants, avant qu'Horace et Boileau l'aient solidement établie par leur exemple, et surtout qu'ils en aient scellé les actes authentiques du sceau divin de la poésie. S'inscrire en faux contre elle ce serait depuis lors se décerner à soi-même un brevet de mauvaise foi ou d'ignorance.

— A l'autorité de son exemple, au charme de la poésie, La Fontaine a joint, — il ne s'agit, bien entendu, que de ses Fables, — en faveur du bon sens, je ne sais quelle pointe de malice qui allait à le rendre redoutable, mais dont la blessure pourtant n'est pas si profonde. C'est même un bon signe pour ses adversaires de la sentir, un certain nombre d'entre eux n'en étant pas capables.

— Horace, Boileau, La Fontaine surtout, ont été les serviteurs du bon sens, mais comme peuvent l'être des hommes supérieurs que leur génie n'élève pas au-dessus des faiblesses de l'humanité, et ne garantit pas contre de lourdes chutes. On dirait même qu'ils n'ont mis le bon sens en si haut lieu que pour mieux montrer ce qui lui manque, et qu'il peut arriver même aux mieux munis d'en manquer passagèrement.

— Si le bon sens parlait toujours comme ont parlé souvent La Fontaine, Horace, Boileau, plusieurs autres dans les Littératures étrangères, il serait une des grandes puissances de ce monde. Mais aussi il faudrait qu'il y eût au monde majorité d'esprits cultivés et de délicats, ce qui n'est pas.

— Boileau a fait parler le bon sens avec vigueur, Horace avec force et avec grâce, La Fontaine avec grâce et avec de malicieux sous-entendus. Il ne parlera jamais mieux : souhaitons qu'il parle quelquefois encore aussi bien.

— C'est bien assez pour le bon sens de ses propres imperfections : ne lui attribuez pas des fautes et des erreurs qui ne sont pas les siennes, et d'avoir répété par exemple durant des siècles : *le soleil tourne autour de la terre*. Ceci relève de la science, et le bon sens ne nous a pas été donné pour faire l'œuvre longue, pénible, périlleuse de la science, mais pour faire œuvre de bon sens, ce qui n'est pas du tout la même chose.

— Œuvre de la science laborieuse, difficile, a besoin de temps, et presque toujours de beaucoup d'erreurs avant d'arriver à la vérité, mais nous apprend ce que nous ne savions pas. Décision du bon sens facile, rapide, applique à un cas particulier, le plus souvent de l'ordre moral, ce que tous les hommes savent sans l'avoir appris.

— Une condition pour que le bon sens ait toute

sa rectitude, c'est que le bon vouloir l'accompagne. Vient-il à l'abandonner un instant, aussitôt la passion, l'intérêt le détournent de sa voie, obscurcissent ce peu de lumière qui est en lui. Mais n'en est-il pas de même de la pensée ?

— *Mesure, bon sens, modestie,* unis par des rapports de voisinage si fréquents et si étroits, tellement secourables l'un à l'autre qu'on dirait les membres d'une même famille.

— Aucun des pouvoirs de l'âme humaine n'est isolé et ne se suffit à lui-même, comme d'ailleurs, dans la vie physique, les fonctions en apparence les plus simples et les plus indépendantes. Celui d'entre eux que nous étudions à part, dont nous faisons, comme on dit de nos jours, la monographie, nous nous flattons d'en posséder une science absolue, pour l'avoir ainsi, avec le plus grand soin, séparé de ce qui n'est pas lui. En réalité nous ne le connaissons encore que très imparfaitement, car il n'est lui-même, il ne devient tout ce qu'il peut être qu'avec le concours de tous les autres.

— O la belle unité que celle de notre âme faite de facultés dont aucune ne s'exerce utilement qu'avec le concours de toutes les autres, où la liberté ne saurait, sans disparaître aussitôt, se séparer de la raison, ni la raison du cœur sans s'atrophier, ni la pensée de la volonté, sans tomber dans l'inertie ; unité faite de degrés en nombre infini où les désirs les plus ordinaires de la vie commune se terminent aux aspirations les plus hautes et les plus pures de la vie morale, où le bon sens en vient peu à peu à se perdre dans la raison, et la raison dans la Sagesse de Dieu !

— Du bon sens à l'extase, à travers le bon jugement et la raison, à travers l'intuition et tous les degrés de l'inspiration, la suite n'est jamais interrompue. C'est la même lumière répandant avec plus ou moins de libéralité la chaleur et l'éclat de ses rayons. Deux exemples dans le monde moderne suffiraient à le prouver : la vie de Jeanne d'Arc et celle de Sainte-Thérèse où les deux termes extrêmes, bon sens, extase, sont unis si souvent et dans un accord si parfait.

— Est-ce la Logique qui a commencé ou le Bon sens ? Évidemment, c'est le bon sens, mais il a si peu perdu ses droits depuis les grands progrès de la Logique que la science des plus parfaits logiciens est absolument stérile là où il n'est pas.

— Avec le bon sens on voit mieux ce qui est à ses pieds ; avec la Logique on peut voir, du moins on l'affirme, au plus haut des cieux ; mais pour qui ne regarde pas à ses pieds le danger est grand de trébucher, de tomber, et de ne rien voir ni de la terre, ni des cieux.

— On ne fait pas, à proprement parler, l'éducation du bon sens où il y a tant de spontanéité, et, on pourrait dire, d'instinct, mais on fait celle du sentiment, celle de l'intelligence, celle de la volonté. De ces éducations le bon sens profite pour sa large part, comme dans le corps humain tous les organes profitent d'un sang généreux et pur, entretenu ou refait par un bon régime.

— Le bon sens porte en lui-même son plus redoutable et plus constant ennemi, l'égoïsme, d'autant plus à craindre qu'il emprunte pour se déguiser les plus beaux noms, les plus beaux titres : sagesse, prudence, mesure, réserve, épargne, souci des siens et de l'avenir. L'égoïsme est plus habile encore : il sait faire à propos large part au bon sens, et il en use si poliment avec lui que, dans les fables de La Fontaine par exemple, nous ne découvrons pas toujours, sans un certain effort d'attention, si leurs personnages les plus connus sont maîtres en égoïsme, ou maîtres en bon sens.

— Certainement la charité n'est pas le bon sens, mais le bon sens ne perd rien, loin de là, à voir toutes choses du point de vue de la charité.

— Si le bon sens induit et déduit, c'est spontanément, rapidement, sans effort. Ces deux opérations dont la première suppose beaucoup de tact et de pénétration, la seconde beaucoup de rigueur, ne sont pas directement de son ressort. Mais s'il ne les accomplit pas dans les règles, il les abrège et les résume de temps à autre sans trop de désavantage.

— Le *bon sens* n'atteint pas les vérités d'ordre supérieur ; le *bon goût*, s'il ne fait que les entrevoir, sait pourtant les orner. Chacun d'eux est maître dans son domaine, et chacun d'eux a des rapports avec le vrai : ceux du bon sens à peu près fixes, réguliers, mais dans le terre à terre de la vie pratique, ceux du bon goût variables, moins assurés, mais avec des suites merveilleuses, quand l'accord entre eux est parfait.

— Qu'il y ait un bon sens des masses comme il y a un bon sens des simples particuliers, la chose est très probable, presque certaine. Si plusieurs en ont douté, c'est que les circonstances se présentent rarement où ce bon sens se montre tel qu'il est, à découvert, quand un devoir impérieux, une noble cause à défendre, plus sûrement encore une grande épreuve nationale le font sortir pour un temps de son apathie, de son lourd sommeil.

— On voit très souvent un simple particulier revenir, et même promptement, au bon sens dont il s'était écarté, tout uniment parce qu'il est le bon sens, et lui demeurer ensuite un long temps fidèle. Les mouvements des masses sont loin, sous ce rapport, d'être aussi simples, et bien habile celui qui en découvrirait la loi. Le bon sens qui ne meurt jamais en elles y est sujet pourtant à d'étranges défaillances, avec des reprises et des réveils dont la date et la durée sont toujours incertaines. Le mal c'est peut-être aussi qu'on lui demande parfois plus qu'il ne saurait donner, qu'on l'appelle à se prononcer sur des questions où il faut comparer beaucoup, raisonner, savoir beaucoup, ce qui n'est pas du tout son fait.

— Un peu plus de culture et de préparation dans le bon jugement que dans le bon sens : au reste bien des parties communes et de continuels échanges. La principale différence est peut-être dans la durée des préliminaires ou de l'information, durée très courte dans l'acte du bon sens, parfois assez longue dans celui du bon jugement.

— Ne pourrait-on dire que le bon jugement c'est le bon sens en acte et après enquête ou sérieux examen de la question ?

— Le bon sens opère et prononce avec tant de rapidité que l'imagination n'a guère le temps de venir à la traverse et de le troubler. Elle est plus redoutable au jugement qui doit se tenir sans cesse en garde contre ses artifices et ses séductions. Pour ce motif et pour plusieurs autres on distingue un bon et un faux jugement, et le jugement demeure le jugement alors même qu'il se corrompt, tandis que le bon sens cesse d'être dès qu'il n'est plus le bon sens.

— Dire du bon sens de Voltaire en philosophie [1] qu'il est superficiel, comme l'a fait Victor Cousin, c'est attribuer au bon sens qui n'en peut mais ce qui appartient en propre à l'esprit même de Voltaire, vif, prompt, facile, délié, mordant,

---

[1] « *Voltaire c'est, en philosophie, le bon sens superficiel.* » V. Cousin : Histoire générale de la philosophie, Chapitre X.

mais nullement profond. Les petites passions qu'il ne parvenait pas à maîtriser, et surtout, à la fin de sa carrière, sa manie anti-religieuse ont été jusqu'au point d'altérer son goût plus sûr pourtant et plus fidèle que son bon sens.

— Il n'y a pas plus de *bon sens profond* dans Bossuet que de *bon sens superficiel* dans Voltaire. La vérité c'est que, dans les œuvres les plus belles et les plus justement renommées de l'évêque de Meaux, le bon sens et la profondeur de la pensée ne se séparent jamais, pas plus que, dans son langage, la simplicité et la grandeur, le naturel et l'éloquence. Le génie dont nous ne savons rien, sinon qu'il achève toutes les grandeurs de la parole, de l'art et de la pensée, le génie a fait le reste.

— Le bon sens et le génie, dans un bel accord, ont accompli chez de grands politiques, des chefs d'État, de fameux capitaines, des prodiges qui ont étonné le monde. Séparé du bon sens, livré à lui-même et à lui seul, le génie a enfanté des conceptions, produit des œuvres, tenté des entreprises qui ont fait, c'est peu dire, douter du génie.

— « Je n'obéis qu'à ma raison : n'ai-je pas

assez, pour me conduire, des lumières de ma raison ? » — Très bien, mais de quelle raison, je vous prie, et comment cultivée, par quels maîtres, par quels livres, par quelles relations de famille et de société? Est-il une raison si bien faite qu'elle puisse se passer du secours de la raison d'autrui? Peut-on séparer de la raison divine la plus parfaite des raisons humaines? La raison est en nous, mais n'est pas à nous; nous ne saurions de nous-mêmes ni l'allumer, ni l'éteindre, mais nous avons le choix des aliments qui la nourrissent, qui en diminuent ou en augmentent l'éclat. Plus ils sont divins, c'est-à-dire faits de vérité et de beauté, plus brille en nous la lumière divine de la raison.

— La raison n'est pas la multitude des épis jaunissants, c'est bien plutôt la terre fertile qui les porte. Il lui faut des germes, une habile et patiente culture, la pluie, le vent, l'électricité, mille choses que nous voyons et mille choses que nous ne voyons pas, par dessus tout la chaleur et la lumière du soleil.

— La raison n'est vraiment la raison que quand elle opère en concours avec tous les autres pouvoirs de l'âme dont la force est une partie de sa force. Elle n'est plus que l'ombre d'elle-même, quand on l'en sépare, et celui qui l'étudie en cet état, étudiant autre chose qu'elle, ne saurait ni la connaître, ni la faire connaître. Ou bien autant vaudrait dire qu'on sait du cœur, pour l'avoir disséqué sur un cadavre, tout ce que les hommes en sauront jamais.

— La raison n'est jamais en nous à l'état pur : nul ne l'a vue de la sorte, et ceux qui en parlent avec le plus d'assurance seraient fort en peine de la décrire ainsi. Elle est faite, pour une part, d'elle-même, et pour l'autre de tout ce que l'éducation, le milieu, la culture, le cœur, le bon ou le mauvais vouloir y ajoutent ou en retranchent. De là vient que s'il y a des raisons raisonnables il y a aussi tant de raisons qui déraisonnent.

— La raison fait entre les hommes un premier et universel accord que le raisonnement issu de la raison ne cesse de troubler. On demanderait comment cela se peut, si l'on ne voyait tous les jours que cela est ainsi. Mais on voit aussi que la raison finit souvent par ramener à elle ceux que l'abus du raisonnement en avait écartés.

— Le raisonnement vient en aide à la raison comme les télescopes, les microscopes et tous les instruments d'optique viennent au secours de notre œil. Supprimez l'œil, fermez-le seulement, tout leur pouvoir est anéanti : ôtez la raison du raisonnement, et le raisonnement est réduit à rien.

— Il n'y a pas d'unité plus parfaite ici-bas que celle de la raison, et il n'y a pas de diversité comparable à celle des raisons humaines.

— « Ayez donc un peu de raison, soyez donc raisonnable. » Cela se dit sans cesse aux enfants, cela pourrait se dire tous les jours à tous les hommes, mais aussi cela prouve, à n'en pas douter, qu'il entre un élément de bon vouloir dans la raison. Si l'intelligence ne se confond pas avec la volonté, si elle en demeure à jamais distincte, elle n'entre pas sans elle en exercice et elle ne se dirige pas sans elle.

— Ce n'est pas la raison qui s'égare et se trouble en nous, c'est notre volonté, quand elle a cessé d'être droite, qui en fausse les ressorts, qui en trouble l'exercice. Ce n'est pas elle qui s'obscurcit, c'est nous qui l'enveloppons de ténèbres. Le soleil ne cesse pas d'être le soleil, son éclat fût-il voilé par les plus épais nuages.

— Il y a autant de raison que de liberté dans la liberté. Les Traités qu'on publie de celle-ci risquent fort d'être incomplets et de peu de fruit, si celle-là n'y tient pas sa place.

— La raison toujours courte par quelque endroit n'est si courte que quand elle s'enferme en elle-même, pour n'y plus rien voir de l'univers, sa force et sa lumière dépendant, pour une grande part, des forces et des lumières qui lui viennent du dehors.

— On aura beau faire, beau dire, beau équivoquer : une raison qui a raison, et une raison qui n'a qu'à demi raison ou même pas du tout raison, une raison qui n'atteint que des ombres, et une raison qui embrasse à pleines mains des réalités ne seront jamais une seule raison, celle que la Raison suprême a mise en nous. Il n'y a pas plus d'opposition et de contradiction possibles chez la maîtresse de vérité dans l'esprit de l'homme qu'au sein de la Vérité en Dieu.

— Quand on aura prouvé que l'Infini peut s'opposer à l'Infini et le contredire, alors seulement on pourra parler de deux raisons différentes l'une de l'autre, qu'on appelle la première raison pure ou spéculative, ou théorique, il importe peu, et de même la seconde active, pratique, impérative, ou de tout autre nom. Mais en attendant cette heure qui ne sonnera jamais, on nous permettra de n'admettre qu'une seule raison comme il n'y a qu'un seul Absolu, qu'un seul Infini.

— Les deux raisons dont parle Fénelon, au *Traité de l'Existence de Dieu*, n'ont rien à voir avec les deux raisons théorique et pratique de quelques philosophes modernes. Celle qui, dans son livre, dévie, se trompe, s'égare, c'est le raisonnement ; celle qui la redresse, la remet dans sa voie, l'éclaire, l'élève, c'est la vraie, la seule raison, celle dont il a dit bientôt après : *Raison, Raison, n'es-tu pas le Dieu que je cherche ?*

— Un Infini, un Dieu, une raison. Ce que Dieu a déposé de sa Pensée éternelle dans notre pouvoir de penser pour l'éclairer, le diriger, le nourrir, c'est dans son fond et ses principes quelque chose de lui-même, un comme il est Un.

— La raison ne peut témoigner contre elle-même sans témoigner pour elle-même, ni se nier, sans s'affirmer. L'effort qu'elle ferait pour s'anéantir, c'est en elle seule qu'il prendrait son point d'appui, et elle ne mourrait que de sa main, si elle pouvait mourir.

— Les grands esprits qui, depuis l'origine de la philosophie, et durant tant de siècles, ont employé leur temps, leur talent, leur génie, à se connaître, à démêler en eux et à décrire les grands traits de l'esprit humain, voici maintenant qu'on leur reproche de n'avoir pas songé une seule fois à se demander ce que vaut et quelle confiance mérite cet esprit lui-même, c'est-à-dire l'instrument qui leur a rendu de tels services. En vérité ils ont eu grand tort, et l'oubli semble, à première vue, impardonnable. Mais peut-être l'avaient-ils de très bonne heure apprécié à ses résultats et à leur excellence, comme on juge un arbre à ses fruits et un homme au bien qu'il fait. Cette excuse suffit à la rigueur : elle satisfait pleinement ceux qui ne croient pas qu'on doive demander à la raison raison de la raison.

— Ç'a été à la fin du siècle dernier, de la part d'un homme de beaucoup de sincérité et d'intelligence, un hommage à la raison, comme elle en avait rarement reçu un plus grand, de vouloir par une profonde et définitive analyse s'assurer de sa valeur, vérifier ses droits, ses privilèges, et, en même temps, de n'employer qu'elle à ce travail auquel aucun autre effort de l'esprit humain ne saurait être comparé. C'était proclamer trois fois au moins sa souveraine puissance, d'abord par la conception et la hardiesse d'un tel dessein dont l'honneur lui revient tout entier, ensuite par le choix de l'instrument, — il est vrai qu'on n'en avait pas d'autre à sa disposition, — enfin par le résultat. Pouvait-il n'être pas à l'avantage de la raison qui venait de donner tout ce qu'il fallait pour le conquérir?

— On ne voit pas jusqu'à présent du moins, que la critique de la raison par la raison ait abouti, comme on l'espérait, à faire cesser les désaccords à son sujet et les polémiques entre philosophes. Peut-être même y a-t-elle ajouté un degré nouveau de raffinement et de subtilité. A vouloir démontrer l'indémontrable on n'arrive qu'à faire naître d'apparentes mais troublantes contradictions. La raison elle-même à laquelle on croit avoir démontré ce qu'elle vaut, de répondre : « Mais je le savais il y a bel âge, et c'est de moi seule que vous l'avez appris. »

— Peut-être serait-il bon, dans les Traités élémentaires de philosophie, d'introduire un chapitre, et moins qu'un chapitre, un simple paragraphe où l'on distinguerait en peu de mots *de la raison raisonnable la raison raisonneuse*, la première acceptant, sans les discuter, les vérités qui se montrent clairement, directement à elle, et que toutes les raisons voient de la même manière, la seconde s'efforçant de prouver les axiomes et de démontrer ce qui ne se démontre pas. Les débutants comprendraient de la sorte, sans autre explication du maître, pourquoi de grands esprits ont fait dire à la raison des choses si étranges, en forçant son naturel et en l'engageant dans des voies qui ne sont pas les siennes. Ces écarts d'intelligences d'ailleurs puissantes, — on le voit aux conséquences mêmes de leurs erreurs, — les étonneraient peut-être encore, mais elles cesseraient de les troubler.

CHAPITRE V.

De l'Esprit.

— D'où vient l'équivoque de ce mot *esprit*, qui tantôt est synonyme d'*âme*, et désigne ce qu'il y a de plus grand et de plus noble en nous, tantôt s'applique à ce qu'il y a de plus léger, de plus frivole, de plus éphémère? Est-ce pauvreté de notre langue qui n'a pas su trouver un mot nouveau pour des états d'âme et de pensée très différents? Ou bien l'évolution a-t-elle été si lente qu'on ne s'est pas d'abord aperçu du changement, et qu'on a continué de faire honneur à l'esprit de ce qui l'honore le moins, pour descendre enfin à ce qui est tout à fait indigne de lui? Ou encore a-t-on voulu montrer (s'il pouvait y avoir ici une volonté) que l'esprit, sans changer de nature, peut varier à l'infini ses aspects, que de la surface jusqu'au fond il a tous les degrés, toutes les formes, toutes les nuances imaginables? — La question vaut peut-être qu'un homme savant s'en occupe.

— L'esprit est la fleur de l'intelligence dont le bon jugement est le fruit. Est-ce trop de dire que sur le même arbre il y a vingt fleurs pour un fruit?

— *Esprit*, fleur délicate dont les odorats grossiers ne parviennent pas à respirer le parfum prompt d'ailleurs à s'altérer, prompt à s'évanouir.

— *Bel esprit, beaux esprits* : il a fallu deux siècles pour que ce mot dépouillât tout à fait son ancien sens, et qu'il en prît un autre assurément moins favorable. C'est bien du temps que ces deux siècles, surtout si l'on songe que rien n'est voisin de l'esprit comme l'affectation de l'esprit.

— *Pointe d'esprit*, comme *pointe de gaîté*, réveille, ranime, parfois même pique légèrement, mais sans blesser. Elle aide à faire passer les choses sérieuses dans les sujets et les occasions qui la comportent, parfois même à les faire oublier.

— On tient *bureau d'esprit*, mais non pas bureau de raison. L'esprit se détaille et se débite ; il est, pour cela, d'étoffe assez légère, d'ailleurs facile à découper. On en donne, on en vend, on en prête, on en fait part, et il y en a toujours de reste. La raison est d'une seule pièce : impossible d'y faire des parts et de la détailler. On n'en saurait, quelque bonne volonté qu'on y mette, donner tant soit peu à ceux qui n'en ont pas déjà, et qui d'ailleurs ne sachant pas ce qu'elle vaut ne songent guère à en demander.

— *Esprit faux :* mal qu'on a guéri, dit-on, quelquefois, à force de réserve, de silence, d'attention ; *esprit étroit,* mal incurable. L'un manque de rectitude qu'on lui peut rendre, du moins en partie, l'autre de capacité, et personne n'y peut rien.

— Les *esprits étroits* demeurent à jamais confinés dans leurs pensées où ils ont pris logis définitif : surtout ne leur parlez pas d'améliorer ou d'agrandir. Les *esprits inconstants* ne savent que faire et défaire, rapprocher ou séparer, édifier et renverser des pensées aussi mobiles qu'eux-mêmes : ils passent, ils n'habitent pas. Il en est enfin qui possesseurs d'un logis sortable ne renoncent pas à l'embellir, et s'aident pour cela des plans et des conseils d'autrui.

— *Bonnes gens* ceux qui nous ont prévenus de quelque politesse ou de quelque service ; *gens* d'esprit ceux qui ont goûté nos raisons et se sont rangés à notre manière de voir.

— On dit *trait d'esprit*, mais aussi *trait de folie*: quelque chose de rapide et d'improvisé dans le premier, de rapide aussi dans le second, mais contre la raison que le trait d'esprit ménage autant qu'il est en lui. On ne dit pas trait de bon sens, trait de raison. Ni le bon sens, ni la raison ne s'accommodent de ces précipitations.

— *Esprit brillant, discours pétillant..., livre étincelant d'esprit...*: toujours de l'éclat et des étincelles, mais ni chaleur, ni durée.

— Quand on dit d'un homme placé, par la faute des circonstances, dans une situation difficile et délicate, qu'il s'en est tiré en *homme d'esprit*, on fait honneur à la fois à son esprit et à sa raison. La raison a vu ce qui était le meilleur, l'esprit y a joint l'à-propos de la parole ou de l'action. Les deux ensemble, en y ajoutant parfois un peu de prestesse ou de bonne grâce, ont fait un mélange qui double la valeur de l'esprit et de la raison.

— *Travers d'esprit* : le sens est clair, le terme reçu, le mal supportable. On n'en a guère qu'un, deux ou trois tout au plus, et on ne les montre pas à la continue. Ils ont leurs jours, leurs moments préférés que les habiles connaissent et savent éviter ; à moins qu'ils n'en jouissent malicieusement et qu'ils ne se donnent le plaisir assurément peu charitable de faire déraisonner, en touchant le point faible, un homme qui, sur tout le reste, fait bon usage de sa raison.

— *Esprit de travers :* terme vulgaire, mais expressif, dit beaucoup dans ces trois mots. Ce serait, avec une périphrase et dans la langue du xviie siècle, l'esprit qui prend toutes choses *d'un mauvais biais.* L'esprit faux ne s'amende ni ne s'aggrave ; il demeure le plus souvent ce que la nature l'avait fait au premier jour. L'esprit de travers peut devenir pire qu'il n'était auparavant : l'amour-propre le développe, la contradiction le pousse quelquefois jusqu'à l'absurde. Il en vient au point que ni sentiment, ni raison, ni habileté ne peuvent rien pour le redresser.

— « Un homme de beaucoup d'esprit disait un jour... » Exorde par insinuation où l'on met d'abord l'esprit de son côté, non pas le sien, — on pourrait le récuser et se tenir en garde, — mais l'esprit d'un autre qui en est, du moins on l'assure, largement pourvu. Il faut se rendre, car rien de moins impérieux que cette invitation faite au nom de l'esprit à un esprit très capable sans doute de l'entendre. On compromettrait sa réputation d'homme d'esprit à ne point penser comme cet inconnu qui a tant d'esprit.

— Bien peu d'hommes trouvent le mot qu'il faudrait dire, juste au moment où il convient de le dire, la réponse qui coupe court à une malencontreuse question, et met de notre côté les rieurs et le public. On peut se consoler toutefois de n'avoir pas l'*esprit d'à-propos*, et de découvrir le lendemain ce qu'il eût fallu dire la veille, si l'on sait mieux que les autres ce qu'il convient de faire et le parti qu'il est bon de prendre. L'à-propos des répliques, bien qu'il ait son mérite, ne vient qu'après l'à-propos de la conduite.

— « Il a le tour d'esprit original...; — je le reconnais à ce trait, et telle est bien la tournure de son esprit. » — Serait-ce qu'on ne saurait s'habituer à voir dans l'esprit ce quelque chose d'uni, de droit, d'uniforme dont on fait le principal caractère de la raison? Veut-on faire entendre que rien n'est varié dans ses nuances et capable de se tourner dans tous les sens comme l'esprit? Ou est-ce quelque autre cause de cette façon de dire qu'on n'aurait pas encore découverte?

— Peu d'hommages rendus à l'esprit valent cet adieu du paysan lorrain (est-ce encore celui d'aujourd'hui?) à son fils qu'il envoie, pour un ou deux ans, dans quelque pensionnat de la ville voisine : « Allez, mon fils, allez à la ville apprendre de l'esprit. » L'esprit c'est, pour lui, le savoir, le savoir-vivre, tout ce qu'il imagine de meilleur, ce qu'il n'a pas reçu, à son vif regret, dans sa jeunesse, ce qu'il voudrait laisser à son fils avec cette terre qui porte bien des moissons et fait des corps vigoureux, mais qui seule ne fait pas des hommes, avec tant de soin qu'on la cultive.

— Pour Napoléon Ier, *l'esprit de suite* c'était d'obéir sans résistance et sans délai, d'absorber sa volonté dans la volonté du maître, de ne penser que par lui, de n'agir que dans son intérêt. Pour ceux qui respectent la liberté de leurs semblables, l'esprit de suite, c'est la suite dans les desseins, c'est la fermeté du caractère, la constance dans les épreuves; c'est surtout l'unité de la vie, dernier trait qui achève une âme.

— La solitude qui fait vivre et grandir la pensée serait la mort de l'esprit : on cesse bientôt d'en avoir, quand on n'en a plus que pour soi.

— L'esprit des autres est pour beaucoup dans

l'esprit que soi-même on a. Condamnez un homme d'esprit à vivre au milieu des sots, il cessera bientôt d'être un homme d'esprit.

— C'est le signe d'une grande force de volonté et d'une âme bien faite de ne pas abuser de son esprit.

— Eût-on tout l'esprit du monde, on manque d'esprit, si l'on n'a pas de bonté.

— La bonté peut, à la rigueur, dispenser de l'esprit, non l'esprit de la bonté.

— Ce serait une merveille qu'on pût être vraiment poli, sans un peu d'esprit et de bonté. Il faut l'un et de l'autre, si faible qu'en soit l'apport, dans une politesse qui ne se dément jamais.

— Finesse et bonté, finesse d'esprit et candeur d'âme : les plus belles unions du monde et dont il y a des exemples.

— L'esprit prend quelquefois la fleur, et le plus souvent la surface de la pensée : le fond ne lui appartient pas, il n'appartient qu'à la pensée.

— C'est dans la finesse d'esprit que la mesure est plus nécessaire et qu'elle est plus rare.

— Il n'est pas nécessaire qu'un esprit soit fin pour qu'il soit juste, mais où manque absolument la finesse, la justesse n'a qu'un champ très limité.

— Si grande, si aiguisée que soit la finesse d'esprit, elle découvre, elle pénètre, elle n'invente pas. Les poètes n'en ont pas toujours autant qu'ils voudraient, mais ceux qui analysent le plus finement les œuvres des poètes, s'il leur prend fantaisie de se mesurer avec eux, nous étonnent souvent par la pauvreté de leurs inventions. Autre chose est de mettre à nu les secrets ressorts de l'art, autre chose de les faire agir avec un naturel et dans un concert qui sont l'art lui-même.

— La subtilité n'est souvent, en philosophie surtout, qu'un effort de l'esprit tendant à la profondeur qui se dérobe.

— La subtilité, chez les plus grands philosophes anciens et modernes, est la rançon de la profondeur. Tous ils l'ont payée plus ou moins, mais elle ne les a guère appauvris.

— Il est bien rare qu'on puisse mettre en trois mots à la fois un jugement juste et un trait d'esprit : où le second tient à l'aise, la place est trop étroite pour le premier. Il ne faut qu'une ligne pour mentir et calomnier ; il faut une page pour rétablir la vérité dans ses droits.

— L'esprit de plusieurs écrivains d'un rare mérite est comme dispersé dans leurs ouvrages souvent fort nombreux: ils l'ont laissé se répandre, ils ne l'ont pas eux-mêmes condensé pour leurs descendants. Au contraire celui des grands philosophes ne se distingue pas de leur doctrine : il y est tout entier sous une forme précise et avec un rigoureux enchaînement. Des premiers on a pu recueillir, dans des livres faits exprès, ce qu'on nomme leur Esprit, tandis que pour les seconds on s'est borné, dans des abrégés plus ou moins fidèles, à résumer leur doctrine et leurs théories.

— Refuser de l'esprit à Voltaire, ce serait supprimer Voltaire ; en attribuer à Platon, à Aristote, à saint Thomas, à Descartes, ce serait leur faire injure. On n'a pas besoin d'avoir de l'esprit, quand on pense avec plus de force que le commun des hommes. Un peu d'esprit n'est pas de trop pour relever les pensées à la surface : il ne peut rien pour les vérités profondes, sinon les ramener à son niveau.

— L'esprit d'un homme d'esprit, et qui n'est rien de plus, est fait, pour une si grande part, des passions, des préjugés, des sympathies, des aversions de ses contemporains, qu'eux disparus il ne tarde pas lui-même à décliner jusqu'à s'évanouir. C'est alors la tâche des érudits, — Dieu sait s'ils s'en acquittent avec conscience, — de le faire revivre, et de nous expliquer des traits d'esprit, des finesses, des sous-entendus, des à-propos dont nous avions perdu l'intelligence.

— Il y aura toujours, en France, un homme d'esprit pour succéder dans sa royauté passagère à un homme d'esprit. C'est un trône qui n'est jamais vacant ; on s'y asseoit sans trop de peine, on y reçoit de bruyants hommages, on y est, après sa mort, promptement oublié. Dans l'ordre de la pensée, au contraire, les interrègnes sont longs et fréquents. Il est vrai qu'ils sont remplis par le souvenir, et qu'où l'esprit brille un jour, la pensée éclaire et domine jusqu'à la fin.

— Prévenez ceux qui lisent l'*Esprit* d'un homme illustre qu'ils n'ont sous les yeux qu'une part de son esprit, car les liaisons, les rapports, l'à-propos, l'âme enfin n'y sont pas. Qu'ils ne ferment pas, pour cela, le livre, mais qu'après l'avoir parcouru ils aillent à l'auteur lui-même. C'est ici comme pour la pensée des philosophes :

d'habiles, de savants critiques peuvent bien nous préparer à l'entendre, mais il faut ensuite la lire dans son texte authentique. Tous les volumes qu'on a écrits sur Platon ne valent pas, pour connaître Platon, un dialogue de Platon.

— Aristote a-t-il possédé à la perfection le genre d'esprit qu'on pouvait avoir de son temps ? — Question indiscrète, inattendue, à laquelle il n'est pas aisé de répondre. Du moins pouvons-nous affirmer que cet esprit, à supposer qu'il existât, ne ressemblait en rien à celui qu'ont fait éclore, dans un milieu favorable, les mœurs polies à l'excès de la cour et des salons, de ceux surtout où régnaient les femmes. Leur esprit est pour la moitié, sinon davantage, dans l'esprit tel que le XVIIIe siècle en a vu l'apogée. Il est né quand est né leur crédit; il a baissé avec lui, il ne sera plus bientôt qu'un souvenir.

— Écrivains élégants, salons élégants, femmes à la recherche de toutes les élégances : voilà, au XVIIIe siècle, les trois sources de l'esprit parmi lesquelles coule, à petit bruit, un mince filet de pensée, juste assez pour que l'esprit ne soit pas uniquement recherche, affectation, futilité.

— Dire de Montesquieu, comme Mme du

Deffant, que son livre est de *l'esprit sur les lois*, c'est trop se souvenir des *Lettres persanes*, et c'est n'avoir lu qu'un petit nombre de pages de l'*Esprit des lois*. Juger un tel ouvrage avec un trait d'esprit, c'est lui faire tort, mais aussi c'est faire voir le peu que vaut, en certains cas, un trait d'esprit.

— Il y a un esprit de Montesquieu lequel a beaucoup pensé, mais cet esprit n'est pas de ceux qui se livrent sans résistance : il est trop personnel, et l'effort serait trop grand pour le faire sien. Celui de Voltaire, du Voltaire des mauvais jours, où il entre peu de pensée, où la légèreté domine avec un faux air de bon sens, et une continuelle application à railler tout ce qui est noble et pur, tout ce qui nous dépasse, se communique au contraire avec une extrême facilité. L'esprit voltairien, tel qu'on l'a vu fleurir au début de ce siècle, n'a rien laissé perdre du Voltaire de la pire époque, et il n'y a presque rien ajouté. Solidement établi dans les classes élevées et dans les classes moyennes, on le croyait indestructible, et voici qu'un esprit nouveau qui n'a rien de commun avec lui, un souffle venu du peuple l'a fait rapidement évanouir. Il faut aujourd'hui expliquer aux jeunes gens ce qu'il fut, et il n'est pas si aisé de le leur faire comprendre.

— L'esprit de Voltaire a traversé la Révolution, ses bouleversements, ses tempêtes (comme les poètes ont dit d'Aréthuse transformée en fontaine qu'elle passa, sans que son cours en fût troublé, sous les flots orageux de la mer de Sicile), pour reparaître et jaillir plus abondant aux premiers jours du siècle renouvelé. Mais, à la différence d'Aréthuse, ses eaux, au lieu de féconder la terre, l'ont desséchée et l'ont appauvrie. La poésie, au lieu de chanter, par la bouche d'un nouveau Virgile, leur heureuse renaissance a, pour sa part, contribué à les tarir, en offrant aux générations nouvelles, dans les premiers essais de Lamartine et de Victor Hugo, un breuvage plus agréable et plus sain.

— Esprit de Rousseau fait de pensée et de passion, de pensée où la vérité et l'erreur vont côte à côte, se mêlent, se confondent, de passion où les sens et une puissante mais intempérante imagination tiennent trop de place. Un petit nombre d'esprits, dont le moule d'ailleurs n'était pas si différent du sien, ont développé la pensée dans leurs livres et leurs discours; mais quand ils se sont tu, la foule qui les avait écoutés a pris pour elle la passion que, sans doute, il n'avait pas excitée le premier dans le cœur de l'homme, mais qu'il y a soulevée, comme pas un n'avait fait auparavant.

— Pourquoi ne dit-on pas *l'Esprit* du Pérugin, de Raphaël, de Murillo, de Rubens, de Lebrun, de Lesueur, de Puget, de Canova, d'Eugène Delacroix, de Millet, de Flandrin, et de tant d'autres peintres ou sculpteurs illustres ? Faut-il croire qu'ils ont moins pensé, pensé moins librement, avec une conscience moins précise et moins claire de ce qu'ils pensaient ? Est-ce donc *qu'un autre* pensait avec eux, travaillait avec eux, en sorte qu'il est difficile de faire, dans leurs chefs-d'œuvre, la part qui est exactement leur part, et celle de cet auxiliaire invisible ? Y aurait-il, dans l'art, une manière de penser propre à l'art, qui n'est point celle des philosophes, des orateurs, des grands écrivains, qui ne se prête pas à l'analyse, parce qu'elle est moins suivie et qu'elle se connaît moins elle-même ? Quel est le rapport de ces deux formes de la pensée et, par suite, de ces deux esprits ? Mais les questions s'enchaînent aux questions, et il n'est que temps de s'arrêter.

— Écrira-t-on jamais *l'Esprit de Phidias,* — *l'Esprit de Michel-Ange,* — *l'Esprit de Léonard de Vinci ?* Le livre à la rigueur aurait sa raison d'être, mais même chez ces grands maîtres qui ont si bien pensé, avec une raison si haute et une science si parfaite de l'art, l'esprit n'est point ce qu'il est ailleurs. Le sentiment du beau y est trop vif, trop impérieux, l'Idéal trop resplendissant, pour que les autres clartés ne pâlissent pas devant sa divine lumière.

— Il n'est pas rare qu'un grand esprit fasse voir quelque chose de petit et d'étroit dans la manière dont il défend la théorie scientifique ou le système philosophique dont il a doté le monde. C'est la loi de notre nature qu'elle ne se maintienne pas, sans défaillir jamais, à de telles hauteurs. Mais encore faut-il s'y être élevé pour pouvoir descendre à de passagères petitesses où d'autres parviennent d'emblée, sans effort, sans que rien chez eux puisse les racheter ou les faire pardonner.

— L'Académie française n'est pas seulement la gardienne vigilante de la langue, elle est encore celle de l'esprit français. Ses droits sur l'une et sur l'autre n'ont rien d'absolu, et l'exemple y tient plus de place que la règle; mais pour être indirects et dépourvus de sanction légale ils n'en sont pas moins réels et respectés. C'est une autorité d'une nature particulière et dont il n'y a pas ailleurs un autre exemple. On la dénigre et on s'y soumet; on commence par railler les juges, on finit par solliciter le suprême honneur de s'asseoir à côté d'eux sur leur tribunal. Le soin de la langue a ses heures réglées, l'esprit est surtout pour les jours de réception. C'est là qu'il se montre dans tout son à-propos, toute sa délicatesse, avec ses allusions les plus finement voilées, avec ses critiques d'une sincérité discrète tempérées par des éloges sans fade encens. Assez de pensée toutefois, assez riche, assez solide, pour que les mondains ne soient pas seuls à se réjouir. La fête est à fois pour eux et pour ceux que le monde ne voit guère à ses plaisirs.

Il semble que sur un thème assez uniforme, mais avec des modes infiniment variés, le Président dise à l'élu : « Assurément, vous êtes un grand poète, ou un grand orateur, ou un illustre historien, — plus rarement, un profond philosophe, mais avez-vous le signe? avez-vous de l'esprit, de l'esprit comme on en doit avoir ici? » En général le récipiendaire n'a pas besoin de faire effort, de se mettre l'âme à la torture ; l'esprit lui vient tout seul, de bonne qualité, dans la juste mesure : le milieu suffirait à le provoquer. Mais si la source ne jaillissait que faiblement, le Président en a toujours quelque réserve et pour celui qui n'en montre pas assez, et pour lui-même qui ne doit pas souffrir que l'esprit français faiblisse un seul jour, au sein de la Compagnie qui le représente avec ses qualités les plus solides et les plus brillantes.

———

— L'esprit humain est plus grand que l'esprit des plus grands hommes. Le Socrate qu'il se représente est supérieur au Socrate réel dont il n'a pas d'ailleurs une exacte connaissance. Si grand que soit Platon, le Platon qu'il admire n'a plus aucun des défauts de Platon, ni contradictions, ni subtilités, ni fragiles utopies. La Grèce a beau rêver d'idéal, le rêve de l'esprit humain est encore plus beau ; il grandit jusqu'au philosophe dont le nom est synonyme d'idéal, d'amour pur de la pure beauté.

— Esprit des grands philosophes, des grands poètes, des grands orateurs, de tous les grands écrivains, merveilleux épanouissement de l'esprit humain qui se donne en spectacle à lui-même, et qui, dans ses pensées, ses conceptions, ses créations, lit, comme on lirait dans un livre toujours ouvert et qui s'accroît sans cesse, sa nature, ses facultés, ses titres et jusqu'à ses origines.

— Dans les grands esprits l'unité est en proportion de la richesse : ils ne possèdent pas seulement de rares et belles qualités, ils les possèdent dans une parfaite harmonie.

— Les hommes qui se comprennent le mieux sont ceux dont l'esprit est parvenu à la même hauteur et qui voient des mêmes sommets les vérités et leur suite. Heureusement l'élévation des sentiments peut suppléer à celle de l'esprit, et le plus grand nombre en est capable. Où les pensées ne concordent pas, le cœur affaiblit les dissonances, souvent même il les supprime.

— Nier qu'il existe en tout esprit, même le plus lumineux, un point obscur, si petit, si réduit qu'il soit, c'est le fait d'une extrême indulgence ou d'une extrême ignorance. Le découvrir dans l'esprit des autres n'est point si rare ni si malaisé ; l'apercevoir en soi est d'un bon signe, mais pas du tout ordinaire et vraiment difficile.

— Il est encore trop matin pour qu'Athénagore puisse penser : son journal, d'ailleurs, tarde bien à venir. Son esprit ne s'ouvrira, sa pensée ne jaillira que quand elle aura reçu son excitant ordinaire. Qu'aucun ami, qu'aucun parent, qu'aucun client ne vienne consulter Athénagore avant qu'il ait lu son journal : il n'aurait rien à répondre que de vague et d'insignifiant. Ce pain quotidien a failli lui manquer deux jours de suite : il ne restait pas deux idées au fond de l'esprit d'Athénagore. Rendez à Athénagore son journal, sa pensée, son esprit.

— La première fois que vous conversez avec Melliflue, vous êtes sous le charme. Quelle parole facile, élégante, agréable! Quelle richesse d'idées; quel fonds inépuisable de solides connaissances! Quels points de vue nouveaux que vous n'auriez sans lui jamais découverts! Décidément, il a tout lu, tout vu, tout étudié; il n'est point de question difficile ou délicate pour laquelle il n'ait, de longue date, une solution qui lui appartient. Le deuxième entretien n'est pas non plus sans agrément et sans profit. Toutefois les limites se dessinent, le cercle se resserre; peu ou point d'idées nouvelles, çà et là quelques répétitions. On dirait à plusieurs reprises que les mêmes choses (est-ce pour les mieux graver dans votre esprit?) sont reproduites absolument dans les mêmes termes. Restez-en là si vous voulez garder de Melliflue, de son savoir et de son esprit, un bon souvenir et une impression favorable. Un troisième entretien lui serait fatal : dans son intérêt et dans le vôtre n'en essayez pas.

— Notre esprit est si bien nous-mêmes que

nous n'osons le louer ouvertement devant d'autres esprits. Mais quelques-uns louent leurs qualités physiques, leurs avantages extérieurs, et l'on se contente de sourire.

— Le plus bel *Art de penser* et le plus complet ne redressera pas un esprit de travers, et un esprit droit pourrait, à la rigueur, se passer de ses leçons. — A qui servira-t-il donc? — A tous, aux esprits justes et aux esprits faux, par une connaissance plus exacte qu'ils y puiseront de la nature humaine et, en particulier, de la nature et des lois de l'intelligence. Ce n'est pas, en effet, pour l'ordinaire, telle règle spéciale qui fait qu'on évite tel faux pas; c'est bien plutôt cette connaissance de nous-mêmes qui, peu à peu, affaiblit les mauvaises dispositions du cœur et de l'esprit d'où procèdent presque toutes les erreurs.

— La lettre tue quand l'esprit cesse de l'animer, mais l'esprit se disperse, en attendant qu'il s'évanouisse, s'il n'a plus la lettre pour le fixer. Il les faut unir : il faut que l'esprit vivifie la lettre, et le bon vouloir aidé du bon sens y peut quelque chose.

— Cent pages d'esprit ne valent pas dix lignes de vérité, mais il n'est pas défendu de mettre un peu d'esprit au service de la vérité.

— Nous avons du Cardinal Bona un livre excellent dans sa brièveté : *De discretione spirituum.* C'est l'œuvre d'un théologien aussi expérimenté que savant. Il l'a fait court, sachant bien qu'il s'agit moins de multiplier les règles et de prévoir tous les cas possibles que de rendre l'esprit capable de discerner seul, sans l'appui constant des règles, et de donner plus de pénétration au regard de l'âme. Que si, au lieu de traiter la question au point de vue théologique, on voulait apprendre aux hommes l'art de discerner, de sonder les esprits les uns des autres, en poussant jusqu'aux plus secrètes intentions et jusqu'à certains replis réputés impénétrables, il faudrait assurément un volume d'une étendue bien plus grande. Et toutefois, l'auteur pourrait l'alléger beaucoup, en appliquant la méthode du Cardinal : donner d'abord à l'esprit qui se propose d'interroger d'autres esprits toute la pénétration, toute la sûreté dont il est capable.

— On peut être idéaliste, au point de ne croire qu'à son esprit et pas du tout à son corps, encore moins au corps et à l'esprit des autres. Dans cette solitude profonde on pense, comme il est naturel, des choses extraordinaires. Ce qui me surprend, c'est qu'on songe ensuite à communiquer ces pensées à d'autres esprits, car il n'en est point, —

à se servir pour cela de la matière, car elle n'existe pas.

— Le vrai, quelques-uns disent même l'unique prodige de la Tour Eiffel n'est point celui qui fascine les regards du vulgaire, ce sont les profonds calculs sur lesquels elle repose plus solidement que sur ses assises de granit, et dont la multitude de ceux qui s'extasient devant elle n'a pas la moindre idée. C'est l'esprit de l'homme qui a élevé cette masse dans les airs et qui l'y maintient avec autant d'aisance que de solidité. C'est lui qu'il convient d'abord d'admirer, en attendant de faire remonter l'admiration jusqu'à l'auteur de l'esprit humain.

— C'est l'esprit qui conçoit et réalise l'œuvre belle, c'est lui qui la comprend, la juge, l'admire. Entre ces deux actes où il paraît seul, ou du moins en première ligne, l'œuvre elle-même toute pénétrée d'esprit, belle surtout par l'esprit qui est en elle, utile parfois grâce encore à l'esprit qui a proportionné les moyens aux fins, choisi les matériaux, calculé leur résistance, prévu leur durée. Pour qui sait voir, la matière n'est qu'un point dans ce monde qu'elle paraît remplir, et où l'esprit la façonne suivant ses désirs et ses lois.

— Du moment qu'il y a deux esprits capables de s'entendre, il y a un Père de tous les esprits. Du moment que deux pensées se comprennent et se jugent l'une l'autre, il y a une Pensée régulatrice de toutes les pensées.

— Richesse infinie de l'esprit humain manifestée par l'inépuisable diversité des grands esprits dans le cours des siècles, tu nous donnes une première, quoique très faible idée de la richesse de l'Esprit divin qui fait sortir de ses trésors, sans que ceux-ci en soient le moins du monde diminués, toutes les formes du talent et du génie!

— Se posséder soi-même dans la lumière de l'Esprit et la paix du cœur me semble le bien le plus rare et le plus désirable. Il faut moins qu'une passion violente, moins qu'un grand revers ou une grande douleur, il suffit d'une affaire qui nous inquiète, d'un travail qui nous absorbe, d'une idée fixe, d'une vive image, d'une contradiction, d'un malaise, d'un souffle, d'un rien, pour le ravir au plus grand nombre. Plusieurs ont passé leur vie à défendre leur liberté, celle d'autrui, les libertés publiques, tous les genres de libertés, qui n'ont possédé qu'à de rares intervalles la liberté d'esprit.

— Où l'on ne discute pas du tout, la vérité sommeille, elle est sans influence. Où l'on abuse de la discussion, la vérité est trop souvent stérile. Où l'on discute avec autant de conscience que de convenance, dût-on ne consentir que des trêves, la vérité agit suivant sa nature, elle se développe, elle vivifie, elle engendre. L'ardeur de la discussion importe moins d'ailleurs que l'objet de la discussion. Discuter sur la nature de l'âme, sur ses attributs, sur ses rapports avec Dieu, sur la raison, la liberté, la grâce, ou discuter pour ravir à l'âme tout attribut, tout avenir, toute réalité, n'est point du tout une même chose. On pardonne volontiers quelques excès de plume ou de parole à ceux qui nous découvrent des titres nouveaux de noblesse, de grandeur, d'immortalité. Mais quelle excuse possible pour ceux qui dépensent, quelquefois durant une vie entière, les forces de leur esprit à nous prouver qu'il n'y a point d'esprit, qu'il n'y a nulle part nul esprit, et que bêtes, nés de bêtes, nous finirons comme la bête !

— On pourrait dire de l'esprit des sages et de l'esprit des saints, qu'ils se suivent dans les deux tomes d'un même ouvrage. Chacun d'eux est si complet en soi que plusieurs ayant lu, non sans profit, le tome premier, celui qui contient l'esprit des sages, estiment qu'ils sont allés jusqu'à la fin et qu'il ne reste plus rien à lire. Leur arrive-t-il de jeter les yeux sur le tome deuxième, ils ne tardent guère à reconnaître que l'Introduction d'un livre n'est pas le livre lui-même, dont elle contient seulement les préliminaires et comme l'esquisse très imparfaite.

— On est surpris de voir à quel point, dans ce siècle positif et sceptique, l'esprit de saint François d'Assise est devenu populaire et aussi goûté des délicats que des petits et des humbles. Il est vrai que pour les uns cet esprit est tout entier dans la poésie qui déborde de son âme, et dans son amour aussi naïf que profond de la nature, tandis que les autres vont jusqu'aux vertus dont il fut le modèle, un petit nombre jusqu'à la sainteté. Mieux inspirés ces derniers remontent jusqu'à la source des eaux salutaires dont les premiers aperçoivent seulement quelques petits filets courant, avec un doux murmure, à travers des prairies émaillées de fleurs.

— La merveille n'est point qu'il y ait dans l'Église des esprits très différents, esprits de saints dont chacun a son caractère et son trait particulier, esprits de philosophes, de théologiens, d'ascètes, de mystiques, de fondateurs d'Ordres, de réformateurs, de pontifes, de solitaires, de législateurs. La merveille c'est que ces esprits si divers ne fassent qu'un avec l'esprit de l'Église. Leur nombre qui va croissant de siècle en siècle, leurs caractères si nettement tranchés montrent bien sa fécondité : leur unité répond à son unité dont aucune dépense n'épuise la richesse.

— Quand on voit à quel point, chez les plus grands hommes et même chez les saints, un esprit domine tous les autres esprits et se fait sa place en chacun d'eux, on comprend mieux que jamais le texte de saint Paul si précis, si profond, sur la distribution des esprits entre les plus favorisés. Mais bientôt la pensée s'élève, pour le contempler et l'adorer, vers le Dieu dans le sein duquel ces esprits qu'il divise, en les donnant, ne sont qu'un même et éternel Esprit. Les plus beaux, les plus riches, les plus parfaits d'entre les esprits créés ne reproduisent jamais, à une distance infinie de leur modèle, qu'un trait perdu dans l'immensité des attributs divins dont tous ces esprits ensemble, si on pouvait les fondre en un seul esprit, ne refléteraient qu'à la manière d'une pâle et vacillante lumière au regard du soleil la resplendissante unité.

CHAPITRE VI.

La Parole, les Langues, les Livres.

— Une langue ne peut pas plus qu'un homme naître à l'âge viril, sans avoir eu d'enfance. *L'homme fait,* comme on l'appelle, est celui qu'ont fait lentement, laborieusement, l'enfance, l'adolescence, les chutes, les erreurs, l'expérience, les joies, les douleurs de la vie. Ainsi en est-il de la langue à sa maturité: celle qui n'aurait pas subi ces épreuves végéterait dans une éternelle enfance.

— Les langues sont comme les hommes ; elles n'assistent pas à leur naissance et à leurs premiers développements ; elles n'en savent rien que par les dires d'autrui et les informations qu'elles prennent, quand elles sont parvenues à leur maturité. Encore ces informations, si longues, si patientes, si bien conduites qu'elles soient, ne leur disent-elles pas tout ce qu'elles voudraient savoir de leurs origines.

— Laissons la nature faire les langues ; l'œuvre est au-dessus de nos forces, et nous ne pourrions que la gêner, en nous associant à ce premier et mystérieux travail. Réservons-nous pour les retouches, les additions prudentes, et surtout pour le bon usage de l'instrument qu'elle nous confie.

— Nous pouvons quelque chose pour améliorer les langues, rien pour les créer, et il n'est pas sûr que nous soyons capables d'arrêter leur décadence.

— *Volapük* : nom barbare d'une langue qui n'étant point la langue d'un peuple n'aura jamais de littérature, c'est-à-dire ne sera pas une langue.

— La lutte qui est la condition ordinaire de l'humanité n'est pas moins celle des langues. Toutes sortes d'ennemis les attaquent : il en vient du dedans, il en vient du dehors. Pour n'en citer que deux, à peine ont-elles triomphé des patois ou dialectes locaux que les grandes cités les entraînent dans leur corruption. Elles ont un patois qui leur est propre et qui n'a rien de naïf.

Son nom seul blesse l'âme et l'oreille : il signifie décrépitude et perversité.

— En serait-il des langues arrivées à leur perfection comme des chefs-d'œuvre auxquels on ne peut rien ajouter, dont on ne doit rien retrancher ?
Ce serait les condamner à mourir avant le peuple qui les parle, et dont elles doivent partager, jusqu'à la fin, la bonne ou la mauvaise fortune.

— Les langues vieillissent vite quand, sous prétexte de faire dire aux mots plus qu'ils n'ont encore dit, on en fausse le sens et on les rend incapables d'un sens unique et précis.

— Quelle langue parleront un jour ces enfants auxquels on enseigne[1], dès l'âge le plus tendre, la langue de la physique, celle de la chimie, celle de la physiologie, sans parler des langues étrangères ? Quel trouble dans leur cerveau ! Quelle confusion dans leur vocabulaire ! Parleront-ils seulement avec un peu d'aisance et de correction la langue maternelle ?

---

[1] Programmes aujourd'hui, et fort heureusement, modifiés.

— La langue et le génie de la France ont reçu leurs caractères distinctifs dans les écoles du Moyen Age, mais surtout dans l'Université de Paris. Tous nos instituteurs, tous nos éducateurs sont sortis de là, depuis le poète jusqu'au prêtre, depuis le scribe jusqu'au légiste, depuis le plus sévère dogmatique jusqu'au mystique le plus tendre. Le dur marteau de la logique a forgé cet esprit net, ferme, précis, dont les qualités sont devenues celles de la langue la plus analytique et la plus claire qui fût jamais. Les poètes y ont ajouté, peu à peu, par de continuels efforts, l'aisance, la richesse, l'harmonie. A nos victoires mêlées de revers et passagères, comme toutes les victoires, on reconnaît le vieux sang gaulois qui bout encore dans nos veines ; aux conquêtes de notre génie, à l'empire des Lettres françaises on devinerait nos premiers maîtres, les Logiciens et les Métaphysiciens qui ont assoupli, dilaté, fortifié nos âmes. Sortis d'un long et laborieux travail de la pensée, ce n'est point par nos armes, c'est par la pensée que nous avons acquis une durable et universelle domination.

— Jamais on n'a tant et si bien pensé en France qu'au dix-septième siècle : jamais aussi la langue n'a été plus souple et plus forte, plus une et plus diverse, chacun de ceux qui la parlaient la marquant au signe de sa pensée.

— On dit du style de Bossuet qu'il est clair, et on affirme la même chose du style de Condillac. La clarté de l'un vient de ce qu'il dit tout ce qui est nécessaire, la clarté de l'autre vient de ce qu'il retranche tout ce qui l'embarrasse. Il y a donc une clarté selon la raison et une clarté contre la raison. La première a sa source dans l'ordre des choses tel qu'il est, la seconde dans l'ordre des choses tel qu'on l'imagine.

— Le latin qu'ont parlé les mystiques du douzième et du treizième siècle, Hugues et Richard de Saint-Victor, saint Bonaventure, l'auteur inconnu de l'*Imitation*, est encore plein de vie. Il s'est rajeuni au contact d'une pensée vigoureuse, de sentiments délicats et profonds. Il ne meurt que quand les érudits paraissent. Le latin vraiment mort est ce latin si bien nommé cicéronien, parce qu'il ne s'appartient plus, et qu'étant devenu la propriété d'un certain esprit il ne sera jamais plus celle d'aucun autre. Au lieu que la pensée se créait à elle-même sa langue avec les matériaux de la langue commune, c'est une langue de choix, mais toute faite, qui s'impose à la pensée. Le peu qui reste de celle-ci n'est que pour donner aux mots l'occasion de se produire, de se disposer en périodes nombreuses, en phrases savamment cadencées : le tout sonore et vide.

— Bien différente de celle des grands mystiques, la langue des Cicéroniens n'a rien d'incorrect, d'abrupt, de jaillissant, mais elle n'a rien non plus de personnel et de vivant. Le latin toutefois n'est pas si bien mort avec eux que la pensée de Bacon et celle de Descartes, sans parler des grands théologiens catholiques, ne l'aient fait revivre au dix-septième siècle et plus tard encore. Rien ne conserve les langues comme de les employer à penser. En revanche, pour avancer leur mort, il n'est rien de tel que de leur mesurer parcimonieusement la pensée.

— Il existe une période cicéronienne, une langue cicéronienne ; le vêtement est assez large pour que plusieurs l'aient porté, non sans grâce. Serrez la pensée et il ne convient plus qu'à un seul. Jamais écrivain sérieux n'a essayé de parler la langue de Thucydide ou celle de Démosthènes, ou celle de Bossuet : il aurait perdu sa peine et mérité qu'on se moquât. Ce n'est pas que Cicéron n'ait pensé et, fort souvent, très bien pensé, mais il s'est préoccupé du vêtement qui siérait à sa pensée : les autres n'y ont pas songé. Il a voulu que ce vêtement d'un modèle assez uniforme fût ample et bien fourni d'étoffe. Les autres l'ont si étroitement adapté à leur taille que personne après eux n'a su s'en vêtir.

— Les aspérités d'une langue encore jeune sont une précieuse ressource pour le ciseau des grands maîtres : une langue fixée, facile et coulante est loin de les servir aussi bien. Au lieu de l'orner, le ciseau qui s'attaquerait à cette surface si parfaitement polie ne pourrait que la déformer. Plus la langue définitivement fixée devient d'un emploi facile, plus il est difficile de la parler avec originalité. Cette cire molle reçoit aussi volontiers l'empreinte de tous les cachets, mais elle n'en garde aucune.

— De ces *pensées* que Pascal a refaites jusqu'à dix fois, laquelle est sa pensée véritable ?

— La dernière, sans aucun doute.

— Les autres n'étaient donc pas encore sa pensée ?

— Non, mais c'est par elles qu'il s'est acheminé à sa pensée véritable.

— Est-ce donc à cette condition seulement qu'on peut bien penser ?

— Oui, en matière grave, et peut-être en toute matière.

— Mais la plupart des hommes n'y prennent pas tant de peine.

— La plupart des hommes pensent faiblement, et ne sont pas tenus de penser d'autre sorte.

— Est-il bien digne d'un esprit sérieux de choisir ainsi et de peser des mots ?

— De ce choix dépendent la précision et la force de la pensée.

— Les mots ne servent donc pas seulement à la faire valoir ?

— Ils font corps avec elle. Elle n'est terminée dans l'esprit que quand elle l'est dans le discours. Ceux qui n'ont pas encore trouvé l'exacte expression de leur pensée n'ont pas achevé de penser.

— Vous admettez du moins que le nombre et l'harmonie de la période n'ont rien à voir avec la justesse de la pensée.

— Je l'admets, mais vous conviendrez aussi qu'une pensée juste ne perd rien à posséder ces deux qualités, et qu'elle y peut gagner quelque chose : témoins les poètes. Il faut intéresser le sens au succès de l'esprit : l'harmonie est douce à l'un et à l'autre.

— L'harmonie du style doit dépendre de la pensée et s'y adapter sans effort : elle doit s'abaisser, s'élever, se diversifier avec elle. Que l'oreille ne soit point blessée, il suffit à la rigueur. Si elle sent trop vivement son plaisir et en jouit à part, c'est aux dépens de l'esprit qui n'est plus dominé. Harmonie constante et uniforme, pensée languissante. Il faut que l'harmonie soutienne la pensée, non qu'elle l'efface ou la remplace. Autrement elle n'est plus qu'une musique, et même inférieure à la musique ordinaire dont un privilège, moins rare qu'on ne croit, est de remuer l'âme et d'y éveiller la pensée.

— La pensée la plus sûre de traverser les âges est celle qui n'emprunte que juste ce qu'il faut de l'élément passager, et le plus qu'elle peut de l'élément immuable de nos pensées. Les grands écrivains le savent faire : ils sont de leur temps et ils sont de tous les temps. La pensée des autres meurt à la place où elle est née : ils n'ont songé qu'au présent, l'avenir ne saura rien d'eux.

— C'est l'âme entière qui fait la pensée et la différence des âmes fait celle des styles. On peut résumer, sans grand dommage pour elle, la pensée qui viendrait uniquement de l'esprit, l'analyser, l'abréger, et ne rien lui ôter : c'est tout un de la lire dans l'auteur ou d'après lui. Au contraire tout fait corps, tout est nécessaire dans la pensée des grands écrivains. En modifier l'expression, c'est en altérer le sens, c'est diminuer leur âme.

— Les termes généraux plus exposés à tous les contacts ont parfois d'étranges maladies : il est vrai qu'elles sont rarement mortelles. Un signe certain du mal c'est qu'on les a sans cesse à la bouche, et que, de bouche en bouche, ils vont se corrompant toujours davantage. Alors il ne manque plus qu'une chose à l'*homme vertueux*, la vertu simple et modeste, *au cœur sensible* que le sentiment vrai, *à la nature* que le naturel et Dieu. On abusa tellement qu'on se lassa et qu'on guérit. On provoquerait de nos jours ou le rire ou le sourire, si l'on prononçait, à la manière du dix-huitième siècle, en levant au ciel des regards attendris, les mots *sensibilité, nature, vertu.* Ils sont si parfaitement guéris que la plupart de nos contemporains n'ont jamais rien su de leur ancienne maladie.

— Quelle différence y a-t-il entre ce qui est *scientifiquement* prouvé et ce qui est *rigoureusement* prouvé? Sans doute celle qu'on y veut mettre : quelquefois aussi le ton de la voix.

— N'avoir point *d'appétit*, malaise des plus communs et médiocre sujet d'inquiétude. Souffrir *d'inappétence* commence à devenir plus grave, surtout si le diagnostic en est porté par un homme de l'art. Être atteint *d'anorexie*, cas presque mortel pour qui ne sait pas le grec et commence à songer dès lors au grand départ. Pourtant rien de changé que le son des mots : l'imagination et la peur ont fait le reste.

— C'en est fait : *la lutte pour la vie* a décidément pris le pas sur toutes les phrases à la mode qu'un homme bien élevé, à la hauteur du siècle et de ses progrès, doit prononcer au moins deux fois par jour. Sans la fâcheuse intervention de l'hypnotisme à sa naissance il ne serait plus question d'autre chose dans les livres, les revues, les journaux : elle est devenue, c'est tout dire, l'aliment ordinaire des feuilles à un sou. Cette vérité aussi vieille que le monde et l'homme est aujourd'hui la vérité nouvelle, celle qu'on ignorait, celle qu'il était grand temps de découvrir et qui nous sauvera. A moins toutefois que détournée de son sens naturel, séparée de la modération des sages et de la vertu des chrétiens, elle ne nous mène tout droit, de déduction absurde en déduction féroce, à l'égorgement universel. Mais nous oublions que c'est une formule, une phrase banale, à la mode aujourd'hui, ignorée demain.

— *Libéral,* — *bien pensant,* — *libre penseur :* sens discutable, sens malléable, sens indéfiniment variable et qu'on n'a cessé d'allonger ou d'accourcir depuis un demi-siècle; au fond peu de sens. Pendant qu'on se tourmentait l'esprit à l'occasion de ces trois mots, liberté et pensée demeuraient dans l'âme de l'homme ce qu'elles ont été depuis l'origine et ne cesseront d'être jusqu'à la fin.

— *Mystiques,* ceux qui croient à Dieu et à la Providence ; ainsi l'ont décrété depuis assez peu de temps ceux qui, dans quelques feuilles publiques, malmènent à l'envi la langue et l'histoire. Après tout les mystiques n'ont pas droit de se plaindre, et on leur fait la part belle de confondre leur cause avec celle de Dieu.

— Ni libres, ni penseurs ont formé, de nos jours, au grand étonnement de la langue et de la raison, *libres-penseurs.*

— *On a jugé bon,* — *on a pensé,* — *on prie le lecteur,* — *on prévient le public....,* et ces lecteurs, sans y réfléchir davantage, de placer bénévolement sous cet *on* mystérieux je ne sais quelle autorité plus imposante, plus digne de foi que celle d'un seul, — et le public d'ajouter à l'esprit de celui qui parle l'esprit de plusieurs autres qu'on ne nomme point et qui n'y est pas.

— Les *sentiments distingués* ont fait tort aux *hommes distingués* qui leur étaient un peu antérieurs : de la banalité des premiers on a conclu, peut-être à tort, à la banalité des seconds. Ce qui était hier un éloge envié commence à devenir une épithète sans valeur : il se peut que ce soit demain une désignation ridicule. Je conviens qu'il n'est pas facile de dire à quels caractères ont reconnaît les hommes distingués; mais que ces caractères soient nettement accusés ou qu'ils se réduisent à des nuances, qu'il y en ait peu ou beaucoup, qu'ils se rapportent à la forme ou au fond, la condamnation, si elle est une fois prononcée, sera sans appel.

— Couper un bras, amputer une jambe avec tant soit peu de dextérité, *opération élégante*, c'est le nouveau langage. Est-il goûté du patient, et sait-il en apprécier la délicatesse : rien n'est moins sûr. Mais ceux qui ont à cœur la propriété des termes aimeraient qu'on laissât l'élégance au style qui l'admet quelquefois, à la toilette où elle elle est le plus souvent à sa place, mais qu'elle n'intervînt pas dans la chirurgie où elle n'a que faire.

— C'est chose insignifiante, direz-vous, de changer François en Francis, Antoine en Tony, et cela importe peu au succès d'une carrière ou d'un livre. — Au succès final, je l'avoue, mais nullement au début et aux premiers pas. En échangeant, sur le conseil de Victor Cousin, son nom de Simon Suisse en celui de Jules Simon, l'illustre écrivain n'a rien ajouté à son talent, mais il en a hâté le succès.

— Singulière fortune des mots : *Maître*, dont on ne voulait plus, qu'on commençait à dédaigner à la campagne, dans les petites écoles, et qu'*Instituteur* croyait avoir noblement remplacé, est devenu à la ville le titre qu'ambitionnent, dont se parent le plus volontiers avocats, peintres, sculpteurs, écrivains, musiciens, critiques d'art ou de littérature, professeurs de Sorbonne et de Facultés. A sonder tout ce que ce mot renferme en soi, tout ce que l'étymologie et l'usage présent lui accordent, c'est à la ville qu'on a raison, c'est à la campagne qu'on a tort.

— *Intellectuel* : terme ancien, avec de jeunes ambitions couronnées d'un premier succès qui l'a fait passer du rang d'adjectif au rang supérieur de substantif. Sens vague, assez peu clair, où l'on voit pourtant une diminution plutôt qu'un accroissement de l'intelligence faite pour agir de concert avec les autres puissances de l'âme, dont le secours lui est aussi nécessaire que celui des membres à l'estomac, pour l'exercice de ses fonctions propres et l'entretien de la vie. O sagesse de Memmius et éternelle vérité des vieux apologues !

— *Les intellectuels* récemment découverts et dont il semble qu'on fasse, pour l'heure, quelque état, ne tarderont pas à faire naître *les sensationnels, les affectifs, les imaginatifs, les passionnels, les volitionnels, les alternatifs*, je ne sais combien d'autres dont le nombre croissant irait à détruire l'unité de la personne humaine, s'il était en leur pouvoir.

— *La Critique* n'est rien en soi : c'est le bon jugement qui est tout, c'est la liberté d'esprit, c'est l'attention forte et persévérante, toutes choses qui ne datent pas d'hier et de la fin du XVIIIme siècle. A moins que la critique ne soit, en réalité, une science nouvelle, un art nouveau auquel le bon jugement, ferme et jusqu'à la fin d'accord avec lui-même, serait étranger. Il faut choisir, mais surtout il ne faudrait pas s'imaginer que le bon jugement ne démêlera pas tôt ou tard la tromperie des mots et leur équivoque.

— Développer en soi ou chez les autres *le sens critique*, c'est développer en soi ou chez les autres le bon jugement, le discernement du vrai rapide et sûr, l'esprit philosophique. Si c'est autre chose, qu'on le dise, mais on ne parviendra pas à faire voir que c'est autre chose. La vérité est qu'il fallait des mots nouveaux, les anciens ayant, par un long usage, perdu quelque peu de leur première force. On les a créés et ils servent en attendant, car les autres sont bien sûrs de revenir un peu plus tôt, un peu plus tard : ils sont plus simples, plus clairs, plus modestes.

— Quelles beautés que celles dont un sordide vêtement n'avait point réussi à anéantir l'éclat, et quel service on nous a rendu de recoudre ces déchirures, d'effacer jusqu'à la dernière ces taches qui offensaient nos regards! Comme nous allons jouir dans les *éditions savantes* de ces délicatesses, de ces grâces, de ces grandeurs que nous entrevoyions vaguement à travers le voile épais de textes grossiers! N'oublions pas, toutefois, de préparer notre âme pour la rendre digne d'entrer en conversation avec ces grandes âmes. Il ne servirait de rien de lire Homère et Sophocle, Horace et Virgile dans des livres soigneusement *revisés*, si nos esprits n'avaient eux-mêmes reçu la culture qu'il faut pour les comprendre et pour en jouir.

— Les commentateurs, en présence d'un texte obscur, épuisent toutes les hypothèses, hormis celle que l'auteur n'a pas su être clair, qu'il n'était pas maître absolu de sa pensée, que son esprit sommeillait.....

..... Quandoque bonus dormitat Homerus.

— La critique est bien médiocre qui ne met pas une pensée au service de la pensée d'autrui ou, à défaut de pensée, une délicatesse de goût, une vivacité de sentiment. Rendez-nous l'original, il nous en dira plus en vingt lignes que cette froide critique en vingt pages.

— Traducteurs presque égaux à leur modèle que parfois ils surpassent : Amyot, et peut-être Amyot seul ; du moins sont-ils rares. — Traducteurs fidèles à leur modèle et au génie de deux langues : le Père Grou, Burnouf ; on les compte encore, mais surtout on perdrait sa peine de recommencer leur travail.

— Pour comprendre soi-même et faire comprendre aux autres, dans ce qu'elle a de plus personnel et de plus profond, la pensée des grands écrivains, il faut avoir une pensée à soi et faire siennes, au moins pour un temps, leurs croyances, leurs espérances, leurs aspirations, d'un seul mot leur âme d'où est sortie leur pensée. Deux ou trois y sont parvenus de nos jours, dans notre pays: ils ont rajeuni la Critique, et ils l'ont portée au plus haut point qu'elle puisse atteindre.

— *Bon sens, bon goût,* c'est-à-dire toujours bon jugement, avec un trait commun, la mesure, avec des rudesses de l'un, des délicatesses de l'autre, qui ne permettent pas à ces deux bons voisins d'humeur assez différente d'être toujours d'accord sur toutes les questions.

— « *Œuvre magistrale ; — dire excellemment.* » Dix années ont suffi pour user ces deux termes qu'on applique aujourd'hui à toute œuvre, à toute parole. Contre les mots nouveaux et les nouvelles alliances de mots, même les plus heureuses, mille ennemis conspirent pour les dessécher dans leur fleur. L'abus de la louange, celui de la presse ne permettent pas qu'aucun d'eux arrive à maturité.

— Dites de mes livres qu'ils sont des livres, de ces collections qu'elles sont des collections, de ces mémoires qu'ils sont des mémoires, appelez ces manuscrits des manuscrits ; mais, au nom du ciel, n'allez plus répétant partout de ces choses si agréables, si utiles, si bien nommées, qu'elles constituent mon *outillage scientifique*. Vous me les feriez prendre en horreur, bien plus encore, il est vrai, ceux qui inventent ces vilains mots et qui, s'ils le pouvaient (pardonnez ce barbarisme à mon indignation) matérialiseraient la langue et la pensée.

— Craignez de dire tout ; laissez à celui qui vous écoute ou vous lit le plaisir d'ajouter à votre pensée. Il sera plus facilement de votre avis, s'il croit avoir pris sa part de votre travail.

— De ce qu'un philosophe allemand, et non pas le moins connu de nos Français, parle tour à tour dans les mêmes livres deux langues, l'une familière à tous ses compatriotes où il s'exprime clairement, où il s'élève parfois jusqu'à l'éloquence, et l'autre de son invention, dialecte barbare où il descend à des obscurités impénétrables, on aurait tort de conclure que sa doctrine n'a pas plus d'unité que sa parole, mais on peut le craindre, et on ne se trompe pas toujours.

— Avoir raison avec violence de plume ou de parole c'est commencer d'avoir tort.

— Il n'est point rare qu'un bon esprit, de plus facile et prompt, modifie et complète, à mesure qu'il l'entend prononcer, le discours d'autrui. Il en use à son égard comme à l'égard de sa propre pensée, quand elle jaillit sous sa première forme, avec cette différence que découvrant mieux des imperfections qui ne sont pas les siennes, il les corrige plus aisément.

— Dans un auditoire composé d'éléments très divers un grand nombre entend moins, quelques-uns entendent plus que ne dit l'orateur. Ils font à sa pensée l'honneur de croire que les mots n'ont pas suffi à la rendre tout entière, et ils se donnent à eux-mêmes le plaisir de la conduire jusqu'à son terme.

— Nous parlons notre pensée et nous pensons la parole d'autrui. En nous c'est le signe qui suit la pensée, ou plutôt les deux ensemble sont notre pensée. Il précède, au contraire, celle qu'on nous communique, et tant bien que mal notre pensée l'interprète. Aussi est-il rare qu'on ne s'entende pas avec soi-même, si l'on en prend la peine : il l'est bien moins, quelque peine que l'on prenne, d'entendre ou de traduire à contre-sens la parole d'autrui.

— Laissez parler d'abord, si longtemps qu'on voudra les entendre, la noblesse, la pureté, la candeur empreintes sur votre visage ; veillez ensuite à ce que vos paroles n'affaiblissent pas l'effet de ce premier discours.

— Le monde où nous introduit la connaissance de l'anglais, de l'italien, de l'allemand, a mille points de ressemblance et de contact avec le nôtre. Ils ont, à quelques années près, le même âge : les pensées des hommes s'y rencontrent plus souvent qu'elles ne s'y opposent : elles suivent, à quelque distance, des voies parallèles qui les conduisent au même but. — Le monde que les langues mortes, le grec et le latin en premier lieu, nous révèlent, diffère essentiellement de celui où nous vivons. C'est le monde de nos origines ; il a vu naître les pensées que les âges suivants ont peu à peu modifiées avant de nous les transmettre. Peut-on se flatter de les posséder pleinement et de savoir tout ce qu'elles contiennent, si l'on n'est remonté jusqu'à leur source ?

— Continuez, savants et habiles philologues, M. M........, pour votre gloire et notre bien, vos utiles travaux sur les langues anciennes et sur celles de l'extrême Orient. Tout ce que vous nous révélez de leurs éléments, de leurs origines et de leurs lois, profite à la science de la Parole, — qui le sait et l'a dit mieux que vous ? — profite par la science de la Parole à celle de la Pensée et de la Vérité.

— Seul de nos Français, M. L......., après s'être nourri, durant de longues années, de la philosophie Kantienne, a trouvé le secret de parler une langue qui fût la langue de Kant et qui pourtant fût la sienne. Ce redoutable choc de puissantes abstractions, ces grands coups qu'elles se portent à la lumière du jour ou sous la douteuse clarté du crépuscule, avec je ne sais quelle hardiesse et prestesse françaises, tout cela forme un spectacle qui saisit l'âme, et qui, s'il n'est pas sans effroi, n'est pas non plus sans grandeur. Notre philosophe a opéré ce prodige que plusieurs estimaient impossible, de fondre dans une œuvre, il est vrai peu étendue, deux esprits, deux langues réputés inconciliables. Lui-même pourrait-il de nouveau, avec la même fortune, tenter pareille entreprise, nous en doutons ; mais surtout que d'autres ne s'en avisent pas ; elle est au-dessus de leurs forces.

— « Comme l'a si parfaitement démontré le premier monsieur X. »
— « Comme l'a dit excellemment monsieur Y. »
— « On pourra consulter, avec grand profit, sur cette question, le remarquable Essai de monsieur Z. C'est le dernier mot de la Science..... »

Ces Messieurs qui avaient tant d'esprit, de perfection et d'excellence étaient, pour la plupart, des membres de l'Institut et de l'Académie française. Ces auteurs qui les louaient, il y a de cela vingt ans ou un peu moins, dans de petites notes discrètement établies au bas des pages de leur nouveau livre, étaient, en général, des candidats aux couronnes académiques. Supérieurs aux faiblesses de l'amour-propre les juges, comme on aurait dû s'y attendre, sont demeurés incorruptibles, les petites notes sont devenues de plus en plus rares. Il faudra cette courte mention pour apprendre à nos descendants que ce petit travers s'est produit un jour, et qu'il n'a pas duré.

— Il faut qu'il y ait des concours, des médailles, des honneurs académiques, et que les candidats à toutes ces distinctions, sans cesser de penser par eux-mêmes et sans rien perdre de leur liberté, s'inquiètent pourtant de savoir ce que pensent leurs juges et ce qu'ils penseront de leurs écrits. La timidité des uns est soutenue, la témérité des autres est contenue par cette sage divination. Grâce à elle encore une certaine harmonie et comme un juste milieu d'opinions s'établissent entre les extrêmes opposés : résultat précieux, surtout à l'époque présente. Il n'est pas moins bon que d'autres, en plus petit nombre, ne se préoccupent ni de juges, ni de jurys, ni de récompenses, qu'ils s'efforcent, à leurs risques et périls, de penser par eux-mêmes et de parler absolument comme ils pensent. Les candidats ne vont pas toujours aussi loin qu'ils voudraient, les indépendants vont souvent plus loin qu'il ne conviendrait. Il faut des uns et des autres dans le monde de la pensée moderne, comme on l'appelle ; mais surtout il faut bien choisir son autorité, car nul ne s'en passe.

— Une seule action décisive, une seule influence directe et puissante des livres les plus puissants. Vingt ans, trente ans, un siècle leur sont donnés avant qu'elle s'épuise ; mais aussi n'essayez pas de la faire renaître et de lui rendre sa première force : ni la volonté d'un homme, ni celle d'un parti n'en sont capables. Laissez aux savants, aux lettrés, aux curieux, *Gargantua et Pantagruel*, les *Essais de Montaigne*, l'*Émile* lui-même : ce sont leurs livres, non ceux du grand nombre qui ne les comprend plus et en réclame d'autres mieux en rapport avec ses nouvelles aspirations.

— Les accents passionnés de *La Nouvelle Héloïse* ont préparé les voies aux arides, mais redoutables abstractions du *Contrat social*. Maître du cœur des femmes Rousseau n'a pas tardé à l'être de l'esprit des hommes, et le triomphe de la première domination a été pour une grande part dans l'établissement de la seconde.

— Si vous avez de l'ambition, une noble et généreuse ambition, et si Dieu vous a donné un vrai talent avec la ferme volonté de n'en pas abuser, entrez vivement en scène par un drame, — je n'ose dire un roman, début trop plein de périls, — qui remue les cœurs, qui captive les âmes : que ce soit votre *Cid* à vous. S'il élève les sentiments et les pensées, s'il fait couler des larmes, vous êtes maître de la place et assuré de l'avenir. Continuez dans cette voie, en usant du pur sensible dans la mesure qui est permise, en le subordonnant à l'expression, et tous deux à l'idéal. Avez-vous eu le malheur d'échouer, faites de votre vie entière un beau drame où, du commencement à la fin, le Bien gouverne l'action. Celui-là certainement vaudra celui que vous aviez rêvé.

— Le titre d'un livre est le résumé des résumés, le résumé par excellence. Il faut qu'il soit clair, qu'il soit court, qu'il fasse espérer, qu'il fasse penser, surtout qu'il ne mente pas. De tels titres sont rares, plus rares même que les bons ouvrages.

— Seuls les tempéraments robustes, les renommées solides peuvent porter, sans en être accablés, le lourd fardeau des *Œuvres complètes* surchargées des *Œuvres posthumes*. C'est assez pour des natures délicates et des réputations fragiles du poids plus léger des *Œuvres choisies* : ne l'alourdissez pas.

— La première édition, *le choix des lettres*, voilà qui est bien, mais n'allez pas au delà, si vous avez quelque amitié pour l'auteur, quelque souci de sa gloire. On n'est pas grand homme tous les jours, ni dans tous les détails de la vie. Ces interminables correspondances d'où l'on ne retrancherait pas, pour tout l'or du monde, un mot malheureux, une sottise, une erreur, un enfantillage, n'ont jamais servi que les intérêts du libraire, nullement ceux de l'auteur et même du public.

— Les Revues ont fait tort aux livres, et les journaux aux Revues; les journaux frivoles sont en train de tuer les journaux sérieux. Que restera-t-il bientôt qu'une incurable légèreté des lecteurs entretenant et accroissant la légèreté des auteurs qui les servent à leur goût et à la mesure de leur esprit!

— La parfaite honnêteté de Thomas[1] n'a pas fait que Thomas fût un homme de génie, mais

---

[1] Thomas, 1732-1785, auteur de *l'Éloge de Marc-Aurèle*, de celui de Descartes, etc. de *l'Essai sur les Éloges*, du poème *de Jumonville*, de *la Pétreide* et d'autres poésies oubliées.

son talent très réel lui doit bien quelque chose. Le grand talent de Voltaire n'ayant rien reçu de son caractère et de sa vie est loin d'avoir atteint toute la hauteur où il aurait pu s'élever.

— Si la beauté de la vie ne fait pas chez les écrivains la beauté de l'œuvre, du moins elle y contribue. Les nobles sentiments, les grandes pensées ne sortent qu'à de rares intervalles d'une source impure, et dans quel mélange !

— Est-ce bien là le livre que j'admirais il y a dix ans ! Comment ai-je pu me tromper à ce point ! Quelle médiocrité ! Quelle pauvreté ! Où étais-je donc ? — Hors de chez vous, croyez-le bien. Entouré, enveloppé par le nombre infini de ceux qui admiraient l'ouvrage, et qui, de parti pris, voulaient qu'il fût beau, parfait ; étourdi par le bruit de leurs acclamations, vous ne vous apparteniez pas et ne vouliez pas avoir moins bien lu et apprécié que les autres. C'est votre jugement d'aujourd'hui qui est le bon : celui d'il y a dix ans c'était la clameur d'autrui. Le livre rendu à sa valeur propre et vous à vous-même, c'est la chose mise au point, et la vérité rétablie dans ses droits.

— La postérité commence pour un livre ou

pour une œuvre d'art, quelquefois plus tôt, quelquefois plus tardivement : rien de moins déterminé que la date de son premier jour. C'est celui où les préjugés, les préventions ont disparu, où les passions se sont éteintes avec ceux qui, de parti pris, dénigraient ou applaudissaient. Le présent c'est ce que durent engouement, colères, jalousies, coteries : l'avenir naît le jour où elles meurent.

— Il y a un âge pour peiner sur les livres et un âge pour en jouir, un âge pour les parcourir et un âge pour les pénétrer, un âge pour les vouloir posséder tous, et un âge pour en aimer seulement quelques-uns et pour oublier tous les autres.

— On apprend mal dans les livres ce qu'on peut apprendre et lire en soi-même.

— Dans un même livre l'enfant voit uniquement les récits et les descriptions, le vieillard, les pensées. Encore l'un et l'autre effleurent-ils seulement l'objet de leur choix, l'enfant parce qu'il a hâte de jouir et de varier les plaisirs d'une imagination insatiable, le vieillard parce qu'il achève le plus souvent en lui-même la pensée que le livre lui a rappelée.

— Je viens de lire dans trois journaux différents trois appréciations d'un même livre. Si les critiques ont lu l'ouvrage dont ils rendent compte, j'en suis fâché pour leur intelligence ou leur mémoire. S'ils ne l'ont pas lu, comment osent-ils en parler ? Il reste qu'ils en aient feuilleté çà et là quelques pages, comblant les intervalles avec leurs propres pensées. D'où suit que nous avons trois livres, ou plutôt trois canevas dont pas un ne ressemble à l'autre, et tous les trois fort peu à l'écrit original.

— C'est une excellente chose qu'un petit nombre de livres et un petit nombre d'amis ; les jeunes gens n'en croient rien, mais encore quelques années et ils penseront comme nous.

— C'est au nom seul de ses membres que l'Académie française garantit l'immortalité, en les inscrivant dans ses annales : elle ne s'engage pas à l'égard de leurs livres.

— C'est au hasard que le livre va de çà, de là, tantôt trouvant, tantôt ne trouvant pas le lecteur qu'il cherche ou celui qui l'attend. Combien de voix parcourent ainsi le monde, graves, légères, frivoles, sévères, pressantes, discrètes, insinuantes, atteignant au hasard, où elles voudraient, où elles ne voudraient pas, où il ne faut pas. Une seule arrive toujours à son heure, à son auditeur, avec le conseil ou l'encouragement qu'il réclame, c'est la voix intérieure. Il suffit qu'on veuille bien l'entendre ; mais que de voix dont on ne s'inquiète plus, quand on s'est habitué à entendre celle-là !

— La riche, la magnifique bibliothèque d'Apollodore prouve en quelle estime il tient les livres, mais elle ne prouve rien de plus.

— On pourrait se tromper de mesurer le savoir d'un homme aux vastes dimensions de sa bibliothèque, et son bon jugement à l'étendue de ses connaissances.

— Ceux qui savent prier peuvent se consoler d'ignorer tant de langues étrangères dont l'acquisition toujours laborieuse et la possession toujours imparfaite ne nous font connaître que la langue de l'homme à l'homme. Eux, ils savent, sans l'avoir apprise autrement que par la constance du bon vouloir et la puissance du recueillement, la langue de Dieu à l'homme et de l'homme à Dieu.

— Quelles parfaites images que ces mots dont chacun fixe et fait ressortir un élément de la pensée, dont l'ordonnance manifeste son ordre intérieur, dont les rapports visibles se modèlent sur ses rapports invisibles, dont les innombrables nuances traduisent ses plus intimes modifications. On dit plus particulièrement de quelques-uns d'entre eux qu'ils font image ; on le pourrait dire de tous, mais nous y sommes tellement habitués que nous n'y prenons pas garde. C'est ici comme pour la Nature dont les spectacles ordinaires, malgré leur beauté, ne frappent point nos regards : notre attention ne se réveille que devant l'extraordinaire et l'imprévu.

— Il est naturel que ceux-là décident, en dernier appel, du sens et du sort des mots qui connaissent si bien le prix de chacun d'eux, qui peuvent donner à la fois la règle et le modèle, qui savent parler, écrire, penser. Le monde, à l'heure présente, est plein de sociétés scientifiques, littéraires, artistiques, dont les travaux sont connus et appréciés comme ils le méritent : seule la France possède, depuis plus de deux siècles, une Académie gardienne de la langue et de ses traditions. Qui pourrait confondre les Sociétés savantes les plus célèbres avec celle dont l'autorité repose tout entière sur le bon goût et le bon sens, confondrait aussi bien l'usage tel quel de la parole avec l'art et la perfection de la parole, ceux qui écrivent comme il leur prend fantaisie avec ceux qui craignent toujours que leur parole ne dépasse ou qu'elle n'affaiblisse leur pensée.

— On peut lire dans *La Morte*[1], tout à la fin du volume, deux pages de philosophie spiritualiste d'une force de pensée, d'une beauté d'expression à rendre jaloux tel de nos maîtres qui pour sûr ne les désavouerait pas. Souhaitons, sans oser l'espérer, que ces pages soient à l'avenir moins clairsemées chez nos romanciers. Il en faudrait beaucoup de semblables pour payer la rançon du roman contemporain : il en faudrait tellement que peut-être il mourrait, tous les lecteurs frivoles s'étant retirés de lui, avant d'avoir acquitté sa dette.

— La voix du sang n'a jamais rien révélé à personne. Ce n'est pas elle qui me fait à Bruxelles, à Louvain, à Genève, à Alger, à Montréal, à Québec, à la Nouvelle-Orléans, à Buénos-Ayres[2] (que ne puis-je, comme un peuple voisin, nommer de vastes îles et un continent tout entier!) aimer, rechercher tant de frères inconnus, c'est

---

[1] Un des derniers romans d'Octave Feuillet.
[2] Lire le récent voyage du docteur Armaignac dans les pampas de la République argentine *(Mame)*.

le doux parler de la France. Ils parlent notre langue ; est-ce donc trop d'affirmer que nos tendances et nos aspirations se ressemblent, qu'ils me comprendraient sans effort, et que je descendrais sans peine au fond de leur pensée ? Que nous importent des millions de sujets dont la langue n'est point notre langue, dont l'âme n'entend point notre âme ? Mieux vaut une seule province, une seule ville où l'on parle, où l'on pense, où l'on aime comme nous.

— Pacifiques conquêtes de la Parole et des Lettres, mieux que des batailles gagnées, des provinces ravagées, des royaumes subjugués, vous assurerez l'immortalité de notre nom et de notre génie. Nous serons, grâce à vous, comptés parmi les Empires dont la langue survit à leur domination passagère, et dont la pensée ne meurt point.

— *Affabilité, aménité, cordialité, urbanité, bienveillance, bonté, politesse, savoir-vivre, prévenances, attentions, petits soins, procédés, délicatesse....,* mots communs à toutes les langues de tous les pays civilisés, nous aimons à le croire, mais avec quelques nuances de plus en faveur de la nôtre. Si nous ne sommes pas le plus parfait des peuples, — il n'en est point, et une telle prétention serait ridicule, — il se peut que nous soyons le plus sociable.

— *Langue sacrée : hébreu, latin, sanscrit,...* langue tout à la fois morte et vivante, intermédiaire entre la musique et la langue vulgaire, participe de l'une et de l'autre. Moins vague que la première elle n'agit pas aussi vivement sur le cœur et les sens; moins bien comprise que la seconde elle fait sa part à la clarté, et sa part au mystère. Elle répond bien à l'état de l'âme religieuse également touchée de ce qu'elle sait et de ce qu'elle entrevoit seulement de Dieu, de ses perfections et surtout de son amour. Où elle manque la langue religieuse manque d'un de ses caractères.

— La parole de Dieu dans nos âmes procède très rarement par mots, phrases, discours, mais presque toujours par inspirations, insinuations, pensées ébauchées, désirs du vrai, du beau, du bien, que nous pourrions croire issus de nous, tellement ils se confondent avec nos propres sentiments, nos propres pensées, et tellement, en lui accordant sans cesse son appui, Dieu respecte notre liberté. C'est d'ailleurs le bon vouloir qui, par sa présence ou son absence, nous fait prêter ou fermer l'oreille à cette parole intérieure, le bon vouloir forme parfaite de la liberté.

— Tant de beaux discours et de paroles éloquentes que vous ayez entendus, si vous mourez avant d'avoir, dans le recueillement de votre âme et le silence de toute voix humaine, entendu la parole intérieure, vous mourrez sans savoir ce que c'est que parole et discours.

CHAPITRE VII.

Le Beau et les Arts.

— C'est bientôt fait de dire qu'une œuvre est belle, poème, tableau, statue, symphonie : encore faudrait-il se rendre compte à quel degré et de quelle manière elle l'est, si elle flatte uniquement les sens, ou si elle dit à l'âme quelque chose de l'âme, ou à l'âme encore quelque chose de Dieu. Est-ce en elle la grandeur qui domine ou la grâce, la délicatesse ou la force, le sentiment ou la pensée ? Étudier ces différences, apprécier ces nuances, ce n'est pas affaiblir en soi le sentiment du beau, c'est le rendre plus intelligent, plus vif, plus profond.

— Une œuvre d'art est vraiment belle, quand aux qualités ordinaires dont connaissent les règles elle joint l'expression d'une qualité morale : douceur, bonté, fermeté, pureté, générosité, noblesse ; — d'une idée première de la raison : ordre, unité, grandeur, infini. L'expression la plus parfaite peut-être, celle qui donne à l'art grec son propre caractère, c'est la paix dans la grandeur, une pensée calme et profonde jointe à une puissance infinie. N'est-ce pas aussi le plus noble attribut de la divinité ?

— Entre toutes les beautés de la nature et de l'art la plus parfaite est celle qui affermit la paix dans notre âme, ou qui la lui rend. Où manque ce caractère quelque chose d'essentiel manque à la beauté. Ce n'est pas assez qu'elle triomphe et qu'elle captive : il faut qu'elle donne la paix après la victoire.

— La beauté véritable peut bien, en traversant les sens, y produire ce qu'on nomme saisissement, transport, ravissement, et la suite de ces métaphores, mais c'est l'impression d'un instant. Elle n'est beauté qu'au prix d'une purification qui lui donne, à son entrée dans l'âme, tout son éclat et toute sa puissance.

— Le plaisir a des degrés en nombre infini : il peut être plus ou moins engagé dans les sens, plus ou moins délicat et pur. Celui du bien accompli au prix d'un pénible sacrifice, celui que procure la contemplation du beau, s'ils ont, dans le principe, quelque liaison avec la matière, à la fin s'en séparent totalement. C'est alors une joie toute spirituelle et qu'un esprit seul peut sentir. A ce point de délicatesse et de pureté le plaisir suppose l'âme et la prouve.

— Une statue, un poème, un tableau ne sont point, par destination première et principale, une leçon de morale, ni une invitation directe à bien faire ; mais un poème, une statue, un tableau qui ne conduisent pas au bien par la voie du beau ont leur place marquée dans les régions inférieures ou moyennes de l'art, loin des sommets.

— Séparé contre toute raison de l'idéal le réel n'est plus, dans l'art, que le vulgaire et le grossier, c'est-à-dire la réalité privée de la meilleure partie d'elle-même.

— Le dernier mot n'est point : *l'art pour l'art*, pas plus qu'il n'est : *la guerre pour la guerre, l'action pour l'action*. Le dernier mot c'est : *l'art pour le beau*, et le beau pour élever les âmes après les avoir charmées.

— Il y a deux peintres pour chaque tableau, l'artiste qui l'a produit et l'homme de goût qui l'admire. Il les faut tous deux pour que l'œuvre soit sinon parfaite, du moins terminée. Qu'on en puisse dire autant de tous les arts, nous l'avouons, mais on ne le dit si bien que de la peinture.

— Le temps qui se livre tout entier au poëte n'accorde au peintre qu'un indivisible instant. Reste à savoir qui s'est mieux trouvé de sa munificence ou de son avarice, et si la peinture n'est pas quelquefois plus riche dans son indigence que la poésie au milieu de ses trésors.

— La Nature n'est point pour le peintre et le poëte ce qu'elle semble au commun des hommes. Où l'œil des uns ne va pas au delà du plus apparent et du plus grossier des choses, le regard des autres découvre des harmonies, des perfections, des beautés qui les enchantent, et comme une lumière à la fois plus vive et plus pure dont la source est dans leur âme et s'ajoute à celle qui éclaire la Nature.

— L'œil commence le regard, mais c'est l'âme qui l'achève.

— C'est tout un du poëme descriptif, comme ceux-ci les écrivaient et ceux-là les admiraient sous le premier Empire, et d'un paysage où la nature servilement imitée ne fait rien pressentir au-dessus et au delà d'elle-même. Une loi inflexible enchaîne à un point précis de l'espace et du temps le peintre du plus beau génie comme le plus médiocre barbouilleur. Elle leur interdit d'en sortir, de faire avancer l'action d'un pas, de suivre dans leurs variations infinies la lumière, la vie, la beauté. Du moins le premier sait-il, par des appels aussi clairs que discrets, par des lointains qui font rêver, par des dispositions et des expressions qui font penser, nous convier à interpréter son œuvre, à l'achever avec notre âme devenue, pour un instant, tellement semblable à la sienne qu'elle en devine toutes les intentions, qu'elle en pénètre tous les secrets. On ne lit pas deux fois, sans y découvrir de nouvelles beautés, la même page d'un grand écrivain ; on n'étudie pas deux fois, sans la trouver plus profonde et plus belle, l'œuvre d'un grand peintre.

— Au poète le droit de me conduire à sa suite et de conduire l'action jusqu'à la fin. Le peintre et le sculpteur la doivent prendre à un moment en deçà et au delà duquel je puisse deviner, pressentir, espérer, penser. D'autres vont jusqu'au bout de leur travail : le leur, pour être parfait, réclame le concours du travail d'autrui.

— Le visage humain n'a guère qu'un moment

favorable et une expression digne de l'artiste qui veut le reproduire dans son idéale vérité. Ce moment c'est celui où l'âme s'y fait voir dans la perfection de sa nature, où elle communique aux traits, au regard, ce que Dieu a mis en elle d'amour, de pensée, de bonté, de beauté. Choisir cet instant unique parmi tant d'autres qui ne le valent point ce n'est pas trahir la vérité, c'est lui rendre hommage.

— Les uns vont au Musée pour considérer le sujet des tableaux qu'ils se font expliquer ou qu'ils devinent de leur mieux : c'est tout dire. Sensibles à la vivacité ou à la fraîcheur du coloris, ils atteignent rarement à la ligne et au dessin: ne leur parlez point du reste. D'autres plus intelligents se proposent des fins et recherchent des plaisirs moins vulgaires : on commence à les pouvoir compter. Quelques-uns enfin s'y rendent uniquement pour aviver en eux le sentiment du beau. Bien au delà des apparences sensibles ils pénètrent jusqu'à l'unité, jusqu'à l'harmonie, jusqu'à la pensée. Peut-être ils n'ont de leur vie touché ni une palette, ni un pinceau ; leur suffrage est pourtant celui dont les peintres font le plus de cas : c'est celui d'un égal, il vient d'une âme touchée comme eux de la beauté.

— L'œuvre que nous admirons sans réserve le grand artiste la compare au modèle intérieur qu'il avait conçu et qu'il n'a pas, à son gré, reproduit. A l'heure même où nous le comblons d'éloges il songe à les mériter par des œuvres plus parfaites.

— On peut découvrir à la peinture toutes les imperfections, toutes les limites qu'on voudra, on ne saurait nier qu'ayant sans cesse à étudier l'homme, à reproduire la figure humaine, à faire resplendir la vie dans ses traits, l'âme dans ses yeux, elle demeure de tous les arts, après l'éloquence et la poésie, le plus humain, le plus vivant et, par la connaissance de l'âme, le plus voisin de la philosophie.

— Comme la vie dans le corps humain, la pensée, dans l'œuvre d'art, se répand de proche en proche jusque dans les parties les plus reculées. Ce serait peu de chose que leur beauté propre, si elle n'y ajoutait sa beauté.

— Si les *procédés* peuvent quelque chose pour l'art ils ne peuvent guère moins contre lui.

— Dans le *métier* on sait toujours ce qu'on fait ; dans *l'art*, il arrive parfois qu'on l'ignore et on ne fait pas moins bien.

— Me suis-je trompé en déclarant belle l'œuvre toute récente du grand artiste G.... qu'un connaisseur, mon ami, qualifie de médiocre ? De ce désaccord passager il ne faut rien conclure, sinon que notre âme et notre regard ne sont pas, pour le moment, au même point.

— Ni les raffinés, ni la foule grossière ne jugent sûrement des choses belles où l'excès n'a point de part.

— La foule qui ne saurait juger en dernier ressort des choses vraiment belles condamne du moins, dans les arts le plus à sa portée, la musique et la peinture, ce qui révolte la justesse de son oreille ou celle de son regard. On se demande même où s'arrêterait parfois, sans ses bruyants rappels à l'ordre et à la nature, le dévergondage des raffinés par delà tout bon goût et tout bon sens.

— Beauté d'ordre inférieur, dans une œuvre d'art, que celle d'un bras ou d'une main qui ne serait pas le bras ou la main d'un beau corps, qui n'est beau, à le bien prendre, que par la présence de l'âme et pour la servir.

— On pourrait ébaucher l'histoire des pensées d'un peuple à l'aide des monuments qu'il a édifiés et qui lui ont survécu. A défaut de textes écrits, c'est déjà quelque chose de pouvoir interroger les chefs-d'œuvre de son architecture nationale et religieuse. Ils parlent les premiers, et ils parlent encore quand les livres ont parlé. Leur éloquence n'a d'égale que celle de la parole humaine, et parfois elle lui survit.

— Quand une société ou un siècle a des idées bien arrêtées sur la vie et sur la mort, sur Dieu, sur l'âme et son avenir, plus fidèlement que les autres arts l'architecture les exprime. Un chef-d'œuvre de peinture ou de musique appartient d'abord à l'artiste qui l'a produit; il n'en est pas ainsi d'un monument : il est au peuple dont la civilisation et les croyances en ont inspiré l'idée. Le plus habile architecte est celui qui est entré plus avant dans le secret de sa vie, et qui en a mieux compris l'unité. Quand celle-ci décline et tend à se dissoudre, quand les idées flottent avec les croyances, l'architecture vit d'emprunts, copie le passé, combine ou confond ordres et modèles. Où la pensée s'affaiblit avec la foi à l'invisible, l'architecture ne produit plus d'œuvres originales. De tous les arts c'est peut-être celui qu'on peut le moins séparer du peuple dont il suit les destinées et reflète le génie.

— Il est des monuments si bien placés, si bien adaptés à leur milieu, qu'on ne saurait dire si la Nature les embellit plus qu'eux-mêmes ils n'embellissent la Nature, s'ils reçoivent de la Cité dont ils sont l'orgueil plus d'éclat qu'ils ne lui en apportent. Supprimez le Parthénon, quelque chose manque à la gloire d'Athènes, à la beauté de l'Attique dans leurs jours les plus brillants. Placez ailleurs le Parthénon, et sa gloire abaissée n'en saurait plus donner à ce qui l'entoure.

— Si la pensée de Dieu est la première de toutes nos pensées, les architectes chrétiens du XIIIme et du XIVme siècle, les ouvriers qui travaillaient sous leurs ordres, les multitudes du sein desquelles ils étaient sortis devaient noblement penser, puisque aujourd'hui encore leurs œuvres, nos magnifiques cathédrales, élèvent si haut nos pensées.

— ✦ —

— Mystère que la première idée, l'intuition soudaine, le rapide et brillant éclair d'où sortira plus tard, après de lentes transformations, l'œuvre d'art. Mystère que le dernier acte où de l'âme et de la main de l'artiste sa pensée passera, pour s'y fixer à jamais, dans des éléments matériels. Mystère, c'est-à-dire profondeurs inconnues, rapports insondables de ce qui se voit à ce qui ne se voit pas, du beau conçu à la beauté réalisée.

— ❖ —

— Dire qu'on a perdu et retrouvé plusieurs fois dans le domaine de l'art *le sens de l'antique,* n'est-ce pas affirmer que plusieurs fois déjà, dans le cours des siècles, l'âme humaine a perdu, puis retrouvé ce qu'il y a de meilleur en elle, de plus jeune, de plus parfait ?

— On se persuadera facilement que rien n'est beau comme l'*antique,* si l'on veut bien considérer qu'il n'est pas tout entier dans les chefs-d'œuvre de la Grèce, mais que son vrai séjour c'est notre âme avec sa jeunesse éternelle. C'est là que les Anciens l'ont d'abord aperçu ; c'est là qu'en suivant leurs traces et en profitant de leurs exemples nous devons le découvrir à notre tour.

— Les Anciens n'ont pas inventé le beau, ils l'ont rendu, pour la première fois, sensible aux yeux. Ils ont exprimé avec une rare perfection ce qu'ils voyaient au dehors, ce qu'ils contemplaient au dedans d'eux-mêmes. Il ne suffit pas d'imiter leurs œuvres; il faut faire comme ils ont fait pour faire aussi bien qu'eux.

— ⚜ —

— Ni rois, ni républiques, ni chefs de civilisés, ni chefs de barbares n'ont su faire marcher les hommes en troupe et les conduire à la guerre, qu'avec l'aide des clairons, des trompettes ou des tambours. Il faut tout ce bruit pour que le soldat marche d'un pas plus léger, il faut que ces sons l'entraînent. Où et pourquoi? La musique militaire ne lui en dit rien, mais elle l'avertit qu'il faut marcher, qu'il est beau de marcher. Ce n'est pas une pensée claire qu'elle éveille en lui; elle est plutôt chargée d'en écarter plusieurs. Elle est comme le cri de l'honneur militaire, mais l'honneur ne va pas sans le devoir, ni le devoir sans quelque commencement de pensée. La musique a mille manières de toucher à celle-ci, mais elle ne fait qu'y toucher.

— Musique et parole ne vont pas longtemps ensemble sans que l'une des deux cède à l'autre, presque toujours la parole. L'esprit n'est guère capable d'entendre deux langues à la fois et de leur prêter une égale attention. Ou c'est la parole qui n'est qu'une occasion à la musique, ou c'est la musique qui plus rarement soutient la parole de son harmonie.

— La musique a tous les rapports avec la pensée, excepté celui de la traduire avec précision. Elle l'endort, la réveille, l'anime, l'abat, la purifie, l'élève, la délasse, la remplace : elle connaît et ne cesse de parcourir toutes les voies qui conduisent jusqu'à elle, mais elle trouve porte close à chaque issue. Désirs, affections, sentiments, passions, tout ce domaine du cœur qui est le sien et qui confine à l'autre ne lui a pas encore donné le droit d'y pénétrer. Depuis tant de siècles qu'elle supplie, caresse, conjure, elle entend toujours la même réponse : « Gardez-vous d'entrer : nous vous aimons dans notre voisinage, nous ne vous aimerions plus chez nous, vous n'y seriez plus la musique. »

— Comme la bonne, la parfaite musique, la poésie de Lamartine a le don de faire penser, sans toucher elle-même, sauf en de rares passages d'une sublime inspiration, que légèrement à la pensée.

— Inhabile à traduire directement la pensée, la musique descend plus loin qu'elle dans notre âme. Elle pénètre seule, et parfois elle l'introduit à sa suite dans de certains replis et jusqu'à des profondeurs pleines de mystère, où la plus éloquente parole ne saurait parvenir et faire parvenir la pensée.

— La langue qu'a parlée le grand musicien nul de ses élèves ne la parlera, comme lui-même il l'a parlée. La pensée qu'elle traduisait n'est pas dans le commerce ordinaire de la vie et de la raison, bien qu'elle charme l'une, et que l'autre soit émue, quand elle l'entend, comme au souvenir d'un bien qu'elle aurait jadis possédé ; mais elle ne tarde pas à l'oublier de nouveau. Le grand peintre fait plus facilement école : ses élèves se persuadent volontiers qu'ils ont des droits sur sa pensée moins étrangère à la pensée commune, alors même qu'elle la dépasse infiniment. Il se peut qu'ils n'aient point tort au regard de l'élément acquis : lignes, couleur, ordonnance. Mais pour l'élément divin, ni eux, ni leur maître n'en sauraient disposer. On peut léguer à autrui sa méthode, ses procédés, sa manière : ce qu'on ne lègue à personne, qu'on soit orateur ou poëte, musicien ou peintre, c'est l'âme que Dieu nous a donnée, c'est l'Idéal qu'il nous a permis de contempler.

— S'il a fallu vingt ans pour qu'*Athalie* prît

dans la poésie dramatique son rang que rien désormais ne lui fera perdre, ce n'est pas trop demander d'un demi-siècle pour conquérir à Berlioz et à Wagner la place qu'ils ne sont pas sûrs d'occuper à tout jamais.

— Le mérite d'un orateur n'est pas plus dans l'harmonie de ses périodes ou le charme de sa voix que celui d'un opéra dans la force de ses pensées.

— La part des sens est trop grande dans le jugement que nous portons sur un tableau que l'artiste vient de terminer ou sur un opéra nouveau, pour que ce jugement soit, dès le premier jour, définitif et sans appel. Il est plus sûr de lui-même à l'égard des œuvres où c'est la pensée qui domine, dans celles de l'éloquence, par exemple. Il faut bien moins de temps pour prononcer sur elles un jugement qui sera celui de la postérité.

— Voyez l'auditoire d'un véritable orateur : il n'a plus qu'une âme, l'âme de celui qui le domine par la puissance de la parole. Considérez ce lecteur subjugué, ravi par l'esprit d'un écrivain qui peut-être vit encore, mais qui peut-être est mort depuis deux mille ans. Qui réfléchit à cette sorte de pénétration des âmes, à cette influence qu'elles exercent les unes sur les autres? Qui songe à en tirer parti pour la science de l'âme et pour celle de Dieu? Ces petits faits, comme on les nomme dédaigneusement, pourraient, bien étudiés, conduire à de grands résultats.

— Tous les arts s'unissent pour rendre plus parfaite la représentation d'une tragédie ; mais quand sur la scène où l'action se déploie, l'éloquence s'emporte et se répand en des vers pleins d'harmonie, les autres arts s'effacent ou se taisent devant ces deux-là. Il n'y a plus dans l'auditoire d'yeux et d'oreilles que pour eux, plus de place dans l'âme que pour en recevoir les impressions.

— Que m'importe chez Corneille un peu de familiarité sans bassesse, un peu d'enflure sans prétention parmi tant de beautés que ces légères imperfections m'aident à mieux sentir. Le beau continu n'est pas fait pour l'homme : il y faut des nuances, des intervalles, des degrés. Permettez que nous les parcourions l'un après l'autre, que nous nous reposions d'admirer afin d'admirer encore. Grands poètes, montrez le beau à nos yeux humains comme vous l'avez vu dans sa source divine, humainement : c'est la loi de votre art.

— Une tragédie de Corneille n'est pas une faible preuve de la spiritualité et de l'immortalité de notre âme. On en peut dire autant de tous les chefs-d'œuvre de l'art et des Lettres dans tous les pays du monde.

— *Athalie*, de Racine, — laissons de côté, pour un instant, son incomparable beauté, — est vraie d'une vérité qui ne mourra point, tant que vivra l'Église, et dans cette histoire d'un passé vieux de tant de siècles, cent fois déjà le présent s'est reconnu et il a lu sa propre histoire.

— Quel critique n'admirerait dans *Polyeucte* l'heureuse alliance de l'éloquence et de la poésie, de la raison et de la foi, de la nature et de la grâce, du monde que nous voyons tous les jours et de celui que nous entrevoyons à de rares instants ! Nulle part ailleurs des âmes aussi nobles, des sacrifices aussi magnanimes ; nulle part plus de vérité humaine et plus de vérité chrétienne, plus d'antiquité et plus de nouveauté. Nous y sommes tout entiers jusqu'au fond de nous-mêmes, jusqu'au plus vif, jusqu'au plus vrai, jusqu'au plus passionné, jusqu'au plus sagement raisonné, jusqu'au plus héroïque de notre nature. Polyeucte est à lui seul une apologie du christianisme. Dire qu'il durera autant que lui c'est affirmer qu'il ne passera point et que sa beauté est impérissable.

— Bien rares sont les fortunés mortels dont le cabinet de travail renferme quelques tableaux des grands maîtres, plus rares ceux qui savent jouir d'un tel trésor. La mémoire du plus modeste lettré peut au contraire évoquer, au premier signal, huit ou dix vers de Virgile aussi riches de vie, de couleur, de lumière, que les chefs-d'œuvre des plus parfaits paysagistes. Il se peut même qu'on n'aille pas au delà du premier vers, si c'est l'homme et son âme qu'il a pour objet. On le contemplera comme un divin tableau : tant qu'on creuse et qu'on regarde, on n'en épuisera ni le sens ni la beauté : il remplira notre cœur, il apaisera, pour un moment, notre soif de l'idéal.

— La mélancolie de Virgile, si vraie, si profonde qu'elle soit, n'a rien de faible et d'énervant : elle tient dans sa poésie la place qu'elle doit occuper dans notre vie. C'est un trait, c'est un vers, rarement davantage, qui nous rappelle au sentiment de notre fragilité, qui nous montre en une vive image, en quelques mots, le peu que nous sommes et le peu que durent nos œuvres. Le poème reprend aussitôt sa marche, plein de nobles dévouements, de prudents conseils, de luttes héroïques, de vaincus et de victorieux dont un autre vers préviendra, s'il le faut, l'orgueil qui s'enflammait, en lui rappelant les dernières suites de toutes ces victoires : *Et campos ubi Troja fuit.*

— Les poètes, en même temps qu'ils épurent la langue d'un peuple et qu'ils l'ennoblissent, lui apprennent ce que vaut son âme. Il ne faut pas se flatter de connaître l'une et d'avoir pénétré jusqu'au fond de l'autre, si l'on n'est pas encore au point de les goûter et de les aimer.

— Contemporains de Platon, de Virgile, de Corneille, de Bossuet, ceux qui aiment Platon, Virgile, Corneille, Bossuet, ceux qui se plaisent dans le commerce de ces grands esprits et se nourrissent de leurs pensées. L'écrivain dont le talent se dépense tout entier à enlaidir la laideur morale, qui s'est donné pour mission d'abaisser les âmes et de les avilir, cet écrivain pourra vivre, écrire, discourir à côté de nous, durant de longues années, il n'est pas le contemporain de nos âmes.

— Madame de Tencin est née, dites-vous, et elle a résidé vingt ans dans ce château, au sommet de ce rocher. Je regarde au lieu que vous m'indiquez ; c'est pour la première, ce sera pour la dernière fois. Ma curiosité est satisfaite, mon cœur n'était pour rien dans ma curiosité. Conduisez-moi dans ces jardins de Beauregard où Massillon priait, rêvait, se recueillait, sous ces allées de Germigny où Bossuet conversait et méditait tour à tour : j'aurai de la peine à m'arracher de ces lieux si pleins de grands et doux souvenirs. J'y laisserai quelque chose de mon âme ; mon désir ne s'éteindra point de les revoir et de les visiter encore. Jamais je n'ai vu se dresser de loin la vieille tour de la cathédrale de Meaux, sans un respect et une émotion bien dus au souvenir du génie, de l'éloquence et de la pensée.

— J'ai fini par comprendre et par goûter Pindare, mais c'est en y mettant beaucoup du mien.

— Recevez mes sincères, mes cordiales félicitations.

— C'est beaucoup pour un peu de bon vouloir que j'ai dépensé.

— Un peu de bon vouloir et encore plus de poésie. Croyez-vous qu'on puisse admirer Pindare, goûter Pindare, si l'on n'est dans l'âme tant soit peu pindarique. Vous ne l'étiez pas hier, vous l'êtes aujourd'hui ; demeurez-le, sinon Pindare ne sera plus pour vous Pindare. Mes cordiales félicitations.

— Les poètes devraient bien laisser la parole à leurs œuvres : celles-ci les louent bien mieux que leurs plus habiles préfaces. Pourquoi vouloir nous persuader qu'ils ont mis tant d'art et de parti pris dans leurs plus belles compositions, qu'elles leur ont coûté tant d'efforts et des combinaisons si bien étudiées ? Nous voulons, nous, que l'inspiration y ait eu plus de part que tous leurs calculs. C'est notre instinct qui a raison, c'est leur modestie qui a tort, et quelquefois aussi leur vanité. Après tout, s'ils aiment mieux passer pour d'habiles gens que pour des hommes divins, ils en ont le droit, et nul n'y saurait contredire.

— Discourez légèrement des poètes légers, ou plutôt n'en discourez pas, personne n'y perdra ; mais, de grâce, ne touchez pas à nos grands poètes. Les faire descendre au niveau de vos anecdotes mensongères, de vos scandaleux bavardages, c'est un crime contre les Lettres et contre la patrie.

— Il n'est pas rare de rencontrer dans Virgile, dans Racine, des vers d'une extrême mais exquise simplicité. Il semble, au premier abord, qu'ils disent peu de chose, et pourtant ils possèdent le privilège d'émouvoir toutes les âmes, de se graver dans toutes les mémoires. Ils touchent, à n'en pas douter et sans qu'on s'en rende compte, quelque fibre plus délicate, quelque point plus sensible auquel tout le reste correspond. Ils font penser, ils font rêver, ils font pleurer; ils réveillent, en nombre infini, des émotions, des souvenirs, et parce qu'ils ont je ne sais quels rapports avec notre âme entière, ils exercent sur elle une douce et irrésistible influence.

— Que tel de nos écrivains soit le Racine de la prose française, que celui-ci en soit le Virgile et celui-là le Corneille, il est possible, et on peut le soutenir sans grand dommage comme sans grand profit pour les auteurs intéressés. Le plus certain de ces jugements qui descendent sans exception de la poésie à la prose, sans remonter jamais de la prose à la poésie, c'est que la poésie est toujours le modèle parfait auquel on compare. On la proclame à toute occasion première dans le temps, première par la beauté, divine pour tout dire.

— C'est une rare fortune, mais bien périlleuse

d'être, à vingt-deux-ans, proclamé par la France entière le premier de ses poètes, et d'en vivre encore soixante. Il y a mille raisons de craindre que, durant ce long espace, sous les coups redoublés de la louange, le caractère ne faiblisse ou la poésie, quelquefois les deux ensemble.

———

— Certainement les hommes politiques ne seront pas de l'avis de James Smithson, mais l'avenir et dès aujourd'hui quelques philosophes, quelques hommes de goût pourront bien lui donner raison. James Smithson estime, en effet, qu'un nouveau Territoire, un nouvel État, au point de grandeur où son pays s'est élevé depuis un siècle, ne valent point pour sa gloire la naissance d'un poème comme celui d'*Evangeline*. Tout au moins faudrait-il que la date de chaque annexion fût à l'avenir, dans l'histoire des États-Unis, celle d'une œuvre immortelle due au génie national. — « Les Empires se transforment, aime-t-il à répéter; ils grandissent, ils déclinent, pour céder tôt ou tard la place à d'autres Empires. Seuls les chefs-d'œuvre de l'esprit humain ne meurent point et ils sont encore, après de longs siècles, la gloire du peuple qui les a produits. »

———

— 1er octobre 1884 : deuxième centenaire de Corneille. Recueilli mes souvenirs, relu Polyeucte, récité les plus beaux passages du Cid, d'Horace, de Cinna, médité, rêvé, songé. Les voilà tous autour de lui, prêts à lui rendre hommage, sans qu'un seul y manque, ses maîtres, ses pairs, ses successeurs. A sa droite Eschyle, Sophocle, Euripide ; à sa gauche Shakspeare, Lope de Véga, Calderon, Gœthe, Schiller, Alfieri. Derrière lui Crébillon, Voltaire, Victor Hugo. A ses côtés, la main dans sa main, Racine et....... non, ce n'est point possible, ce n'est point sa place..... Ducis!....... Qu'on le lui dise, qu'il se retire, qu'un autre,..... mais une voix, celle d'Eschyle ou de Corneille, je ne sais : « Il a vécu pauvre et fier, il a aimé la Muse tragique pour elle-même, il n'a fléchi le genou devant aucune idole ; l'énergie de son âme a passé plus d'une fois dans ses vers. Ducis, demeurez, c'est ici votre place. »

— C'est une belle chose que l'âme d'un héros ; c'est une plus belle chose encore que cette âme agrandie par un poète tragique. Sophocle, Corneille.... De l'union de ces deux âmes dignes l'une de l'autre, il s'est formé comme une âme plus parfaite dont l'historien s'étonne, car il ne la connaît pas, dont l'humanité s'éprend malgré l'histoire, parce qu'elle se reconnaît et s'admire en elle.

— Créer un personnage ce n'est point, pour un grand poète, sortir de la vérité : c'est faire de deux âmes, la sienne et celle de son héros, une âme plus parfaite. Créer un rôle au théâtre, c'est prêter à cette âme unique où deux grandes âmes se confondent, son âme à soi, son corps, tout ce que l'on est. Ce n'est point lui donner plus de vie que le poète n'en a mis en elle ; c'est seulement pour un jour, pour une heure, lui rendre démarche, voix, regard ; c'est la faire respirer, rougir, pleurer, pâlir, parler dans un corps mortel, devant un auditoire qu'elle remplira tour à tour de trouble, de joie, de colère, d'espoir, de terreur. Voilà bien le dernier degré de l'illusion, l'effort suprême au delà duquel l'art et le génie ne peuvent plus rien pour nous émouvoir. Mais ce suprême effort a quelque chose de trop éphémère dans ses plus beaux triomphes ; il s'y mêle trop d'artifice, le parti pris de nous faire illusion y est trop marqué, pour qu'on ait jamais songé à élever l'artiste dramatique au niveau du poète tragique, et pour égaler le créateur d'un rôle au créateur d'un caractère.

— On discute encore, après deux siècles écoulés, pour savoir ce qu'est au juste Alceste, un homme vertueux, un maniaque, ou un misanthrope, pour savoir s'il y a dans le monde des hypocrites comme Tartufe et quel genre d'hypocrisie est la sienne. Croyez-vous que Molière l'ait su mieux que vous et qu'il se soit si fort inquiété de ces précisions? N'y mettez pas plus de raffinement qu'il n'en a mis lui-même. C'est une comédie qu'il a voulu faire et non un traité de morale. Jugez-le comme un poète comique, non comme un moraliste. Ou peut-être encore savait-il mieux que vous et moi de combien de contrastes et de contradictions un même caractère est pétri.

— Le personnage aux dépens duquel on doit rire, qui est tenu de faire rire durant trois ou cinq actes, ce personnage ne saurait être vrai d'une vérité de nature, et à peine l'est-il d'une vérité de convention : c'est le vice irrémédiable de la comédie.

— Le moraliste doit à l'intelligence de ses lecteurs d'être plus vrai que le poète comique. Qu'il embellisse ses portraits, qu'il y mette un peu trop de son esprit, le mal après tout n'est pas sans remède, et personne ne s'en plaint. Les habitués de la scène comique sont bien moins indulgents pour leur poète. Ne faut-il point qu'il outre, qu'il exagère, et qu'à toute occasion il frappe des coups redoublés ? Ne faut-il pas qu'il les fasse rire ? Ne faut-il pas qu'il s'adresse de préférence aux sentiments et aux passions d'ordre inférieur ? Heureux moralistes de n'avoir affaire qu'aux esprits délicats ! Malheureux poètes comiques d'écrire le plus souvent pour la foule ! Qu'ils voudraient bien n'avoir à contenter que des hommes de goût ; mais ils ne seraient plus des poètes comiques.

— Où Molière est plus finement moraliste et peintre plus vrai des caractères, dans le *Misanthrope*, dans les *Femmes savantes*, sa verve comique, *vis comica*, ne tarde pas à s'affaiblir. Où elle déborde au contraire, où elle l'entraîne, la finesse et la délicatesse s'en vont bien vite, et parfois bien loin, avec la morale et les caractères.

— Ce serait merveille, si les poètes comiques contraints d'envisager l'homme et la vie humaine, de préférence sous les aspects qui provoquent le rire, pouvaient encore puiser largement à la source des sentiments généreux et des hautes pensées. La merveille ne serait pas moindre, si l'habitude d'une intrigue pauvre et monotone jusqu'à l'excès les préparait aux savantes péripéties de l'action tragique. Aussi ne voit-on pas, dans l'histoire des

Lettres, qu'un seul d'entre eux ait produit une tragédie digne de ce nom, tandis que nous devons aux poètes tragiques plusieurs bonnes comédies. Il est naturel qu'un homme sérieux, voire même un méditatif, se déride de temps à autre, et son sourire, pour être assez rare, n'en a que plus de charme. La contraction du rire au contraire est ineffaçable : on dirait qu'elle ne permet plus au visage humain d'exprimer dans toute leur vérité les mille nuances de la douleur et des grandes passions.

— Ce sentiment du peu que nous sommes, de la fragilité de nos joies, de l'erreur de nos rêves, nous savons gré aux poètes de l'exprimer comme nous l'avons éprouvé nous-mêmes, et dans les limites qu'il ne doit pas franchir. C'est la mélancolie qui convient à des âmes humaines sachant tout à la fois leur prix et leur néant, la mélancolie qui sur les ruines des grandeurs détruites, des bonheurs dissipés, des illusions évanouies, nourrit je ne sais quelle solide espérance d'un monde meilleur et d'un bonheur à l'abri des coups de la fortune.

— Ce n'est point la ressemblance des sujets traités qui rapproche le plus les grands écrivains ; ils peuvent, dans des genres différents, appartenir à la même famille. Ce qui en décide, c'est l'âme, c'est le génie, c'est la manière de penser, et surtout celle de sentir et de dire. La distance pourtant si grande des temps, celle encore qui sépare la tragédie de l'épopée et la poésie de la philosophie, n'empêchent pas que l'âme de Virgile ne soit sœur de celle de Racine, et que toutes deux n'appartiennent à la famille de Platon.

— *Œuvre de Corneille* : des tragédies, deux comédies, quelques stances ou traductions pieuses, celle de *l'Imitation* par exemple, et rien davantage ; mais unité de l'âme, de l'inspiration, du génie correspondant à l'unité de la vie noble, pure, chrétienne du premier jour au dernier : œuvre d'une unité aussi parfaite que sa beauté.

— *Œuvre de Victor Hugo* : immense amoncellement d'odes, de tragédies, de romans, de légendes, de satires, de drames, de poèmes appartenant à tous les genres, se dérobant à tous les titres connus ; œuvre tour à tour de sa foi, de son doute, de son amour, de sa haine, de son génie, de sa soif inassouvie de louanges et de popularité ; œuvre des passions les plus généreuses et les plus vulgaires, de toutes les libertés et de toutes les servitudes ; œuvre grande et démesurée, éloquente et emphatique ; œuvre avant tout inégale comme son âme et son génie, et peut-être est-ce là surtout son unité.

— Si *Le Pater* de François Coppée est drame ou récit, ou s'il est l'un et l'autre à la fois, il m'importe assez peu. Tout ce que je sais, tout ce que je sens; ce que mille et mille voix répètent depuis ce matin (25 décembre 1889) d'un bout de la France à l'autre, et répéteront demain dans l'Europe entière, c'est que ce poème est beau, c'est qu'il est touchant, c'est qu'il est vrai, c'est qu'il venge en un jour et en vingt pages les Lettres françaises de vingt romans calomniateurs ou fangeux.

— Décrire à tous ses degrés, dans ses nuances les plus variées, avec une amoureuse complaisance, avec une grossière exactitude, l'ivresse des sens, la luxure effrontée, la passion sans excuse et sans frein, c'est se condamner soi-même à ne jamais peindre la vertu modeste, la candeur, la merveilleuse beauté d'une âme que le mal n'a pas même effleurée. Le vice a des abîmes où le talent qui se croit le plus sûr de lui, l'esprit le plus fort ne séjournent pas impunément, et dont ils ne reviennent jamais tels qu'ils y étaient descendus.

— Il est des fleurs qu'on est tout surpris de voir naître hors de leur saison, aux premiers jours d'un hiver plus clément. Ainsi en est-il de ces poëmes qui s'épanouissent comme *Mireille*, au déclin d'une langue, et quand une autre langue l'a déjà remplacée. Les uns de dire : c'est le printemps qui renaît avec toutes ses espérances ; les autres d'affirmer que l'automne vient de porter, à la veille d'un éternel hiver, un fruit délicieux qu'on n'attendait plus.

— Les passions des hommes sont toujours en avance sur leurs pensées, et leurs pensées sur les formes artistiques ou littéraires dont ils les revêtent. Quelle poésie plus terne, plus froide que celle du premier Empire, au milieu du feu des batailles et de l'éclat des victoires ! Celle de la Révolution n'a pas vu paraître une Œuvre qui reflétât de loin sa grandeur ou son horreur. Le seul chant patriotique et populaire qu'elle ait produit est déparé par l'emphase du xviiie siècle.

— Quand la foule commence à oublier les grandes choses qui l'ont émue, l'imagination des poëtes et des artistes s'en empare. Elle s'anime, elle s'exalte à leur souvenir, mieux qu'elle n'eût fait au spectacle des luttes les plus terribles ; elle les décrit avec plus d'émotion qu'elle n'en aurait ressenti en leur présence. Homère n'a pas vu la guerre de Troie, ni Sophocle les crimes et les infortunes des Labdacides, OEdipe et ses enfants. Michel-Ange n'est pas le contemporain de Moïse et des prophètes, ni Raphaël celui de Sainte-Cécile et des Pères de l'Église. Les plus grandes choses humaines ne sont qu'une occasion pour le génie : souvent même elles ne sont grandes que de la grandeur qu'il leur communique.

— Le Lettré est de tous les temps et de tous les pays où les bonnes études fleurissent et où l'esprit reçoit une sérieuse culture. Son ambition ne va qu'à jouir des beautés de l'éloquence, du bien dire et de la poésie ; il les aime, il les analyse, il s'y complaît, il en parle avec admiration, il ne songe pas à les imiter.

— Les grandes renommées ne connaissent qu'une mort ou plutôt qu'un oubli passager, celui qui d'ordinaire suit les funérailles. On se repose un instant d'admirer, puis l'admiration renaît moins bruyante, souvent plus sincère, pour ne plus finir. Bien différents ces retours passagers, ces faveurs éphémères d'une opinion qui s'attache, puis se détache, oublie, puis se rappelle, revient pour s'en retourner l'instant d'après, et qui, sur la tombe de quelque poëte toujours discuté, fait briller un timide rayon de gloire, pour l'éteindre presque aussitôt. De ces admirations intermittentes il ne sortira jamais une renommée universelle et indiscutable. Jamais les Vendômois ses compatriotes, et les plus ingénieux critiques ne parviendront à élever Ronsard à la hauteur de Racine et à fixer sa renommée flottante. Ils réussiront mieux à prouver leur talent que son génie.

— Les érudits, les savants, les professeurs ont quelque droit d'assigner les troisièmes et même les deuxièmes rangs aux poètes, aux orateurs, aux écrivains anciens et modernes. Qu'ils placent, déplacent, remplacent ; qu'ils élèvent, qu'ils abaissent, c'est leur affaire, et c'est entre eux que se passent ces disputes où le public n'intervient presque jamais. Pour le premier rang c'est autre chose, et il n'est pas en leur pouvoir de le donner. C'est le décret de tous les esprits cultivés, de tous les hommes de goût qui le décerne seul et sans appel. Les érudits, les savants, les professeurs peuvent le confirmer, le proclamer, ils ne sauraient le casser.

— On a bientôt dit tout ce qu'on peut dire d'un écrivain médiocre : c'est assez d'une Étude pour épuiser sa vie et ses OEuvres. Tant d'Études, tant d'Essais qu'on publie sur les hommes d'un vrai génie, il reste toujours à dire et à écrire. La médiocrité est à notre taille, quelquefois au-dessous ; nous l'avons bientôt mesurée et nous la connaissons trop. Le génie est divin, c'est-à-dire inépuisable ; lui-même il ne sait pas tout ce qu'il contient, nous encore moins, et nous ne finissons pas de le sonder.

— Si quatre siècles, dans l'histoire des Lettres et des Arts, tranchent sur tous ceux qui les ont précédés ou suivis, à son tour, et sans prétendre pour lui au frivole honneur du premier rang, ne peut-on dire que le Siècle de Louis XIV se distingue des trois autres par un trait unique, la beauté de la vie s'ajoutant chez ses représentants les plus illustres à celle des œuvres et du génie. C'est l'unité parfaite, l'harmonie que ne trouble aucune dissonance ; c'est aussi l'action sur les âmes plus active, plus profonde, et que le temps n'usera jamais.

— Pour les Lettres et les arts le point de départ est commun, le terme également ; c'est dans la route qu'ils se séparent.

— Les Lettres profitent des progrès des arts et les arts des progrès des Lettres ; les arts se rendent entre eux le même service. Avec plus de résolution que les peintres eux-mêmes, les sculpteurs français ont suivi, dans les voies qu'il venait de retrouver et d'ouvrir, Ingres dont ils n'étaient pas les élèves. Ce peintre qui n'était que peintre a rendu autant sinon plus de services à la sculpture qu'à la peinture elle-même.

— C'est par leurs derniers résultats et par leurs sommets que les Lettres et les arts se ressemblent davantage. C'est au pouvoir qu'elle possède d'élever l'âme et de l'établir dans une paix profonde, après l'avoir agitée d'abord des sentiments les plus divers, qu'on reconnaît l'œuvre belle d'une beauté que le temps ne parviendra pas à flétrir. Ce dernier privilège, un beau tableau, une belle statue, une belle symphonie, une belle cathédrale le possèdent au même degré qu'un beau discours ou un beau poème.

— Le grand, le vrai poète, — c'est de Taine[1] que je résume la pensée, — ne serait pas seulement l'interprète, le porte-voix des autres hommes, ému de toutes leurs émotions, pensant toutes

---

[1] Taine : *Essai sur Lafontaine et ses fables.*

leurs pensées, les plus ordinaires et les plus profondes, agité, déchiré, bouleversé par toutes leurs passions ; il serait aussi la voix de la Nature entière. Dans son âme, dans ses chants, sentirait, jouirait, gémirait, s'épanouirait sous ses aspects infiniment variés, l'âme des choses. Quelle haute, quelle noble idée on nous donne ainsi de l'âme humaine sortant d'elle-même pour se répandre sur la création, et se prêter tour à tour sans jamais s'épuiser, à tous les êtres, à tous les objets, les plus laids comme les plus beaux, les plus petits comme les plus grands ! Qui pourrait dès lors songer à la confondre avec cette même Nature dépourvue de conscience, de pensée, de liberté, et à laquelle, de son superflu, elle prête une âme plus ou moins bien faite à son image ou plutôt à sa vague et pâle ressemblance ?

— Pour bien peindre la Nature, il faut la voir à la fois en elle-même et dans son âme : seul l'idéal qu'on porte en soi saura faire valoir et resplendir ses attraits.

— Lisez, étudiez Virgile, et vous comprendrez ce qu'une belle âme peut ajouter à la beauté de la Nature.

— La Nature possède je ne sais quelle puissance d'apaisement à laquelle finissent par céder les âmes agitées des plus violentes passions. On ne connaîtrait point George Sand, encore moins J.-J. Rousseau, si on les jugeait d'après les peintures qu'ils nous en ont laissées. Rarement la passion qui les entraîne, la folie qui les égare paraissent-elles dans leurs descriptions pleines de vie et de fraîcheur : on les dirait l'œuvre des âmes les plus doucement émues, des caractères les mieux faits, les plus heureux. La Nature, en échange de l'amour qu'ils lui avaient voué, si elle ne les a point guéris, ce qui dépassait son pouvoir, leur a fait du moins goûter en passant un peu de sa paix profonde.

— L'esprit qui se montre à découvert dans les œuvres de l'esprit, comme on appelle les beaux poèmes et les beaux discours par exemple, n'est guère aussi apparent dans les tours, les palais, les ponts, les aqueducs, les viaducs, et autres œuvres de la matière, comme on a peut-être tort de les nommer, car elles ne sont pas moins que les autres des œuvres de l'esprit. La principale différence c'est peut-être que, dans les premières, l'esprit jouit lui d'abord et directement des fruits de son travail ; il s'en nourrit, il y ranime ses forces épuisées. Les autres, bien qu'elles procèdent aussi de lui, ne sont pas uniquement à son service et pour ses plaisirs : elles répondent à des intérêts plus vulgaires. Elles ne lui reviennent qu'après de longs détours et des emplois divers, souvent même sous des apparences qui dérobent à la multitude assez peu clairvoyante le secret de leurs origines.

— Les plus grands peintres ont, dans la suite de leurs œuvres, plusieurs *manières* qu'on distingue sans trop de peine. Il faut plus d'attention et un long usage pour découvrir dans les écrivains d'un vrai talent ces transformations insensibles. Il en faut d'autant plus qu'ils se sont moins préoccupés de parler aux sens et de les charmer par de vives peintures. Les philosophes, sous ce rapport, sont au dernier rang. L'imagination n'est pas en eux la faculté dominante ; ils s'inquiètent moins que les autres de plaire, bien peu songent à peindre, quelques-uns s'en feraient scrupule. Il en est enfin que possède l'esprit de système, et qui n'ayant qu'une idée toujours présente à l'esprit ne sauraient avoir non plus qu'une manière.

— Il en est qui écrivent avec l'esprit des autres, et on les lit peu ou on ne les lit point : on aime mieux puiser à la source. Il en est qui écrivent avec leur esprit, et s'il est agréable, de bonne qualité, leurs contemporains les lisent, la postérité quelquefois encore. Enfin il en est qui écrivent avec leur esprit et leur cœur, et s'ils ont beaucoup de l'un et de l'autre, on ne cessera jamais de les lire et de les aimer.

— L'amour qu'on a pour les grands écrivains n'empêche point de goûter ailleurs que chez eux des beautés moins parfaites. Un ciel d'automne n'est pas sans charme même après l'éclat des plus beaux jours.

— La réputation d'un grand écrivain peut souffrir quelque chose des attaques de ses adversaires; mais pour la mettre en sérieux péril ce n'est pas trop du concours de ses maladroits amis.

— Les qualités du style, clarté, élégance, pureté, ne sont pas plus un signe assuré de vérité que la beauté du visage ne garantit, sans erreur possible, la beauté de l'âme et son excellence.

— Comment, si l'unité d'une œuvre d'art implique vie, richesse, fécondité, celle de Dieu pourrait-elle être abstraction, indigence, stérilité? Au besoin les artistes feraient la leçon aux philosophes.

— L'idéal qu'on porte en soi peut quelque chose pour embellir un tableau, une statue, mais bien plus pour embellir une personne. La communication est alors d'âme à âme, c'est-à-dire plus rapide et plus complète.

— Il en est qui réservent pour la solitude la passion qui ne paraît jamais dans leurs discours. Faibles et froids dans la discussion ils la continuent en eux-mêmes longtemps après qu'elle a cessé ; ils l'excitent, ils l'entretiennent avec une extraordinaire persévérance. Ils excellent alors à se poser des objections, à s'adresser des critiques auxquelles nul n'a jamais songé, et ils y répondent avec une vivacité et un à-propos que nul ne leur connaissait.

— Si, en présence d'un auditoire nombreux, agité, prêt à contredire, vos idées courent, s'appellent, s'enchaînent avec autant d'à-propos que de facilité ; si, tandis que votre âme est comme transportée, votre intelligence demeure calme et maîtresse d'elle-même, parlez, ne craignez pas, vous êtes orateur.

— La postérité s'inquiète peu des philosophes qui ont combattu avec le plus d'ardeur et de constance, si la valeur de leurs pensées ou la perfection de leur langage ne garde pas la mémoire de ces rudes combats. Les polémiques se succèdent, et l'une fait oublier l'autre : seules la pensée et l'éloquence sont assurées qu'on ne les oubliera point.

— Il n'est qu'un style à la hauteur des grandes choses et des grandes pensées, le *style simple :* c'est abaisser la grandeur que de l'orner sans mesure.

— C'est en nous-mêmes, au plus profond de notre vie morale qu'il faut chercher les origines de l'éloquence. C'est là que s'ouvre, avec les premières années de la vie, comme il a commencé avec les premiers jours du monde, un débat à peine suspendu par de courtes trêves : l'éternel débat de la raison et de la passion, de la chair et de l'esprit, du bien et du mal, de la vérité et de l'erreur. Ce dialogue intime a précédé tous les discours publics ; il n'est guère moins qu'eux riche en arguments bons et mauvais, en mouvements, en métaphores. Il leur faut un théâtre et des auditeurs : il en serait plutôt embarrassé ; on ne les entend qu'à certains jours et à certaines heures : c'est à peine, lui, s'il s'interrompt quelques instants. La voix de l'orateur ne peut rien sur les âmes où le dialogue intérieur n'aurait pas précédé et n'accompagnerait pas ses pressants appels : le jour où il s'arrêterait, c'en serait fait de l'éloquence.

— L'éloquence qui vit uniquement de passion durera autant que la passion : ce n'est pas lui promettre un long avenir. L'éloquence nourrie de pensées solides, sera, dans dix siècles, l'éloquence qu'elle est aujourd'hui. Elle satisfait d'ailleurs la passion qui, de toutes la moins violente dans ses effets, la moins précipitée dans sa marche, est aussi la plus enracinée dans notre cœur, je veux dire l'indestructible amour de la vérité.

— Qui douterait de la liberté n'a qu'à voir à quel point Dieu la respecte dans le génie des grands hommes, l'inspiration des poëtes, l'éloquence des orateurs. Ils peuvent faire de ses dons, sans qu'il les leur enlève, l'usage qu'ils préfèrent et descendre aussi bas qu'il leur plaît. Il est vrai qu'il n'a point promis d'attacher la vraie gloire à ces abaissements volontaires, ni le respect de la postérité à la dégradation du génie.

— Grands orateurs, quand ils font honneur à la parole, n'en font pas moins à la pensée, autrement ils ne seraient pas grands orateurs. Grands philologues, quand ils scrutent les origines et mettent à nu les racines de la parole, scrutent les origines et mettent à nu les éléments de la pensée, autrement ils ne seraient pas grands philologues.

— ✵ —

— Quelques-uns de ses meilleurs amis demandant un jour à Calliclès quelle différence il y a entre la beauté et la grâce, il leur proposa pour exemple un chêne et un lis, sur de nouvelles instances un ruisseau qui serpente à travers les prairies et l'Océan sans limites, enfin poussé à bout Notre-Dame de Paris et la Sainte-Chapelle, puis je ne sais combien de belles et gracieuses choses empruntées à l'art ou à la nature.

On lui répondit que mille exemples ne valent pas une bonne définition, que les siens d'ailleurs, ont l'inconvénient de ne point séparer nettement la grâce de la beauté. On voulait mieux, et chacun à l'envi de proposer sa définition, celui-ci disant que la beauté subjugue l'âme et que la grâce la séduit, qu'il y a plus de majesté dans l'une, plus de charme dans l'autre, celui-là que la beauté fait montre de son pouvoir et que la grâce le dissimule. Un ingénieur voulait que la beauté eût plus d'affinité avec la ligne droite, la grâce avec la ligne courbe ; un simple amateur réclamait pour la grâce une large part, presque un privilège de variété et de mouvement. Enfin, un philosophe affirmait que si la grâce parle mieux au cœur, la beauté a je ne sais quels secrets rapports avec la pensée.

La seule chose dont on convint après tant d'essais inutiles, c'est qu'il y a toujours de la beauté dans la grâce, et que la beauté où l'on ne trouverait pas trace de grâce, rien d'aisé, de facile, ni une délicatesse, ni un sourire, ne serait pas vraiment beauté. — « Peut-être, dit l'un des amis de Calliclès, y a-t-il entre la grâce et la beauté plus de rapports qu'on ne croit, et n'est-ce au fond qu'une même chose dans des proportions différentes et à divers points de vue. N'est-ce pas déjà beaucoup, au lieu d'une définition qui nous échappe, de pouvoir ajouter au vers fameux :

« Et la grâce plus belle encor que la beauté,

celui-ci qui vaut ce qu'il vaut :

La grâce sans laquelle il n'est point de beauté. »

— Chacun de nous n'a qu'une porte ouverte, deux tout au plus, aux impressions qui raniment dans l'âme humaine le sentiment de la beauté ; les autres lui sont fermées ou, à de longs intervalles, seulement entre-bâillées. On compte ceux qui ont excellé, comme Michel-Ange et Léonard de Vinci, dans plusieurs arts à la fois. Ceux que la nature a faits capables d'apprécier et d'admirer, au même degré, tous les genres de chefs-d'œuvre, sont-ils bien nombreux?

— Nombre d'éléments humains dans *le talent;* pour les bien voir, il n'est pas toujours nécessaire de sortir de soi. La source elle-même n'est pas à une telle distance et à une telle hauteur qu'on n'en puisse fixer le lieu avec certitude. Celle du *génie* plus éloignée et plus élevée : nous la devinons, nous n'y atteignons pas. Plus d'unité aussi et plus de profondeur, par suite moins de prise à la critique. Elle ne s'en tait pas toutefois; elle se hausse et se travaille pour nous expliquer le génie qu'elle ne saurait comprendre. Peine perdue : nous n'écoutons pas ou nous n'entendons guère, et nous retournons à ceux qui parlent du talent et de ses œuvres.

— Si *le génie* ne révèle pas son secret, ce secret que nous lui demandons avec tant d'instance, c'est peut-être qu'il ne le sait pas mieux que nous.

— La nature et l'histoire, les langues et les Lettres se composant d'éléments en nombre pour ainsi dire infini, le plaisir des *curieux* se renouvelle incessamment. Ils jouissent de chercher, ils jouissent de découvrir ; ils jouissent de corriger l'erreur d'autrui, de montrer qu'ils savent mieux et qu'ils ont poussé plus avant. La petitesse de l'objet leur est indifférente : il n'est pas sûr d'ailleurs qu'ils s'en aperçoivent. Tout est grand à leurs yeux dans le monde où ils se sont établis et qui, en fait, n'a pas de limites.

Tout autre est le plaisir des *délicats;* plus sujet à languir il souffre des interruptions fréquentes ; s'il est mêlé de beaucoup de peines et de revers, il est aussi plus vif, plus senti, plus riche en nuances infiniment variées. Une légère imperfection découverte ou seulement soupçonnée suffit pour le troubler ou le faire évanouir : en revanche il se ranime, il s'exalte au spectacle ou au souvenir des moindres beautés.

Ce qui manque à l'un et à l'autre, c'est le sentiment noble et profond que la grandeur seule, qu'elle soit de fait ou de pensée, a le pouvoir de faire naître. Ce plaisir d'ordre supérieur n'entre pour rien dans le plaisir des curieux et des délicats lesquels, tout le temps qu'ils sont simplement des curieux et des délicats, n'entretiennent aucun commerce avec la vraie grandeur.

— Le goût de ceux qui pensent par eux-mêmes

peut n'être pas moins sûr que le goût de ceux qui passent leur vie à critiquer les pensées et les discours d'autrui. Les scrupules infinis, les délicatesses maladives qui tourmentent souvent ces derniers leur sont inconnus. L'habitude de penser donne à leur esprit je ne sais quoi de plus libre et de plus large. On le reconnaît au peu qu'ils ont écrit sur les principes de l'éloquence, sur les règles de la poésie, sur le goût lui-même. Ils disent nettement et fortement en vingt pages ce que les autres n'ont pas fini de dire en deux ou trois volumes.

— Le goût n'est pas la raison ; encore est-il vrai qu'il l'invoque secrètement avant de rendre ses arrêts.

— Est-ce la raison, est-ce le goût qui prononce entre les goûts, quand ils se contredisent, et que chacun d'eux veut être le bon goût, le goût véritable ? Accordons que c'est la raison à laquelle le bon goût a bien voulu prêter un peu de sa délicatesse.

— Si le beau se communiquait à la fois par tous les sens, il dépasserait les forces de notre faible nature : il l'accablerait au lieu de la charmer. Un seul de ses rayons suffit pour faire jaillir en nous l'étincelle : plusieurs ensemble consumeraient notre âme au lieu de l'échauffer.

— ※ —

— Peut-on traiter du Beau comme on ferait de la Logique, savamment, didactiquement, sèchement?

— Rien ne s'y oppose.

— Est-ce un bon moyen pour connaître le Beau et le faire connaître ?

— C'est le moins bon de tous. Entre quatre formules abstraites [1] et quatre vers de franche poésie si le choix n'est guère douteux, le profit l'est encore moins.

— ※ —

— Partout, dans toutes les bibliothèques, le livre du jour à coté du livre dont le suffrage des siècles garantit la valeur : de même pour les œuvres de l'art. On dirait à première vue que

---

[1] Les suivantes, par exemple : Le beau est ce qui plaît universellement, sans concept. — Le beau est une finalité sans fin. — Le beau est ce qui est l'objet d'une satisfaction nécessaire.

l'agréable et le beau, la curiosité et l'amour de la vérité se partagent le monde : au fond il n'en est rien, car la mode n'a qu'un jour pour chacun de ses favoris, le jour de la vérité revient tous les jours.

— « Pourquoi n'écrirais-je pas, moi aussi, le livre auquel je songe depuis ma sortie de l'École Normale, le livre qui me vaudra de ne point mourir tout entier, *non omnis moriar*, le livre qui prouvera du moins à mes maîtres, à mes élèves, que je n'ai pas si mal employé mes loisirs? Hector, André, Laurent, tant d'autres encore mes camarades ou mes collègues étaient-ils donc mieux doués que moi ou plus laborieux? Disons la vérité : ils avaient plus d'ambition et de persévérance. J'en aurai, s'il le faut, moins qu'eux peut-être, assez toutefois pour échapper au reproche de coupable indifférence. Il est temps de les suivre puisque je n'ai pas su les précéder ; ils ont juré d'aller, de volume en volume, jusqu'aux portes de l'Institut ; faisons-leur voir que l'envie seule m'a manqué pour y pénétrer avec eux, que j'en étais digne. Aussi bien, c'est justement l'heure que je me suis réservée, l'heure qui n'appartient qu'à moi : désormais elle sera tout entière à mon livre. Commençons aujourd'hui même ; qui diffère s'expose à tout compromettre ; me voici, d'ailleurs, dans les meilleures dispositions où je me sois trouvé depuis longtemps.

« Un instant toutefois, mais rien qu'un instant, avant de m'asseoir résolument à mon bureau. J'ai lu ce matin, dans Montaigne, au chapitre des *Livres,* qu'il prisait par-dessus tous les autres le cinquième chant de l'Énéide. Parcourons seulement quelques lignes pour nous rendre compte de cette préférence. Oui, c'est bien cela : perfection du style, unité du tableau, variété infinie des aspects, intérêt croissant.... des images, de l'âme, de la pensée ! Mes souvenirs m'avaient bien servi et je n'attendais pas moins. — Il serait, toutefois, intéressant de constater, comment Delille, l'éternel *Descriptif;* je me trompe, c'est *Descripteur* qu'il faudrait dire, de par la Logique et l'analogie, mais le mot n'est pas français et ne le sera jamais. Voyons, toutefois, à tout hasard, mon Dictionnaire de l'Académie, dernière édition. A ma grande surprise, *Descripteur* est admis, mais uniquement pour les sciences naturelles ; il est dur, rude, lourd, il ne saurait pousser plus loin sa fortune. Oui, je serais curieux de savoir comment Delille s'en est tiré et s'il n'est pas demeuré trop au-dessous de son modèle.... Quelques beaux vers assurément ; mais, à dire vrai, quelle incalculable distance ! Quelles longueurs ! Quelles ridicules périphrases !

— « Toutefois je m'étonne de l'oubli profond dans lequel ce grand versificateur est tombé. La traduction des *Géorgiques* est bien supérieure à ce que je viens de lire. Ces vers du quatrième livre, par exemple.... En vérité voilà qui n'est point mal, ni trop loin du modèle.... Pauvres bonnes gens qu'on dédaigne aujourd'hui, dont nos contemporains savent à peine les noms : Delille, Ducis, Legouvé, Michaud, Andrieux, si simples, si honnêtes, si modestes, non, vous n'étiez pas sans quelque mérite. J'en conviens : vous décriviez à l'excès, vous pensiez peu ; mais est-ce que, de nos jours, l'on décrit moins et l'on pense davantage ? Vous qui vous moquez des portraits, qui ne voulez plus de descriptions, qui déclarez le genre faux, détestable, dites, répondez, qu'avez-vous mis à la place ?

« Ce n'est pas que je prétende vous condamner sans vous avoir entendus : la simple équité s'y oppose. Cherchons bien...... Où donc est le volume de l'éditeur Lemerre, le dernier que j'aie acheté..... il y a de cela quatre ou cinq jours à peine ? L'ai-je perdu ? Me l'aurait-on emprunté sans en rien dire ? Mais voici que Sully-Prudhomme me tombe sous la main ; allons, je n'ai rien perdu au change, car c'est un maître-homme, à la fois philosophe et poète, sans que sa philosophie, c'est l'opinion commune, nuise à sa poésie, ni sa poésie à sa philosophie. Or çà, voyons un peu........ »

Pour nous, tout est vu, bien vu, parfaitement vu, notre conviction est faite. Comme la première heure de notre ami est en train de s'écouler, ainsi s'écouleront toutes les autres, avec la même richesse d'incidents, de digressions, de transitions faciles, de plaisirs délicats, d'autant mieux goûtés qu'ils viennent, comme eût dit Victor Cousin, après d'austères devoirs. — Hector, André, Laurent, — combien d'autres encore, — seront de l'Institut avant qu'Albert X.... ait commencé d'écrire son livre. En sera-t-il moins heureux? Nous ne le croyons pas. Ils se servent des Lettres pour édifier lentement, anxieusement, une fortune qui pourra bien ne durer qu'un jour. Lui, il en jouit doucement, pour lui-même et pour elles-mêmes, sans ambition, sans envie, aujourd'hui comme vous l'avez entendu, et tous les jours comme aujourd'hui.

— Il est des vues perçantes auxquelles n'échappe aucun détail, si petit qu'il soit, des choses matérielles; il est des âmes bien faites qui découvrent sans effort, dans la nature et dans l'art, le moindre reflet de beauté.

— Étudier, analyser, apprécier une œuvre

belle, c'est commencer de penser ; contempler le beau, c'est penser au plus haut degré de la pensée.

— Une œuvre d'art, tableau grand ou petit, poème de dix mille vers ou de cent, peut être chose achevée et parfaite en son genre ; un système philosophique, jamais. L'œuvre d'art est création : elle se fait à elle-même son ordre et ses proportions ; le système est copie, reproduction d'un ordre qu'il n'a point fait et qu'il ne peut embrasser tout entier. Une œuvre d'art est, dans ses étroites limites, un tout qui se suffit ; le système qui n'en veut pas avoir et ne saurait toutefois s'égaler à son objet, n'est qu'un tout artificiel, au-dessous de ses promesses et de nos espérances. L'œuvre d'art pénètre dans l'âme par la beauté à laquelle l'esprit, les sens, le cœur sont gagnés d'avance ; le système n'a qu'une voie, celle de l'entendement, étroite, difficile, semée d'objections. Il faut pourtant l'avouer : l'impression que forme en nous l'œuvre d'art, si vive qu'elle soit d'abord, s'efface peu à peu ; au contraire la moindre parcelle de vérité que contient un système demeure dans l'âme et la fortifie. Il est des philosophes, en bien petit nombre, qui ont été à la fois artistes et penseurs ; ils ont décrit et ils ont créé, décrit l'œuvre de Dieu et créé une œuvre belle. On les aime comme on aime des poètes inspirés, et cet amour, indulgent comme tous les amours pour les imperfections qu'il néglige, s'attache avec plus de force et enchaîne notre âme aux vérités dont il est épris.

— Au plus profond, au plus caché de l'œuvre qui se voit, l'œuvre qui ne se voit pas et que connaissent seuls les amants de l'invisible. *Amour, pensée, talent, foi, liberté, génie :* qui vous a jamais vus des yeux du corps, et pourtant sans vous les grandes et belles choses qui nous ravissent, les chefs-d'œuvre des Lettres et des Arts, les surprenantes audaces de l'industrie n'auraient jamais vu le jour !

— Des œuvres de l'art les unes sont belles par quelques-uns de leurs éléments, invention puissante, imitation parfaite, harmonie du style ou des sons, vérité des couleurs ou des caractères ; les autres le sont par le tout, et le dernier effet qui est de nous rendre meilleurs après nous avoir charmés. L'usage a prévalu de dire des unes et des autres qu'elles sont belles : la vérité est qu'elles le sont très inégalement, mais il s'en faut que tout le monde s'en aperçoive.

— Étrange beauté que celle des ruines où l'homme se complaît pourtant, et où il met, à défaut de beautés réelles, sa mélancolie, ses souvenirs, son âme et, avec le sentiment de sa fragilité, la foi profonde qu'il ne mourra pas ! L'espérance que les ruines semblent contredire, c'est au milieu des ruines qu'elle prend de nouvelles forces.

— Quelle que soit sa grâce ou sa beauté présente, — de plus habiles en décideront, — il manquera plus tard, et ce plus tard vient toujours pour les œuvres de l'homme, à la Tour Eiffel, la dernière beauté, celle qui remplace à la fin toutes les autres, la beauté des ruines. Elle mourra tout d'un coup tout entière, sans que la Nature ait pu donner à ce rigide assemblage d'un métal inflexible la parure de deuil qu'elle ne refuse pas aux monuments qui l'ont elle-même embellie, son suprême adieu et leur dernière gloire.

— Il convient de distinguer dans les œuvres de la nature et dans celles de l'art, dans les sociétés, les institutions et les lois, une simplicité apparente et une simplicité réelle, une simplicité de début et une simplicité d'achèvement, une simplicité d'ébauche et une simplicité de perfection. Les deux se voient partout et dans tous les siècles. Que d'éléments il faut, que de ressorts, que de combinaisons savantes, et quelle harmonie, quel jeu facile de toutes ces choses pour qu'il y ait simplicité véritable! Plusieurs s'y trompent et, pour n'avoir pas regardé d'assez près, ils nomment simplicité ce qui est seulement indigence et nudité.

— Il faut que la beauté de l'art soit comme celle de l'âme, sinon sans imperfection du moins sans souillure.

— On a vu, de nos jours, des artistes et des écrivains affirmer en de pompeux discours que l'Idéal est inutile, qu'ils sauront bien s'en passer: Ils n'avaient que faire de le proclamer si bruyamment : il suffit de regarder à leurs œuvres pour s'assurer qu'ils ont dit vrai, mais on n'y regarde pas deux fois.

— La liste serait longue, au dix-neuvième siècle, de ceux qui n'ont pas eu contre la vanité du talent ou l'orgueil du génie, le remède du sourire socratique ou celui de l'humilité chrétienne. Ils ont manqué tout ensemble de la philosophie qui se connaît et de la foi qui connaît Dieu. Si leur nombre est si grand, c'est que la merveille devient de plus en plus rare de perdre sa foi et de sauver sa philosophie.

— Beauté de l'Évangile, beauté familière et sans apprêt, à peine beauté pour les esprits étroits, épris de la forme et des apparences sensibles ; beauté d'ordre supérieur pour ceux dont l'âme libre de préjugés s'ouvre largement à ce doux et sublime langage. Beauté tellement beauté qu'elle engendre à l'infini les belles actions, les beaux sentiments, les belles pensées, et qu'après avoir donné naissance, depuis deux mille ans, aux plus beaux chefs-d'œuvre de la poésie, de la musique, de l'architecture, de l'éloquence, de la peinture, elle n'a rien perdu de sa puissance créatrice.

— Sol, race, milieu, climat, éducation, influences et puissances de tous les noms, nul ne songe à contester votre force, et pourtant il y a quelque chose de plus fort que vous, c'est l'âme du grand artiste telle que Dieu l'a faite. Si vous lui prêtez, il vous rend ; si vous lui donnez, il vous comble ; si vous l'enchaînez, il vous échappe ; si vous essayez de le faire à votre image, c'est lui qui vous marque au sceau de son génie.

— *Pensée, création*, deux sommets de l'art, deux caractères qui n'ont manqué à aucun chef-d'œuvre. Pensée suppose toutes les facultés de l'âme en exercice et en concours, suppose pénétration, science, intelligence, ordre, unité. Création suppose pensée, ordre, unité, grandeur, liberté, amour, puissance. Les perfections de l'art nous aident à comprendre ce qu'il y a de plus grand dans notre âme, et nous révèlent l'acte qui, en Dieu, résume sa vie et ses attributs.

CHAPITRE VIII.

L'Histoire.

— Toutes les évolutions, tous les changements, tous les bouleversements du monde physique ne feront jamais qu'il y ait une histoire du monde physique, au sens vrai et non figuré du mot. Ce qui s'accomplit en vertu de lois absolues n'appartient pas à l'histoire : elle n'est pas où n'est pas la liberté.

— La Nature ne sait rien d'elle-même, et elle n'en peut rien dire ; c'est l'homme qui raconte à l'homme ce qu'il sait de son propre passé et ce qu'il entrevoit du passé de la Nature.

— Si brillant, si resplendissant que se montre à nos yeux charmés le spectacle de la Nature, si sombre que nous apparaisse, à certaines heures, celui des événements humains, le second a toujours sur le premier cet avantage qu'on y peut découvrir un mérite, un sacrifice, une vertu, toutes choses que la Nature ne saurait produire par aucun effort de sa prodigieuse fécondité.

— La première détermination de la première volonté libre éclairée par la raison c'est, ici-bas, le premier fait de l'histoire.

— S'il n'y a pas d'histoire avant la naissance de la raison et de la liberté, il n'y a pas davantage de raison et de liberté sans Dieu. On n'a pas été jusqu'aux plus lointaines et plus certaines origines de l'histoire, si l'on n'est pas remonté jusqu'à Lui.

— Si la raison qui, de moitié avec la liberté, fait à peu près toute l'histoire, ne la comprend ni ne l'écrit tout entière, c'est qu'il n'est pas donné à la raison d'aller jusqu'au fond d'elle-même et de la liberté.

— Est-ce à dessein que la Providence, en ce siècle où la liberté humaine a été si souvent mise en doute, en a multiplié les preuves dans l'histoire où elle n'a jamais paru avec tant d'éclat, élevant et renversant les dynasties, les constitutions, les fortunes, — arrachant aux plus sceptiques de sanglants reproches contre les tyrans de la terre, contre ceux qui abusent de la richesse ou du pouvoir, — provoquant enfin les hommes à se glorifier d'un progrès universel dont ils n'attribuent qu'à eux seuls l'initiative et le mérite.

— Aucun fait ne se termine à lui-même : il est effet et il est cause, il est engendré et il engendre à son tour. Pour le bien comprendre il ne suffit pas de savoir ce qui le précède, il faudrait connaître tout ce qui le suit.

— Si tant d'enquêtes sont, en histoire, encore ouvertes et tant de procès non jugés, c'est que les derniers témoins n'ont pas encore été entendus : peut-être ils naîtront dans deux ou trois siècles.

— Des naturalistes commencent à enseigner que le *règne animal* est un seul tout, sans la moindre solution de continuité. Il a plu, disent-ils, à nos prédécesseurs moins bien informés que nous, d'y introduire des distinctions soi disant absolues, *genres, espèces, variétés,* mais la Nature ne les connaît point. Que la prétention soit fondée, il est peu probable ; peut-être, en tout cas, elle se défendrait mieux si on l'appliquait à l'histoire. Celle-ci, en effet, n'est-elle pas comme un tout continu où les faits s'enchaînent dans les rapports les plus étroits ? On est convenu, pour la commodité des historiens et pour celle de leurs lecteurs, d'y faire des parts, de distinguer des périodes à peu près indépendantes les unes des autres : existent-elles dans la réalité ?

— Événement sans importance celui dont le sens est fixé au bout de quelques années, au plus tard à la fin d'un siècle. Événement capital dans l'histoire du monde celui dont le sens, même après plusieurs siècles, n'est pas nettement déterminé, parce qu'il n'a pas encore donné tout ce qui était en lui.

— C'est l'avenir qui donnera peu à peu son sens exact au présent : il le fera mieux connaître, mais surtout il le fera mieux comprendre, chaque année nouvelle apportant une lumière aux années qui ne sont plus. D'années en années, d'avenir en avenir, c'est le dernier jour du monde qui dira le dernier mot de l'histoire.

— Dans la suite des événements humains, au moment même où ils se produisent, le gros des spectateurs voit bien ce qui finit, c'est à peine si les habiles entrevoient ce qui commence. Ils supputent, ils calculent, et comparant le passé au présent ils sont assez heureux quelquefois pour deviner juste, parfois aussi assez mal inspirés, assez aveuglés par leurs désirs et leurs espérances pour se tromper plus grossièrement que le vulgaire.

— Notre science est si courte, nous savons si peu ou si mal les causes dernières et cachées des événements, les dispositions des âmes, l'état vrai des esprits, ce qu'ils semblent vouloir et ce qu'ils veulent réellement, les secrets courants qui traversent dans tous les sens ces volontés mobiles, que l'impossible d'hier est devenu plus d'une fois la réalité d'aujourd'hui. Ce qui n'empêchera pas les hommes de proclamer impossible, pans l'ordre des faits, ce qui sera demain, et ne les étonnera point.

— L'histoire est, du commencement à la fin, présente à l'immuable pensée de Dieu dans ses grandes lignes dont l'homme, peintre habile ou maladroit, sage ou insensé, comble à son gré les intervalles, où il varie et multiplie à l'infini les épisodes, où il fait dominer tour à tour les couleurs les plus brillantes ou les couleurs les plus sombres, mais sans rien changer à l'unité du plan et à sa divine ordonnance.

— Les éléments de l'histoire ne sont pas plus

l'histoire que les éléments du monde n'étaient le monde, avant que le souffle créateur leur eût donné, avec la vie, l'ordre, l'unité, la grandeur, la beauté.

— Les plus grands historiens n'écrivent jamais qu'une partie de l'histoire. Ils l'écriront tout entière, quand les grands philosophes nous auront découvert jusqu'au dernier tous les détours et tous les replis de l'âme humaine, ce qui n'est au pouvoir d'aucun d'eux.

— Le capitaine ne voit que sa compagnie et un petit coin de la bataille, le général en chef l'embrasse tout entière. A son tour, il est, par rapport à la suite des batailles qui ne s'interrompt guère ici-bas, ce qu'est le capitaine par rapport à lui. Il a reconnu un coin de l'immense champ de bataille, il a livré, avec plus ou moins de bonheur, son petit combat à la tête de sa compagnie, je veux dire de son armée; il ne sait rien de l'action générale, de son ordonnance et de son issue, rien surtout du but et de la fin de toutes ces batailles.

— La géométrie serait à sa place dans la suite des choses humaines, exactement comme la liberté dans la science des corps célestes. L'astronome peut déterminer cent ans, mille ans à l'avance, avec une rigueur absolue, leurs mouvements et leurs positions réciproques : qui peut se flatter de savoir l'événement de demain ? L'historien a si peu de droit sur l'avenir où la liberté humaine déjouerait à elle seule ses plus habiles calculs, que le passé lui-même, ce passé, son domaine propre, ne se dévoile à lui que lentement et comme par fragments. Toujours quelque secret ressort lui échappe parmi tant de ressorts qui agissent à la fois : il en est de si bien cachés qu'une pénétration ordinaire ne suffit pas à les découvrir. Nous voyons bien qu'on recommence sans cesse l'histoire, nous ne voyons pas que les plus habiles et les mieux informés réussissent à la finir.

— Est-ce bien la bataille de Fontenoy[1] dont je viens de lire le récit, elle que, malgré ses péripéties émouvantes, j'avais oubliée comme tant de batailles trop semblables les unes aux autres ? Non, les faits ne se sont pas modifiés, ils ne sauraient l'être ; les détails de l'action et son dénouement sont demeurés ce qu'on les lit dans toutes les histoires, mais un siècle et demi s'est

---

[1] Le duc de Broglie : *Marie-Thérèse Impératrice, 1744-1746.*

écoulé, un historien s'est rencontré aussi intelligent du passé que du présent de la France. Son âme émue par le contraste de cette joie du triomphe et des douleurs qui l'ont suivi nous découvre, dans cette bataille qui n'a pas changé et qui n'est plus la même, ce que les contemporains n'y pouvaient apercevoir, ce qu'était loin de soupçonner cette brillante et vaillante noblesse dont ce fut le plus beau, mais aussi le dernier jour de gloire. Ainsi, sous l'action du temps et sous celle des événements nouveaux, change le sens et se modifie l'aspect des événements anciens, alors qu'on les croyait fixés pour toujours. Où l'histoire était faite il y a place, au bout de cent ans, pour une autre édition de l'histoire, s'il se trouve un historien pour l'écrire.

— Ceux qui n'ont pas étudié la nature humaine comme l'étudient les philosophes ne sauront jamais, et ils ne nous diront pas le vrai point de départ des faits lequel est toujours un désir, une convoitise, une passion, une pensée, un conflit intérieur, toutes choses qui relèvent de la science de l'homme.

— Faites étudier l'histoire aux matérialistes que vos raisonnements n'auraient pas convaincus. S'ils n'y découvrent pas, à chaque page, les signes éclatants, les œuvres parlantes de la raison et de la liberté, ils ne les verront nulle part, et vous perdrez votre peine d'argumenter contre eux.

— Les faits sont à peine nés que l'histoire et la légende se les disputent, distinctes le plus souvent, quelquefois se pénétrant au point de se confondre. Où est la legende qui n'ait pas de prétentions à l'histoire ? Où est l'historien qui ne soit pas du peuple par quelque partie de son âme, c'est-à-dire toujours prêt, pour sa grande ou sa faible part, à fonder la légende ?

— Il manque au passé quelque chose, si bien passé qu'il soit et incapable de renaître, tant qu'il n'a pas son historien. Plus loin que les faits le pouvoir de celui-ci s'étend jusque sur les pensées. Il les ranime au souffle de sa propre pensée, et ni le présent, ni le passé n'ont toujours lieu de s'en plaindre.

— Entre les historiens si certaines qualités secondaires déterminent les autres rangs, c'est la pensée qui donne le premier : non celle qui soutient des thèses, qui discute, qui déclame, mais celle qui prend sur le fait et nous dévoile la vraie nature de l'homme, — celle qui, sans y songer et surtout sans y prétendre, est un auxiliaire puissant de la philosophie.

— Ce n'est pas seulement dans la poésie, l'éloquence et les arts, c'est dans l'histoire elle-même que la pensée manifeste sa vertu créatrice. Que sont les faits d'une même époque, d'une même guerre, accomplis çà et là, sur divers théâtres, à des distances souvent considérables, dont ceux-ci n'ont vu qu'un moment, ceux-là qu'un détail, que bien peu ont vus dans leurs liaisons et leurs causes, que la plupart se sont empressés d'oublier ; que sont-ils dans leur éloignement et leur confusion, avant que l'histoire leur ait donné un corps et une vie ?

J'oserais dire que, sans y rien ajouter, l'histoire pourtant les achève, car ils reçoivent d'elle l'unité, la lumière, la durée. Où vivent-ils maintenant sinon dans notre mémoire, et qui les y a mis, les y conserve et en rafraîchit le souvenir à mesure qu'il s'efface, sinon l'historien ? Ce n'est pas à l'heure où les événements s'accomplissent qu'ils sont le mieux connus et le plus exactement jugés. La postérité seule a le privilège de les apercevoir dans leur suite et dans leur ensemble : ce privilège elle le doit à l'histoire. Les peuples anciens qui n'en ont pas eu sont aujourd'hui pour nous comme s'ils n'avaient pas été.

— Le peuple attribue aux contemporains illustres dont il s'est épris, à tort ou à raison, tout ce qu'il peut imaginer de noble et de grand. Les légendes qui sortent, on ne sait comment, du sein de la multitude, ne nous montrent guère que des scélérats ou des héros, les uns chargés de crimes et d'opprobres, les autres dignes de toutes les louanges, élevés par leurs vertus et les merveilles de leur vie bien au-dessus du reste des hommes. La légende ainsi formée fait honneur à l'âme du peuple ; il se crée avec sa passion, mais aussi avec son amour inné du beau, du bien, du grand, son histoire à lui, en attendant l'autre qui peut-être ne la vaudra pas, et il ne souffre point que le mal y demeure sans châtiment, ni la vertu sans récompense.

— La pire des légendes, c'est celle que des historiens mal informés créent à leur guise, par imagination, caprice ou passion, quelquefois par esprit de secte et de parti : la vivacité même des couleurs fait qu'elle pénètre aisément dans l'esprit et qu'elle y demeure gravée. Rien de plus difficile ensuite que de dissiper ces fantômes, et de rendre ses droits à la vérité. Quelques historiens y parviennent toutefois à force de persévérance et de talent : ce n'est pas un médiocre service qu'ils nous rendent.

— Pour écrire l'histoire à l'encontre des préjugés solidement établis, des légendes fondées par des écrivains doués d'une vive et puissante imagination, pour en démêler l'erreur et la faire évanouir, il faut plus que du talent, il faut du génie, un vif amour de son pays, la passion de la vérité.

— Pour les uns la fête de leur Centenaire est comme un suprême adieu à une mémoire qui lentement s'affaiblissait, un dernier mot prononcé sur une tombe autrefois glorieuse, mais où le mort est descendu pour toujours. Sa parole est sans écho, son action, son influence s'en sont allées avec sa parole. Le Centenaire des autres, si souvent qu'on le célèbre, et oubliât-on de le célébrer, les trouverait même après vingt siècles, toujours vivants, toujours glorieux, toujours dominant le monde par l'immortelle beauté de leurs chefs-d'œuvre, par l'incomparable beauté de leur vie.

— Que deux ou trois hommes se rencontrent d'un esprit supérieur, d'une volonté inébranlable, d'un accord aussi parfait qu'il est possible de le supposer ici-bas, pour créer une œuvre, un Ordre, une Institution, pour inaugurer et faire prévaloir une politique, l'Institution est fondée, l'œuvre est faite. Elle est de ces trois hommes, et chacun d'eux en peut réclamer sa part : leur rencontre est la part de Dieu qui n'est pas la plus petite.

— Boileau, Racine, Bossuet, Fénelon, Bourdaloue, Malebranche ont-ils des statues ? Peut-être non, peut-être oui, car on ne sait pas tout ce qui se passe, ni tout ce qui s'est fait. Qu'ils en aient d'ailleurs ou qu'ils n'en aient pas, c'est tout un pour leur gloire, et ils n'en sauraient recevoir ni dommage ni profit.

— Hâtez-vous d'élever une statue à ce grand homme d'un jour ; à défaut de ses œuvres, elle gardera du moins le souvenir de son nom......, si vous avez soin de le faire graver sur le socle en caractères ineffaçables.

— Élever une statue à l'homme de génie qui a légué au monde un beau poème, un livre immortel, c'est se donner une peine inutile : aucun monument n'égalera jamais ni en grandeur, ni en durée, celui qu'il s'est élevé lui-même. Réservez cet honneur, comme c'était jadis l'usage, aux généraux, aux conquérants, aux rois, à ceux aussi dont les œuvres ont péri avec eux ou n'ont laissé qu'un vague et confus souvenir.

— Un rare bonheur, une fortune incomparable pour l'Exposition prochaine à laquelle Chicago, la Cité des Lacs, convoque l'univers entier, serait qu'elle provoquât, — aidant l'inspiration d'en haut, — la naissance d'une de ces grandes OEuvres qui font époque dans les annales de l'esprit humain. Cette nouveauté sans rivale dans l'histoire des Expositions précédentes la porterait d'emblée au premier rang. Elle remplacerait l'éphémère souvenir des magnifiques palais élevés pour un jour et bientôt détruits, des merveilles de l'industrie que feront oublier dans quelques années des merveilles plus étonnantes, par un souvenir impérissable. Qui sait si la terre de Colomb ne nous réserve pas cette surprise après tant d'autres dont elle n'est pas avare, mais que celle-ci dépasserait infiniment !

— Il en est des peuples comme de la pensée ; pour qu'ils se forment et pour qu'ils grandissent, il leur faut le concours de l'élément supérieur et divin, religion, lettres, arts, philosophie.

— Une grande nation est, en un sens, comme une œuvre d'art à laquelle travaillent de concert, durant de longs siècles, Dieu et les hommes. Après avoir parcouru jusqu'à la dernière toutes les phases de sa vie, croissance, apogée, déclin, elle se survit dans l'Idéal que Dieu avait proposé à ses chefs, à ses grands hommes, et qu'avec plus ou moins de bonheur ils ont réalisé dans leurs pensées, leurs desseins et leurs œuvres.

— Quel temps, dit-on, quel siècle infortuné et heureusement loin de nous ! Que de batailles, d'assassinats, d'épidémies, de calamités de toute sorte ! Comment un seul homme a-t-il pu survivre à de tels massacres ! — Ces temps d'une si rare et si lamentable fortune en réalité ressemblaient beaucoup à notre temps et à tous les temps. Les historiens ne racontent ni la paix qui ne diffère jamais d'elle-même, ni le bonheur des peuples qu'on peut raconter en quelques lignes. Ils s'inquiètent surtout des événements fameux auxquels beaucoup de violences sont toujours mêlées. Comme ils franchissent, sans en rien dire, les intervalles qui les séparent, nous finissons par croire que ces intervalles n'ont pas existé.

— Malheureux paysan français dont un moraliste du XVIIe siècle, dans un accès d'humeur chagrine, a décrit en vingt lignes la misère physique, dont un romancier contemporain vient d'étaler en deux volumes l'affreuse, la hideuse misère morale ! A moins que moraliste et romancier ne se soient également trompés, qu'ils n'aient pris, comme il est trop fréquent, l'exception pour la loi, et un petit coin d'un petit canton pour la France entière. En vérité, le livre d'Émile Zola me fait douter de La Bruyère ou plutôt il confirme d'anciens soupçons. Il ne s'agit pas ici de comparer les deux écrivains, mais pour le procédé il n'est pas si différent.

— Juger du paysan français par la misère ou les vices de quelques paysans, autant vaut juger l'époque présente par les réquisitoires passionnés de Saint-Simon, de Fourier, et des socialistes leurs successeurs, par l'horrible peinture qu'on nous trace chaque jour de la mine, de l'usine et de l'atelier, par les fougueuses déclamations de quelques orateurs de club ou de carrefour contre l'état présent de la société. Nous valons mieux que cela, je prie nos descendants de le croire, comme aussi j'ai meilleure idée des contemporains de Fénelon et de Saint-Vincent-de-Paul.

— Il n'est point de peuple qui ne dise du bien de lui-même : le Français (vous savez de quels Français nous parlons) y ajoute tout le mal qu'il imagine et qu'il ne fait pas. Ceux qui le connaissent se gardent bien d'ajouter foi à ses discours : ceux qui ne le connaissent pas, ceux qui ne l'aiment pas l'en croient sur parole, et ils ont grand tort. Ils oublient qu'en bonne justice on ne saurait condamner un coupable sur sa seule déposition. Et quel coupable! Combien peu repentant! Combien disposé à se charger sans mesure, pourvu qu'on le lise sans ennui!

— Pour un peu de clarté douteuse que l'*anecdote* ajoute à l'histoire, elle y sème à profusion le doute et l'incertitude. Faits et caractères, elle diminue tout ce qu'elle touche ; il n'est point de grandeur qui ne souffre de son passage, quand elle ne l'abaisse pas jusqu'à la courber sur le sol.

— A ceux qui ne considèrent que les sommets, l'histoire semblera trop haute; à la voir, au contraire, par les petits côtés et les infimes détails, elle pourrait bien se rapetisser jusqu'au ridicule. Le point favorable est celui où les acteurs, à part un bien petit nombre, nous paraissent à la taille humaine, ni pygmées, ni géants.

— Regardez dans l'histoire et sur la scène du monde les principaux personnages agir, parler, comme on regarde les acteurs au théâtre, d'assez près pour bien voir, d'assez loin pour ne voir que ce qu'il faut.

— N'assistez pas au spectacle dans les coulisses

et trop près de la scène : il perdrait à la fois pour vous son illusion et sa vérité.

— Qu'il s'agisse du théâtre ou de l'histoire, l'illusion est, au spectacle, une partie de la vérité.

— Les histoires sont pleines de paroles mémorables dont les unes, c'est le plus petit nombre, ont été dites, dont les autres auraient dû l'être et sont si bien à leur place que leur authenticité d'adoption n'est guère inférieure à l'autre. Nous demandons qu'on les conserve ; mais pour celles qui n'ont ni vérité absolue, ni vérité d'à-propos, il faudrait leur appliquer la sévère justice dont usa Benoît XIV à l'égard de quelques prétendus saints qui s'étaient, sans titre aucun, glissés dans le calendrier. Pas de pitié surtout pour celles dont le sens obscur et discuté montre assez qu'elles n'ont pu, ni dû être prononcées.

— L'Oraison funèbre des grands politiques et des grands capitaines c'est l'histoire, un peu telle qu'elle est, beaucoup comme nous voudrions qu'elle fût. C'est moins un récit d'une scrupuleuse fidélité qu'un modèle proposé à l'imitation de nos descendants.

— On ne voit pas mourir le même jour, avec les croyances religieuses d'un peuple, les mœurs que ces croyances ont lentement et laborieusement formées. Elles l'aident à subsister quelque temps encore, comme les épis et les fruits mûris par l'été entretiennent la vie de l'homme durant la saison des froids. Que le printemps tarde à renaître, c'est la gêne, c'est la souffrance; ce serait la mort, s'il ne reparaissait plus.

— Ils s'étonnaient que toute leur adresse aidée de toute leur expérience ne parvînt pas, depuis tant d'années qu'ils y travaillent, à élever un édifice solide, imposant, comme l'histoire en a vu dans la suite des âges un assez grand nombre, et comme le leur, malgré d'héroïques efforts, n'y pouvait atteindre. Vainement ils s'empressaient d'en fermer les lézardes, d'en relever les parties écroulées, d'en modifier les plans, rien ne tenait : les réparations succédaient aux réparations, sans qu'on en vît jamais la fin, et sans qu'on cessât de craindre pour chaque lendemain une ruine complète et définitive. La seule chose, en effet, qu'ils avaient oubliée, c'était d'affermir le sol et de bâtir leur édifice sur le roc inébranlable de la religion et des mœurs. Il est vrai que sur ce fondement on peut construire si haut qu'on voudra : l'édifice ne croulera point.

— Pour faire reculer la justice il n'est rien de tel que d'affaiblir chez un peuple les croyances religieuses. Si celles-ci ne l'ont pas d'abord enracinée dans les âmes, c'est en vain qu'on essaiera de la fixer dans les institutions et les lois, elle n'y demeurera point.

— *C'est un malheur*, dans l'ordre religieux et moral, de n'avoir ni foi ni convictions d'aucune sorte, mais *c'est un crime* de détruire chez les autres, par la plume ou par la parole, les convictions religieuses et morales à la place desquelles on n'a rien à mettre.

— La religion et l'amour du travail font les mœurs qui, à leur tour, font la liberté : celle-ci n'a guère d'autre source, mais pour sûr elle n'a pas d'autre sauvegarde.

— Toucher sans cesse au mécanisme des institutions et des lois, sans s'inquiéter des mœurs publiques, de leur bon ou de leur mauvais état, c'est une œuvre ingrate, rarement couronnée de succès. Le plus parfait mécanisme ne saurait fonctionner sans leur secours, et si elles étaient une fois viciées, le plus parfait mécanisme ne pourrait rien pour les rétablir.

— Médiocre médecin celui qui, au lieu de s'attaquer à la racine du mal, en combat les symptômes à mesure qu'ils apparaissent : pauvre législateur celui qui promulgue une loi pour chaque délit nouveau, sans s'inquiéter des mœurs.

— Il faut qu'il y ait dans une nation un certain nombre de consciences délicates jusqu'à l'excès, pour qu'on y puisse compter sur l'honnêteté du grand nombre. De même la meilleure preuve que les mœurs n'y sont pas si mauvaises, c'est la chasteté de quelques-uns et l'honneur qu'on lui rend.

— L'histoire est souvent comme ces montagnes qui, vues de loin, semblent tout d'une pièce et d'une majesté triste et sombre. Les frais vallons, les délicieuses retraites qui se cachent dans leurs flancs sont connus des littérateurs et des poètes, les historiens y ont rarement pénétré.

— Il n'est pas rare que la grande histoire fasse à la petite une place dans ses récits, et qu'elle nous engage dans des sentiers et des détours, assez loin de la route directe dont elle ne s'écarte que pour y revenir l'instant d'après. Une chose moins commune c'est que la petite histoire, celle d'une femme de mérite par exemple, puisse donner lieu à la grande de se produire dans les mêmes pages où l'anecdote et le détail piquant devaient, ce semble, régner sans partage. Victor Cousin, dans ses derniers écrits[1], parmi une foule d'agréables et délicates miniatures, a peint aussi quelques tableaux dignes des maîtres. Plus nombreux ils auraient moins de prix : ils compromettraient l'unité de l'œuvre qui ne saurait être à la fois une biographie et une œuvre d'Histoire proprement dite.

— Combien de pages obscures du passé qu'un fait présent, pareil à un trait de lumière, nous permet enfin de lire et de comprendre! Combien de faits présents dont ceux-là seuls possèdent l'entière intelligence qui ont étudié avec soin le passé !

— Il ne faut pas demander à un historien d'oublier entièrement son temps, ses opinions, son pays : les plus beaux génies et les plus libres n'ont pas été jusque-là. Mais s'il lui est permis de songer à ses contemporains, qu'il n'oublie pas non plus la postérité. Les passions des hommes changent d'objet, leurs opinions se tranforment :

---

[1] *Jacqueline Pascal; — La jeunesse de Madame de Longueville ; — Madame de Chevreuse*, etc....

ce qui demeure c'est le fond de notre nature, ce qui ne change point c'est la vérité.

— Le vrai présent, le présent dont l'historien doit surtout ambitionner le suffrage, n'est point celui qui s'écoule et n'est déjà plus : c'est celui qui, présent au passé dont il écrit l'histoire, ne sera pas moins présent à l'avenir pour lequel il l'écrit.

— Les uns ne voient pas les abus, tout les satisfait : ils ont peu de pénétration. Les autres ne voient que les abus, ils s'indignent, se scandalisent, s'emportent : leur pénétration, pour être plus grande, n'est pas sans défaut. Un petit nombre voient les abus, leur correction possible, leur place dans le tout : ceux-là voient juste. Tous ont également dans l'esprit l'idée du bien parfait, mais les premiers croient que son règne est arrivé, les seconds qu'il est détruit, les derniers qu'il est ce qu'il peut être dans des sociétés faites par des hommes et gouvernées par eux.

— Au théâtre c'est, en général, la tragédie qui commence et la comédie qui termine : elle détend l'âme et les nerfs, elle repose et elle réjouit. Dans l'histoire, la comédie se fait voir de temps à autre, sur le seuil ou dans les décors, mais pour mieux cacher l'action tragique qui se prépare dans le silence et l'obscurité, jusqu'à l'heure où elle éclate. On ne s'y repose guère d'une tragédie que par une tragédie.

— La grande merveille de l'histoire ce n'est point le génie des conquérants ou l'éclat de leurs premiers triomphes : c'est, dans leurs derniers jours et leurs derniers excès, la patience des hommes et celle de Dieu.

— Les historiens font trop d'honneur à des conquérants ou à des généraux fameux de leur attribuer les grandes pensées, les vastes projets que leur esprit n'a jamais conçus. Les plus intelligents, les plus favorisés ont-ils, à la fin de leur course, entrevu ce que Dieu avait fait par eux et à quelle œuvre il les avait employés, il est possible, mais rien n'est moins certain. Leurs débuts ont toujours été non de pensée profonde, mais d'amour de la gloire et d'eux-mêmes et, chez les meilleurs, d'amour de la patrie. A qui fera-t-on croire qu'ils aient aimé l'humanité, et qu'ils se soient dévoués à la servir, eux qui font si peu de cas de la vie humaine, quand ils ne méprisent pas les hommes?

— L'homme politique digne de ce nom n'est

pas celui qui ne commet point de fautes, mais celui qui en commet moins que les autres, et surtout ne s'y obstine pas.

— La prétention des grands politiques c'est d'élever un édifice qui soit à jamais leur œuvre et leur gloire. En réalité, ils taillent, avec plus ou moins d'art, pour un édifice dont les plus clairvoyants d'entre eux ignorent le plan et les proportions, une pierre qui s'ajoutera à tant d'autres pierres déjà placées, si même elle ne disparaît pas au milieu d'elles.

— L'homme politique le plus médiocre peut toujours déclarer la guerre à l'Église ; il ne faut pour cela ni talent, ni lumières, ni vertu : il suffit d'ignorer l'histoire et de céder à n'importe quelle vulgaire et étroite passion, la sienne ou celle d'autrui. Seul le vrai politique, Constantin, Théodose, Charlemagne, saint Louis, Henri IV, — combien d'autres, — intelligent, maître de lui-même, saura vivre en paix avec elle, rien n'est plus facile, et faire tourner au profit de l'État, de sa prospérité, de sa grandeur, la force morale dont elle dispose, la plus puissante qui soit au monde.

— Nul ici-bas, quelque grand qu'il soit, ministre ou potentat, n'achève l'œuvre qu'il a commencée. C'est la faiblesse et la faute des conquérants les plus heureux, des politiques les plus habiles, de vouloir échapper à cette loi, et de ne compter pas sur le temps, sur leurs successeurs et sur Dieu.

— Ne parlez jamais de son successeur à ce grand prince, à ce premier ministre ; il n'en doit pas avoir, et, pour mieux s'en passer, il lui arrivera à la fin d'une glorieuse carrière, de précipiter ses résolutions et les événements, au point d'ébranler lui-même ou de détruire son œuvre, et de cesser d'être grand, pour n'avoir point souffert qu'on le fût après lui.

— Ceux qui ne l'aiment point l'appellent de préférence Bonaparte ou même Buonaparte, et ceux qui l'admirent Napoléon. Ceux qui n'ont pour lui ni amour ni haine s'efforcent d'allier Bonaparte à Napoléon, d'expliquer l'un par l'autre, de faire de l'un et de l'autre un seul homme, un seul génie, un seul caractère. Ceux-là, quel' que soit d'ailleurs le succès de leurs efforts, ont raison contre les autres ; ils connaissent mieux qu'eux la nature de l'homme qui, sous l'influence de l'âge et des circonstances, se modifie sans cesse sur un fond qui ne change pas.

— On ne parlait pas de lui il y a cent ans, et l'on commence à n'en plus parler; son nom même était inconnu, et ce nom que l'univers entier a répété, durant un demi-siècle, avec amour ou avec effroi, est sur le point de rejoindre dans l'histoire tant d'autres noms que gardent les livres et qu'apprennent les enfants, quand les hommes les ont oubliés. Il ne tenait qu'à lui de fonder une dynastie, — il eût suffi d'un peu de mesure et de vertu, — et il n'a pas seulement, malgré son génie et ses victoires, marqué de son nom un ordre de choses dont il aurait été comme l'expression la plus haute. César l'avait précédé et il a fondé (est-ce gloire ou honte?) le *Césarisme* que tour à tour on voit disparaître ou renaître, mais dont le nom est pour toujours confondu avec son nom.

— Non loin d'une ville entourée de toutes parts de montagnes, certains sommets se dominant et s'entrecroisant donnent, on l'assure, quelque idée du profil de Napoléon Ier. La chose s'est vue clairement à deux reprises différentes, tout le temps qu'ont duré le premier et le second Empire, puis on a cessé de la voir et personne n'y songe plus. L'honneur qu'on faisait à ces sommets a cessé d'être un honneur. Il est vrai de dire qu'ils ne s'en sont ni enorgueillis ni attristés, et qu'ils n'ont rien su ni de leur grandeur, ni de leur décadence.

— Nouveau César, qu'apportez-vous au monde, la guerre ou la paix?
— La paix.
— La paix ! quand votre empire est fondé sur trois siècles de guerre. Tous vos aïeux ont été de durs soldats ; ils ont grandi par la guerre, ils n'ont aimé, ils n'ont connu que la guerre.
— Mes aïeux, mon père ont fait leur œuvre, à moi de faire la mienne.
— Vous renoncez à la gloire !
— Non pas à la gloire, mais à la haine qui suit la gloire des armes.
— Quelle autre gloire ambitionnez-vous donc ?
— Une gloire plus pure et plus durable.
— Laquelle?
— Celle qui naît du bonheur des peuples, des travaux de la paix, de l'éclat des Lettres et des Arts, du progrès des siences.
— Êtes-vous sûr que vos peuples, que votre armée vous comprennent ?
— C'est aux chefs des peuples de leur dire la vérité, c'est à Dieu de la leur faire comprendre.
— Quelle est cette vérité?
— Il y en a mille, mais une seule les résume.

— La peut-on connaître?

— C'est que la force s'élève tôt ou tard contre la force et la renverse, mais aucune force ne prévaut contre l'amour, aucune force ne détruit les œuvres de la pensée et de la beauté. Je veux que l'univers nous aime comme, après vingt siècles écoulés, il aime encore la Grèce ; que l'immortelle beauté de nos chefs-d'œuvre ravisse les nations longtemps après qu'elles auront cessé de nous craindre, que les sciences grâce à nous......

Il ne put achever : la Mort, de sa main glacée, venait de toucher la couronne et le front du nouveau César, et le bruit des armes dominait déjà sa voix expirante. Le César de la paix est encore à naître : naîtra-t-il jamais ?

— Depuis le temps qu'on raconte la guerre on ne l'a pas encore expliquée. Pour vingt historiens qui excellent à la décrire, pas un philosophe qui réussisse à nous en donner le dernier mot.

— Si quelque chose pouvait expliquer et justifier la guerre, ce serait la corruption des longues paix et l'inévitable décadence dont elles sont la source.

— Les batailles que décrit Thiers sont, comme ses exposés financiers, d'une clarté parfaite ; il dispose les régiments avec autant d'aisance qu'il aligne les chiffres. Il a tout vu, tout entendu, il est partout à la fois ; il met de la suite dans les décousus du combat comme dans ceux de la fortune publique : il n'est point de bataille si compliquée, si enchevêtrée dont il ne fasse une merveille d'ordre et d'enchaînement. On ne doute point de sa sincérité, encore moins de son habileté, et pourtant l'on n'est pas sans de certaines inquiétudes : l'ordre est trop parfait.

— Si Polybe[1] s'admire lui-même d'avoir perfectionné les fanaux appliqués à l'art de la guerre et d'en avoir recueilli de grands avantages, gardons-nous de le railler. Il fallait passer par ces fanaux pour arriver aux télégraphes et aux téléphones dont nous avons lieu d'être fiers, mais dont il se peut que l'imperfection fasse un jour sourire nos descendants.

— Multipliez vos chemins de fer et vos routes stratégiques, perfectionnez vos engins de guerre, accroissez le nombre de vos soldats, mais surtout

---

[1] Polybe, livre X, c. 43, 47.

demandez à Dieu de leur donner, au jour des grandes batailles, confiance en eux-mêmes et en leurs chefs, à ceux-ci tout ce qu'il faut d'intelligence et de vertu pour la mériter et les conduire à la victoire.

— Deux hommes se sont salués et amicalement entretenus, la veille, des progrès des Lettres et des sciences, de ceux de la civilisation, de nos mœurs de plus en plus douces, qui, le lendemain, ayant revêtu des uniformes différents s'avancent l'un contre l'autre avec fureur pour s'entr'égorger. Hier ils appartenaient à l'humanité, aujourd'hui ils appartiennent à des Cités rivales. Ils sont lettrés, savants, civilisés, chrétiens, et ils se tuent : Décidément cette civilisation a encore quelques lacunes, et il reste au christianisme une belle carrière à parcourir.

— Dites ou faites dire à ce vainqueur d'hier, mieux encore à son principal ministre, qu'ils feraient sagement de ne pas user de tous leurs avantages, de ne pas désespérer le vaincu, de lui laisser telle ville, telle province qui n'a pas tant d'importance ; ils n'y perdront rien, et l'avenir les dédommagera amplement de ce léger sacrifice. Les effets sont parfois redoutables des courages surexcités, des haines lentement accumulées, de l'orgueil national profondément blessé. Qu'ils ne sèment point des guerres nouvelles, qu'ils songent à leurs descendants...... — Les voyez-vous sourire ? Les entendez-vous railler ? « Que nous veut ce fou, ce philosophe, ce visionnaire ? » — Ce fou, ce visionnaire n'essaiera pas de vous convaincre : le peu qu'il dirait ne vaudra jamais les leçons de l'histoire, et d'une histoire qui n'est pas même vieille d'un siècle. Mais à quel vainqueur, à quel conquérant les leçons de l'histoire ont-elle jamais profité ?

— Est-ce donc le progrès de nos mœurs et leur douceur si vantée de cacher sous le mensonge des mots l'horreur des choses, et d'annoncer d'une parole sereine, d'un cœur léger, que deux armées *ont pris contact,* quand des milliers d'hommes s'entr'égorgent et qu'ils jonchent le sol de leurs cadavres ?

— L'opinion publique s'est émue ; elle a, par la voie des journaux, porté cette question à la Chambre. La Chambre saisie par elle a nommé des commissaires, pour faire enquête. Les commissaires ont chargé l'un d'entre eux de résumer les débats et de rédiger un rapport. C'est donc toujours, et pour tout conclure, un seul qui pense avec toutes les conditions de la pensée. Il donne aux autres le dernier mot des idées qu'ils ont vaguement dans l'esprit.

— Ce qui distingue, dans les temps de troubles, le véritable homme d'État du politicien, c'est que celui-ci est avant tout l'homme de son parti, et celui-là l'homme de son pays.

— La mesure n'est point la force, mais elle la fait durer et l'applique où il convient.

— Il faut bien plus de force et d'énergie véritable, pour demeurer dans la mesure que pour la dépasser.

— Les victoires qu'un homme politique remporte sur ceux de son parti, pour les soumettre à sa pensée, pour les faire à propos agir ou s'abstenir, si elles ne sont pas les plus glorieuses, ne sont pas toujours les moins disputées.

— La vraie et définitive victoire pour un parti politique, c'est de cesser d'être un parti, et de devenir la France.

— Sacrifier les intérêts apparents ou passagers

de son parti à ceux de la nation, c'est encore servir son parti, à la condition que celui-ci représente des principes et non des passions. Seuls les vrais politiques en sont capables.

— Tenez-le pour très clairvoyant s'il sait, avant l'heure des revers, discerner sûrement ses amis et les amis de sa fortune.

— L'état présent des choses est tout à fait du goût de Tournavent ; l'état passé ne l'était pas moins, quand il était l'état présent ; tous les états futurs le seront à leur tour, en si grand nombre et si divers qu'on les imagine. Tournavent a servi tous les Ministères qui se sont succédé, c'était son devoir. Il les a bassement flattés, rien ne l'y obligeait ; il en a fait, après leur chute, les critiques les plus amères. Plaignez-le d'être si peu clairvoyant, et de ne croire au mal qu'à l'heure exacte où, le méchant une fois tombé, le mal se découvre enfin à lui dans toute sa laideur.

— Vous chercheriez en vain sur les plus hautes cimes de l'intelligence les causes de leur soudain changement, et pourquoi ils ne pensent plus comme ils pensaient. Descendez, descendez encore, et des régions supérieures que bouleversent les grandes tempêtes, abaissez-vous jusqu'à ces courants voisins du sol, et que détermine le souffle léger de l'opinion ou la brise caressante de la flatterie..... : vous y êtes.

— Constituez une École, un parti, il s'y trouvera demain et tous les jours qui suivront, avec ou sans votre congé, des excessifs et des modérés. Variez à l'infini les opinions et les doctrines; modifiez, changez entièrement les assemblées, les comités, les académies, partout et toujours, avec une inflexible constance, apparaîtront la mesure et l'excès enchaînés l'un à l'autre, comme l'a dit Socrate du plaisir et de la douleur, par des liens de diamant.

— Les modérés, les gens sensés, les hommes de *juste milieu*, comme on les a nommés quelquefois, demeureraient-ils ce qu'ils sont; ne tomberaient-ils pas au-dessous d'eux-mêmes, si les excessifs, les hommes d'avant-garde, les turbulents même (nous excluons les violents) ne cessaient de les piquer, de les irriter, de les tenir en éveil, de les contraindre à sortir de leurs positions, pour les mieux garder? On ne sait pas, sans l'excès de quelques-uns, jusqu'où descendrait la modération, j'allais dire l'inertie du plus grand nombre.

— Le présent qui s'obstine et se dépense à regretter le passé perd tout droit sur l'avenir.

— Ceux qui regrettent le passé avec le plus d'obstination se trouveraient fort mal d'y vivre, et ils n'y songent guère.

— La plupart de ceux qui regrettent le passé se soucient peu de savoir ce qu'il a été réellement : ils le font presque toujours à l'image de l'avenir qu'ils rêvent pour eux-mêmes ou pour leur parti.

— Pour la plupart des hommes changer de maîtres, c'est ce qu'ils appellent reconquérir leur liberté.

— La liberté que tous les hommes, et surtout ceux de notre temps, appellent à grands cris, ils la portent en eux-mêmes, et nul ici-bas n'est assez fort pour la leur ravir. Il est vrai que cette liberté de l'âme impose des devoirs, et que les libertés qu'on pourrait nommer extérieures semblent ne conférer que des droits. Peut-être est-ce pour cela qu'on parle si peu de la première, et qu'on fait tant d'état des autres.

— Tous n'ont pas un droit égal à défendre de

nobles causes. Si l'on n'est pas tenu d'atteindre à leur hauteur, encore ne faut-il pas être trop au-dessous d'elles.

— Seules une mesure et une vertu peu communes réussissent à séparer de celui qui la défend la cause même qu'il défend, à servir celle-ci avec dévouement, avec amour, tant d'aversion qu'on éprouve pour celui-là.

— Si les hommes dirigent tant soit peu les événements, ceux-ci le leur rendent avec usure.

— Tout pouvoir qui passe, dans l'éclat d'une fête publique, est sûr des acclamations de la multitude, non moins sûr de son oubli, quand la fête est passée.

✴

— Épigraphistes, archéologues, chercheurs de tous les noms et de toutes les écoles, fouillez les archives, déchiffrez les vieux manuscrits, compulsez et comparez ; interrogez les langues, les lois, les chartes, les médailles, les monnaies, les inscriptions, les monuments, préparez avec autant de méthode que de constance les éléments de l'histoire, mais gardez-vous de l'écrire, si vous n'avez d'abord étudié et si vous ne connaissez l'âme humaine : vous rédigeriez des Annales, vous n'écririez pas l'Histoire.

— Peu d'hommes connaissent aussi bien l'histoire de leur province et celle de la ville où ils sont nés, que Victor Servais ; j'ajoute, peu d'hommes sont aussi heureux que lui. Sa vie devait, selon toute apparence, s'écouler comme celle de son père dans un honorable et peu lucratif emploi : un modeste héritage lui a permis d'y renoncer, et de se soustraire à une dépendance qui lui devenait de plus en plus désagréable. De ces bureaux de la Préfecture où il a gémi si longtemps sur une tâche ingrate il a tout oublié, sinon qu'ils touchent à ses chères Archives[1], mais qu'ils sont séparés d'elles par une épaisse et solide clôture. Après les avoir on peut dire découvertes dans les combles où étaient entassés pêle-mêle diplômes, contrats, chartes, manuscrits, il en est aujourd'hui, avec leur fidèle gardien, son ami d'enfance, le visiteur assidu. Il interroge, il compulse, il transcrit, il compare, et ce travail de tous les jours lui a révélé, dans ses détails les plus curieux, dans son histoire la plus intime, un passé de plu-

---

[1] Les archives du Barrois et du département de la Meuse.

sieurs siècles entièrement ignoré de ses concitoyens. Il vit avec eux sans doute, et il leur rend tous les services qui sont en son pouvoir, mais il n'en est pas moins le contemporain d'une foule d'illustres morts : savants, guerriers, moines, princes, écrivains, nobles et vertueuses dames, dont le commerce lui est cher et ne lui procure que des plaisirs, sans aucun embarras, sans aucun froissement. Villes, châteaux, bourgs, villages, églises, tout, jusqu'aux antiques maisons particulières, a pris à ses yeux un aspect nouveau, et les générations anciennes s'y mêlent, sans les troubler, aux générations nouvelles, aux possesseurs d'aujourd'hui. La nature elle-même s'est animée d'une vie qui s'ajoute à sa vie présente, pour multiplier les jouissances de son imagination et celles de son esprit.

Heureux Victor Servais ! de s'intéresser à tant de choses auxquelles la plupart des hommes demeurent étrangers, de vivre au milieu de si beaux souvenirs, et de pouvoir échanger, quand il lui plaît, un commerce qui l'ennuie contre un commerce qui le charme, un spectacle qui l'afflige contre un spectacle qui réjouit ses regards. C'est quelque chose d'être ici-bas un homme aimable, un homme heureux, et de rendre par surcroît à la grande histoire, qui ne peut rien sans ces infatigables et modestes ouvriers, des services qu'on apprécie mieux tous les jours. Qu'importe d'ailleurs la grandeur ou la petitesse du théâtre, puisque l'acteur est toujours le même !

— La nature de notre civilisation est telle, avec ses éléments de vie et de mort, que pour entrer en commerce intime avec elle, comme les Empires les mieux fermés y seront bientôt contraints, il faut, sous peine de se dissoudre à son contact, porter en soi une âme qui ne soit pas trop inférieure à la sienne. Cette âme, le christianisme seul peut la former chez un peuple, comme se forment les âmes, par libre et lente pénétration.

— Des esprits inquiets auxquels ne suffisent point les misères de leur temps et de leur pays, quand ils en ont dressé le catalogue réel ou imaginaire, ébauchent au moins celui du plus lointain avenir. — « Quelle folie est la nôtre de prêter à l'Empire chinois nos officiers pour former ses soldats, nos ingénieurs pour remplir ses arsenaux ! Que deviendrons-nous quelque jour, si des millions d'hommes courageux, disciplinés, bien commandés, viennent fondre sur l'Europe et venger tant d'injures qu'ils ont reçues depuis un siècle ? »

— Ces millions et ces millions d'hommes pensent-ils mieux que nous? Ont-ils une religion plus vraie, une morale plus pure?

— Nul n'oserait le prétendre.

— Cessez dès lors de les craindre. Quelques victoires, à supposer qu'ils en remportent, ne feront jamais qu'ils deviennent vos maîtres. Perdez au contraire votre foi et vos mœurs, abaissez votre pensée au niveau de la leur, je ne réponds plus de rien[1].

— Qui tranchera le différend entre les Chinois et nous qui nous appelons tour à tour, et à qui mieux mieux, barbares? — Le trafic? — Il n'est pas toujours, témoin l'opium, à l'honneur de notre civilisation. — La guerre? — Elle est commune aux civilisés et aux barbares. — Ce sera la foi et la charité : elles n'appartiennent qu'à la vraie civilisation.

— Les Abdéritains ayant changé, et non pas pour la première fois, les lois fondamentales de leur État, le peuple en ressentit une allégresse extrême, et l'on en faisait partout des réjouis-

---

[1] Deuxième édition du livre : *Notes et Réflexions*, 1882.

sances publiques. Les amis de Démocrite alors engagé dans un long voyage l'exhortèrent, par lettres, à s'y associer dans la mesure du possible. Il s'empressa de leur répondre que tel était aussi son dessein : toutefois il les priait de lui accorder quelque répit. Si les Abdéritains lui semblaient, à son retour, plus éclairés, plus religieux, plus détachés de leurs intérêts particuliers, plus dévoués au bien public, il ne manquerait pas d'en rendre aux dieux de solennelles actions de grâces.

— Veillez à maintenir en bon état l'âme de la nation : ce soin vous en épargnera bien d'autres. Où les pensées et les volontés sont droites, les lois s'appliquent sans effort, et rien n'est plus facile que la police.

— Là où les chefs sont résolus à faire plus que le devoir, tenez pour certain que citoyens et soldats feront le leur, et qu'ils iront jusqu'au bout.

— Les ambassadeurs des Mégalopolitains vinrent un jour trouver Pythagore, pour qu'il les conseillât au sujet d'un mal étrange dont leur ville était tourmentée. Tous les citoyens, sans distinction d'âge et de fortune, uniquement occupés de penser au bien public, d'en parler dans leurs maisons, d'en discourir dans leurs assemblées, n'avaient plus qu'un souci : supprimer ou changer les lois anciennes, en promulguer de nouvelles toujours plus parfaites. — Mais, — résultat qu'on n'attendait point, — plus on amendait les lois, plus la Cité, au lieu d'en tirer avantage, continuait à languir. Les négociants se répandaient en plaintes amères, les agriculteurs songeaient à les imiter, les unions légitimes devenaient moins nombreuses.

On avait tout fait pour remédier à un état de choses aussi inquiétant. On avait pour toujours renoncé aux entreprises lointaines ; on parlait, pour soulager les finances publiques, d'abandonner quelques colonies d'une médiocre importance ; on avait, suprême ressource, diminué le nombre des fêtes et des sacrifices. Rien n'y faisait : tout allant de mal en pis, on résolut de s'adresser à Pythagore.

La réponse du philosophe fut à peu près celle qu'on va lire, et elle ne laissa pas, en son premier point surtout, d'étonner les ambassadeurs. « Pensez avec moins d'ardeur et d'un effort moins soutenu, leur dit-il ; variez l'objet de vos pensées, permettez que le temps et les leçons du temps exercent sur elles une légitime influence. Vous verrez mieux, vous verrez de plus loin : votre esprit ne tardera pas à recouvrer la force, la netteté, la pénétration qu'on admirait autrefois en lui. » Il les engagea ensuite, et sur toute chose, à vénérer le Dieu tout-puissant, à respecter les magistrats et les lois, à entourer leur ville de solides remparts, mais à vivre de préférence à la campagne, au milieu de leurs métayers, à n'abandonner aucune de leurs colonies, à en fonder même de nouvelles, s'ils le pouvaient sans éveiller la jalousie de leurs voisins, dans les climats les plus tempérés et les terres les plus fertiles. Il leur promit que plus nombreux seraient les colons volontaires, plus s'augmenterait la population de la mère-patrie, plus les mariages s'y multiplieraient, plus son commerce prendrait d'extension. Un des meilleurs remèdes à cette agitation stérile de la pensée si différente de son activité féconde, c'était, selon lui, d'appliquer à des entreprises pacifiques les forces que l'on consumait en pure perte depuis tant d'années, quand on ne les tournait pas contre soi-même.

Pythagore oubliant, pour cette fois, la règle du silence donna aux ambassadeurs bien d'autres conseils qu'il est inutile de relater ici. La ville qui avait fait les frais de leur voyage ne voulut pas en perdre le fruit. Elle appliqua avec prudence les conseils du philosophe et devint, en peu d'années, une des plus riches, une des plus florissantes cités de la Grande-Grèce.

— Philosophe, publiciste, tu lèves, tu fais marcher des bataillons.

— Je ne les vois pas.

— Tu remporteras dans cent ans, à la tête de cent mille hommes, une grande, une éclatante victoire.....

— Où, pour sûr, je ne serai point.

— Voici que, sous tes coups, une monarchie chancelle et menace de s'écrouler.

— Je n'y suis pour rien.

— Tu sèmes les idées, tu excites les passions qui tôt ou tard feront toutes ces choses.

— Je comprends, et la plume me tombe des mains.

— On peut tout découvrir dans le *Contrat social :* des déductions rigoureuses et des principes douteux, des vues larges et des idées étroites, des sentiments élevés et de mesquines passions, la simplicité et l'emphase, l'obscurité et la clarté, l'éloquence et la déclamation, celle-ci plus fréquente. La seule chose qu'on chercherait en vain dans ce contrat des sociétés humaines, c'est l'homme, non pas celui que Rousseau a vu dans ses rêves, mais l'homme tel qu'il est, avec sa double nature, celui que nous connaissons, quand nous descendons au dedans de nous-mêmes.

— Il n'y a point de mal, dites-vous, à l'origine, et l'homme n'est point naturellement mauvais. Mais n'est-ce pas un mal très réel que l'homme puisse devenir mauvais et que *ses semblables* puissent le corrompre ?

— On dit (est-il certain?) que les tempêtes, en bouleversant les flots, purifient l'Océan jusque dans ses profondeurs. En est-il de même des révolutions? Quelques-uns l'affirment, d'autres n'en croient rien. Si violente qu'on la suppose, la tempête obéit à sa loi et ne dépasse pas sa limite. Où est celle de la liberté humaine? Où est celle des passions déchaînées?

— On ne manquera jamais de prétextes pour provoquer des révolutions nouvelles, mais plus on fera de révolutions, plus on manquera de forces pour les diriger et les faire aboutir à une heureuse issue.

— Si nombreux, si divers que soient en apparence les partis chez un peuple divisé, déchiré par les Révolutions les plus fréquentes, on peut toujours, sans s'inquiéter des étiquettes et des drapeaux, les réduire à deux principaux : ceux qui dirigent présentement la chose publique, et ceux qui aspirent à les remplacer.

— Demandez-moi ce que je pense de tel ou tel acteur principal de la Révolution française, je vous répondrai suivant mes lumières, en m'inspirant des lois immuables du juste et du bien. Mais n'exigez point que je prononce sur la Révolution elle-même un jugement définitif : c'est trop me demander. Les faits passés sont ce qu'ils sont, et rien ne les changera plus : il n'en est pas de même de leur sens. Celui-ci se développe avec les années, à la lumière des faits nouveaux, au spectacle des conséquences qu'ils ont produites. Plus celles-ci se déroulent nombreuses, interminables, plus se précise le sens de ces événements supérieurs à tous les autres.

— Entre autres leçons des faits et de l'histoire, ne pas oublier que les plus tristes héros de la Révolution française, ceux qui l'ont violemment détournée de sa direction première, étaient de tout jeunes hommes, dont la carrière a été interrompue par la mort, bien avant l'âge où l'on entrait au Sénat romain.

— Les Révolutions seraient chose sainte et sacrée, et il faudrait les appeler de tous ses vœux si, en changeant les dynasties ou la forme du gouvernement, elles amélioraient les mœurs, mais c'est le dernier de leurs effets.

— Les Révolutions sont comme les maladies : il est plus aisé de les prévenir que d'en arrêter le cours.

— C'est un fâcheux présage pour la paix et la prospérité d'une grande nation, que des crises intérieures à peine séparées par de courts intervalles. Ce qu'aucune d'elles n'est en particulier, toutes ensemble finissent par le devenir, je veux dire une révolution, et pis qu'une révolution, l'anarchie mère du despotisme.

— Par quelle médecine souhaitez-vous d'être traité? Préférez-vous l'ancienne, la nouvelle? Qu'aimez-vous mieux des homéopathes, de Kneipp ou du docteur Mattei, — des remèdes actifs, violents même, ou d'une médication plus bénigne?

— Traitez-moi par la médecine qui me guérira : je n'ai pas d'autre préférence. Choisissez-la toutefois telle que ma faible machine éprouvée par plusieurs secousses puisse la supporter.

S'agit-il ici d'un malade, d'une ville, d'un Empire? Peu importe, la différence n'est pas si grande, et les droits du bon sens sont partout les mêmes.

— « *Vanité des vanités, tout n'est que vanité.* » Oui, voilà qui est vrai, voilà qui est le fond de l'histoire et le dernier mot de nos œuvres. Mais qui saura le dire à propos, sobrement, fortement, sans banalité, avec un accent qui aille droit à l'âme et qui la remue, comme si elle entendait pour la première fois cette conclusion suprême de tous les triomphes, de toutes les institutions, de toutes les grandeurs? C'est un des points par lesquels l'histoire touche à la poésie, et la mélancolie qui lui est propre à celle d'un Virgile par exemple. Le privilège est aussi rare que le charme est inexprimable d'unir ainsi, pour un instant, deux Muses, et de faire passer à travers l'histoire comme un souffle rafraîchissant de poésie.

— Il semble, durant un long temps, que tout aille au gré de leurs désirs : les victoires, les prospérités s'enchaînent. On s'applaudit, on se félicite les uns les autres, souverains, ministres, généraux. « Voyez comme tout relève, en fin de compte, de la sagesse humaine, comme tout lui est soumis. *La fortune*, mot vide de sens, *la Providence* également; l'homme habile, avisé, est à lui-même sa fortune, sa Providence. » — Soudain un léger choc, une pierre, moins qu'une pierre, un petit caillou, un rien, l'inattendu pour tout dire, et les prospérités s'arrêtent et les désastres leur succèdent : tout est changé, bouleversé, confondu. Entendez-les de nouveau : « Est-ce donc le hasard qui mène le monde ? Est-ce donc que la Providence se joue de nous et de nos desseins ? » Le hasard, il n'est rien, ne l'accusez pas. La Providence, elle ne vous veut aucun mal, mais elle vous a laissés, puisqu'il vous plaisait ainsi, tandis que votre aveugle et superbe sagesse la dédaignait, placer vous-mêmes, sur la route où devait passer triomphant le char de votre fortune, le petit caillou qui l'a renversé.

— Plus le nombre est grand ici-bas de ceux qui regardent la terre comme un lieu d'exil et la demeure d'un jour, plus s'embellit notre habitation terrestre. Elle deviendrait le théâtre affreux de toutes les turpitudes et de tous les crimes, si tous les hommes étaient convaincus qu'elle est notre unique et dernière demeure.

— Il est des villes qui grandissent peu à peu durant de longs siècles, dont les rues, les édifices et nombre de maisons particulières ont une histoire, rappellent un événement, un sentiment, une pensée : ce sont des villes au sens complet de ce mot. Il en est d'autres qu'on bâtit en vingt ans, qu'on achève en un siècle, San-Francisco, Melbourne, Chicago, où les rues s'ajoutent aux rues, les maisons aux maisons, sans autre inspiration que celle de la nécessité présente et d'une ligne droite inflexible. Celles-là pourront devenir plus tard des villes, quand des pensées y auront germé, quand des souvenirs s'y seront attachés, et qu'elles auront une histoire : pour l'heure elles ne sont que des rues et des maisons.

— Les ruines des monuments survivent aux monuments, mais rien ne survit aux ruines que le désert et le silence. A moins qu'un poète ému de cette lamentable fortune ne nous fasse souvenir qu'il y avait là des ruines, mais que ces ruines même ont disparu : *etiam periere ruinæ*. C'est tout ce qui reste de ce peuple et de sa grandeur à jamais évanouie, qu'une brève pensée dans un demi-vers immortel.

— Par une contradiction en apparence inexplicable l'homme qui aime l'ordre, dont tout le bonheur est d'organiser, de constituer, de construire, l'homme se plaît à parcourir les ruines des cités détruites, des monuments renversés, des cloîtres déserts. Ce qui l'attire, c'est sans doute le contraste de ses œuvres à lui, passagères, périssables, et de la nature toujours jeune qui sourit à leurs débris comme elle souriait à leur gloire ; c'est encore le passé mystérieux qu'il voudrait pénétrer, ces pensées, ces espérances, ces vastes projets dont il ne reste sur le sol où ils ont germé, où ils se sont épanouis, que d'obscurs et fragiles souvenirs. Mais ce qui fait, avant tout le reste, dans l'esprit de l'homme, et sans que l'homme y songe sérieusement, l'attrait des ruines, c'est le mystère plus profond de ce qui passe et de ce qui ne passe point, du temps qui voit s'écouler dans son sein toutes les grandeurs et toutes les décadences, et de l'éternité présente à ces changements qui ne l'atteignent point, présente à tous les temps qui, loin de l'épuiser, ne l'entament même pas. — Voilà bien le dernier mot de l'ordre, et le secret que les ruines ne révéleront pas toutes seules, mais qui fait que l'homme ravi de l'ordre, passionné pour l'ordre, aime les ruines qui semblent contredire l'ordre et les interroge, sans se lasser jamais.

— Quel silence que tous nos bruits, bruits de séditions, de révolutions, de fêtes ou de batailles, bientôt absorbés et comme anéantis dans la paix immense, universelle, qui enveloppe notre globe et tous les mondes ! A peine s'est-on élevé de la plus faible distance au-dessus de notre terre et de ses vains tumultes, on entre dans le calme inaltérable des espaces infinis, où expirent à l'instant tous ces bruits qui nous semblaient devoir troubler la paix du ciel !

— Si nombreux qu'ils soient déjà ou qu'on les imagine, les siècles écoulés ne sont qu'un point du temps, au regard de ceux que notre pensée entasse les uns sur les autres dans un interminable avenir, et tous ensemble, siècles passés, siècles futurs, disparaissent comme un atome dans le sein de l'éternité. Notre pensée va jusque-là, mais loin qu'elle s'abîme elle-même dans ces abîmes du temps, quelque chose lui dit que concevant une éternité où se perdent tous les siècles et tous les temps, elle a des droits sur elle et qu'elle n'en sera jamais exclue.

— En dehors des vrais grands hommes il y a place, de temps à autre, sur la scène du monde, pour des personnages que l'histoire ne sait trop comment qualifier, le nom d'aventuriers tantôt les désignant à merveille, tantôt n'exprimant qu'une partie de ce qu'ils furent. Doués d'autant d'activité que les grands capitaines et les hommes politiques les plus justement célèbres, ils n'ont eu ni leur génie, ni leurs vues élevées, ni leur souci d'un long avenir. Comme la foule qu'ils entraînent à leur suite ils ont plus d'impétuosité que de prudence, plus d'instinct que de réflexion. Plusieurs d'entre eux n'ont su que détruire, quelques-uns ont commencé d'édifier, mais il a toujours fallu que les hommes de pensée vinssent à leur suite pour relever ou pour achever.

— L'auteur d'un article intéressant[1] sur la vie et les œuvres de l'historien Thomas Carlyle établit fort solidement que celui-ci croyait en Dieu d'une foi inébranlable, mais qu'il n'aimait pas du tout les hommes. Au résumé le portrait qu'il en trace est celui d'un parfait égoïste. Il approuve qu'on ait souvent, pour le mieux faire connaître, nommé son héros le dernier des puritains. Le dernier..... ce n'est point là qu'est le mal, si le portrait est ressemblant. Mais les puritains ne méritent pas cette injure : quelque peu d'orgueil, à la manière stoïcienne, joint à quelque dureté et à quelque opiniâtreté janséniste n'avait pas, j'imagine, totalement détruit en eux le christianisme et la charité.

— Victimes d'une injustice réelle ou imagi-

---

[1] *Bibliothèque universelle et Revue suisse.* — Août 1881.

naire, impuissants à nous défendre, nous adressons à la postérité qui n'est pas encore des appels dont nous savons bien que la réponse, si elle vient jamais, viendra quand nous ne serons plus. Pure vanité, dit-on, et bien digne de l'homme, pure chimère que tout cela ! Chimère, soit ; mais quel solide fondement de cette chimère : l'idée de justice absolue, de réparation nécessaire, celle aussi de Providence et d'immortalité !

— « Il est entré dans la gloire », dit-on du grand homme qui vient de mourir. — Quelle gloire ? Celle dont le doux murmure flattait son oreille, charmait son cœur ? — Elle est morte avec lui. — Celle qui réside dans l'oublieuse mémoire des hommes ? — Qu'en saura-t-il, et quel rapport d'elle à lui ! — Au fond cette gloire tant désirée, achetée au prix de travaux sans nombre et de cruels sacrifices, cette gloire, elle cesse précisément le jour où l'on dit qu'elle commence.

— Depuis qu'on ne flatte plus les rois, on flatte en France les poètes, les romanciers, les historiens : moins connus de la foule les philosophes ne se flattent qu'entre eux, et avec discrétion. Les rois, sous l'influence de la flatterie, changeaient de caractère ; les poètes et les historiens changent de convictions et de pensées. Ils se démentent, se contredisent, condamnent leur propre passé et flattent à outrance le présent qui les flatte. Pensent-ils mieux, depuis que le moindre souffle populaire change à son caprice la direction de leurs pensées !

— Étrange amour de la gloire qui n'a pas assez de tous les siècles à venir et s'enferme obstinément dans l'heure présente ; qui souhaite ardemment d'embrasser l'univers et s'attarde aux louanges d'une seule cité, Athènes ou Paris ; qui réclamant comme son bien l'admiration de tous les hommes s'inquiète plus encore de l'opinion de deux ou trois d'entre eux !

— Pour qui considère avec quelle rapidité les civilisations succèdent aux civilisations, les déclins aux apogées, les apogées aux déclins, il est difficile de croire que l'humanité soit aussi vieille qu'on l'affirme en certains livres. Ce qu'on voit de ses œuvres dans le passé, des plus petites comme des plus grandes, et non seulement de ses œuvres, mais les moindres traces de son passage, ne fait pas encore une telle somme, ni de quoi remplir tant de siècles. Il faudra bien qu'on rabatte de leur multitude, si l'on veut que chacun d'eux contienne quelque chose.

— Il survient, de temps à autre, dans la marche de l'histoire, quelque chose qu'on n'attendait pas et qui trouble tous les calculs. Les Perses n'attendaient guère Alexandre, ni les Gaulois César et ses légions, ni les Anglais Jeanne d'Arc, ni Montezuma Fernand Cortez, ni personne Bonaparte, ni Bonaparte devenu Napoléon l'hiver de 1812. L'histoire est faite, dans tous les temps et dans tous les pays, d'un ordre qui se développe suivant des lois régulières et d'un imprévu qui vient, à chaque instant, les troubler. Cet imprévu, c'est le plus souvent l'apparition d'un homme de génie, d'un dominateur des volontés ; quelquefois c'est un désordre de la nature, une tempête d'une violence irrésistible, un hiver prématuré, une épidémie, moins que cela, un peu de gravier dans le foie d'un homme, ou une artériole qui s'entrouvre dans son cerveau. Mais qui crée le génie et les caractères, qui précipite ou ralentit à son gré l'action des causes physiques ? Celui dont on s'efforce en vain d'effacer le nom écrit à chaque page de l'histoire.

— Il est des choses qu'il faut se hâter de faire, et d'autres qu'il faut laisser faire au temps. Les premières dépendent de l'occasion qui passe et ne revient plus, les autres d'un ordre de la nature que nous essaierions en vain de ralentir ou de précipiter.

— Le temps est, dans la conduite des choses humaines, un auxiliaire qui s'impose. Si puissant que l'on soit, c'est en vain qu'on essaierait de se passer de lui : il n'y a pas de force contre la sienne.

— Une récompense que le temps accorde presque toujours à ceux qui ont accepté de travailler avec lui, c'est d'achever à lui seul leur travail.

— Chose étrange et vraiment mystérieuse que le temps dont on dit tour à tour, avec autant d'à-propos, qu'il mine les institutions, qu'il anéantit les œuvres de l'homme, et qu'il mène à bien, sans que l'homme s'en mêle pour ainsi dire, ce que tout son génie et tous ses efforts ne parvenaient pas à réaliser !

— Les années ont beau, dans leur suite régulière, renfermer le même nombre de jours, il s'en faut qu'elles contiennent le même temps. L'expédition d'Alexandre a duré trois fois plus qu'on ne le voit dans les histoires, et la Révolution française, à sa période aiguë, renferme dans ses dix années quelque chose comme un demi-siècle, peut-être davantage. A quel point le temps diffère du temps, nous n'avons, pour nous en convaincre, qu'à jeter un coup d'œil sur l'histoire, et, plus simplement, qu'à descendre en nous-mêmes et dans nos souvenirs.

— A mesure qu'ils s'éloignent de nous les siècles écoulés se rapprochent les uns des autres. Encore un peu nous ferions d'Homère le contemporain des premiers jours du monde, et dans vingt mille ans, s'il y a encore une humanité, qui sait si elle ne nous verra pas à une faible distance d'Homère !

— *Age de pierre, âge de bronze, âge de fer :* grandes promesses, faibles résultats. Où sont les faits précis, les noms propres, les lois, les mœurs, les passions, les pensées ? Où est l'homme ? Où est l'histoire ? Rendons à la poésie ce qui lui appartenait à l'origine et n'a point, jusqu'à nouvelle enquête, cessé de lui appartenir.

— Gardez-vous de dire : *période de pierre, hameau lacustre*, dites : *âge de pierre, cité lacustre.* Ne voyez-vous point que ces termes font rêver aussitôt de siècles et de palais? Ceux qui les ont employés les premiers savaient bien le pouvoir de l'imagination, et qu'elle transforme aisément, sous l'influence d'un mot bien choisi, les années en siècles, des pieux en colonnes, de misérables cabanes en de vastes cités.

— Mille pierres taillées sur mille modèles ne valent pas, pour l'histoire, un bloc de pierre grossier auquel un homme, un de nos semblables, a confié en une ligne, en deux mots, l'expression d'un sentiment, d'une admiration, d'un regret, d'une pensée !

— On a beau fouiller tous les jours plus de sépultures, déchiffrer plus d'inscriptions sur brique ou sur pierre, en Égypte ou en Assyrie, descendre plus avant et faire pénétrer plus de lumière dans l'histoire de l'Inde ou de la Chine, allonger sans fin l'interminable liste des rois, des dynasties, des guerres, des traités, des invasions, des défaites, des victoires, découvrir même d'autres mœurs, d'autres inventions, d'autres lois, on ne découvre pas une autre nature humaine. Tant de siècles qui ont renversé tant d'Empires et changé tant de choses n'y ont rien changé d'essentiel.

— En présence de ces flèches, de ces dards,

de ces anneaux, de ces haches, dans ces *stations,* comme on les appelle, où l'homme n'a laissé que des traces matérielles de son passage, la pensée interroge, sonde, s'épuise, s'égare. Comme la moindre petite inscription serait la bienvenue ! Combien elle lui rendrait de services et lui épargnerait d'hypothèses ! Mais une inscription, c'est une langue, c'est la parole assouplie, aux ordres de la pensée, c'est une civilisation. Dès lors l'histoire apparaît avec la précision des faits, des noms, des dates, — et les âges, qu'ils soient de pierre, de bronze ou de fer, les âges s'évanouissent.

— Entrons ensemble dans le cabinet où Dusilex a concentré sa vie, son bonheur, ses espérances. Point de bibliothèque : quelques rares volumes sur un bureau couvert de papiers. En revanche, le long des murs qu'ils tapissent du plafond au plancher, de petites haches en pierre, des couteaux en pierre, des vases en pierre; partout la pierre taillée, aiguisée, creusée, amincie, polie, arrondie, se faisant tour à tour manche ou couteau, flèche, dard, lance, épée, faucille, instrument de culture ou de cuisine, prenant toutes les formes pour tous les besoins imaginables. Çà et là seulement, comme pour séparer les classes et distinguer les régions, quelques débris de mâchoires, quelques fémurs, quelques ossements d'une origine aussi incertaine que leur structure. Nulle trace de bronze ou de fer : c'est un monde à part que d'autres savants, s'il leur plaît, pourront exploiter à leur guise.

Dusilex est là dans son milieu, dans son empire, comparant, classant, écrivant, étiquetant les pierres qu'on lui envoie de tous les points de l'Europe et du Nouveau-Monde. Il lui reste à visiter encore une ou deux cavernes récemment découvertes, où il espère faire ample provision de documents destinés à enrichir sa grande Histoire. Le premier volume est déjà fort avancé ; encore quelques mois, et vous pourrez, s'il vous prend fantaisie, le lire et l'étudier tout à l'aise.

Peut-être vous demanderez quelle histoire Dusilex a entrepris d'écrire, en faveur de quel peuple, de quel siècle il s'est livré à ces minutieuses recherches. Il s'agit bien, en vérité, de peuple, de chronologie, de géographie, ou de la fastidieuse histoire qui raconte les événements, juge les hommes, leurs intentions, leurs actes, décrit les institutions et les mœurs, o.. constate le progrès ou la décadence, en découvre, à force d'attention, les causes cachées. Tout cela était bon pour nos simples aïeux qui s'imaginaient trouver plaisir et profit à la lecture d'Hérodote, de Thucydide, de Xénophon, de Polybe, de Tite-

Live, de Tacite, pour ne point parler des modernes. Notre ami n'a que faire des dates, des lieux, des noms propres, de toutes ces précisions aussi gênantes que superflues. Son livre s'en passera bien et n'en sera pas moins bon.

Dusilex, avec le seul secours de ces petites haches, de ces menus objets, joignez-y quelques fémurs et quelques crânes, raconte en son entier, dans toutes ses phases, depuis sa naissance jusqu'à sa fin, l'*âge de pierre*, rien que l'âge de pierre, sans le moindre mélange de fer ou de bronze : il écrit l'histoire avant l'histoire. Convenez qu'il a le champ libre, et qu'on ne saurait travailler plus à l'aise, en matière qui se prête mieux. Il est vrai que nous n'avons pas promis, vous et moi, de l'en croire sur parole, ni surtout de délaisser, pour une histoire où l'imagination tient une si belle place, la véritable histoire, celle de l'homme, de son âme et de sa pensée.

— Tout commence en histoire, conventions, lois, paix, guerres, traités, et jusqu'aux révolutions, par le discours secret d'un seul à lui-même; tout s'achève par le discours public, qu'il soit prononcé devant un petit nombre de sénateurs ou devant un peuple entier. C'est là que les raisons se pèsent, que les intérêts s'opposent, que le passé résume ses enseignements, que l'avenir se laisse entrevoir, que les pensées contraires luttent entre elles, avec ou sans le concours de la passion. C'est là que l'histoire découvre les ressorts les plus délicats, les origines les plus lointaines, les causes décisives des grands événements. Les Anciens l'ont compris, et ils se sont gardés de sacrifier à une exactitude apparente les intérêts mêmes de la vérité. Les admirables discours qu'on lit dans leurs ouvrages ne sont pas seulement, comme on l'a dit quelquefois, l'ornement de l'histoire ; ils sont l'histoire elle-même dans ce qu'elle a de plus vivant et de plus vrai.

— A Rome, c'est l'âme et la pensée qui ont formé lentement le grand Empire, comme elles ont formé et formeront à jamais, dans la suite des siècles, tous les grands Empires bien différents des dominations passagères qui, parce qu'elles n'ont pas eu d'âme et de pensée, ne pèseront pas dans les destinées du monde.

— Y a-t-il eu, au point de départ, un esprit romain, un génie romain enveloppé comme un germe dans les origines de la cité romaine, recevant d'elle les aliments qui l'ont fait grandir, mais, en retour, lui imprimant sa forme et dirigeant son évolution ?

Ou bien faut-il reléguer parmi les chimères cette *idée directrice de l'évolution romaine,* et faire du génie de Rome le résultat fortuit du climat, des lieux, des hommes, des circonstances qui se seraient, par un pur effet du hasard, combinés de façon à produire l'imposante merveille qui étonne encore le monde ?

Nous posons la question aux historiens et aux philosophes, mais nous avouons que la première solution nous paraît, jusqu'à preuve du contraire, plus vraisemblable.

— L'exercice de la pensée ne doit absorber ni un homme, ni un peuple, mais un homme et un peuple tiennent d'autant mieux leur rang dans le monde que la pensée, chez l'un et chez l'autre, remplit plus exactement sa fonction de gouverner et de maîtriser les sens, d'élever et de purifier les sentiments, de tempérer l'imagination.

— On peut changer et même plus d'une fois, dans le cours de son existence, le gouvernement d'un grand peuple ; on ne peut rien sur son âme et sur son génie, car il n'est grand peuple que par son âme et par son génie.

— Le génie de la France est trop universel, il aime trop les hauteurs et les vastes horizons, pour qu'aucune secte puisse l'emprisonner dans ses étroites barrières. Comprimé, enchaîné pour un temps, il reprend bientôt son vol avec sa liberté.

— L'unité des grands esprits est faite, comme celle des grands peuples, de plusieurs esprits dont l'accord est si parfait, qu'on ne saurait dire ce qui est plus admirable de leur diversité ou de leur unité.

— Un peuple laisse surtout dans l'histoire la trace de son esprit, trace d'autant plus durable, qu'un plus grand nombre d'esprits s'étant comme associés pour composer cet esprit unique, l'empreinte s'est faite à plusieurs reprises, et la marque a été plus profonde.

— Ne pourrait-on dire d'un peuple, qu'il est d'autant plus un peuple et vraiment digne de ce nom, que son esprit principal, celui qui le caractérise dans l'histoire, contient un plus grand nombre d'esprits différents. Leur manifestation successive à travers les âges, dans les Lettres, les Arts, les Sciences, la Religion, la Philosophie, la Guerre, la Politique est comme le déploiement naturel d'un esprit assez riche, assez varié, assez fort, pour se montrer sous les aspects les plus divers, sans compromettre et surtout sans détruire son unité.

— Dans l'esprit qui domine au sein d'une nation l'observateur attentif distinguera toujours, avec les restes de l'esprit qu'il a remplacé, les germes de l'esprit qui doit le remplacer à son tour.

— Où commence l'esprit d'un siècle et où finit-il? Peine inutile que celle de chercher ici des dates précises, il n'y en a point. Qu'ont à faire, en cette question, les chiffres et leur total? Est-ce que le mouvement de l'esprit humain se règle sur la suite des années, et s'arrête juste au moment où la dernière année d'un siècle chronologique est révolue, pour reprendre, sur d'autres frais et dans une direction différente, avec la première année du siècle suivant? Gardons-nous d'associer aussi étroitement ces deux choses, la marche de l'esprit humain et celle du temps, chacune d'elles suivant sa loi qui n'est pas celle de l'autre. Ne sait-on pas que les premières années du XIXe siècle, jusqu'à 1830, sont encore pénétrées de l'esprit du XVIIIe, dont les germes ont été cherchés de nos jours et retrouvés jusqu'au cœur du xvii⁰ ? La seule chose dont on ne puisse douter, c'est que chez les peuples civilisés, mais surtout dans nos sociétés modernes, un esprit est toujours gros d'un autre esprit, et qu'à l'heure même où il semble être dans toute sa force, il porte en lui l'esprit qui doit le remplacer ou le détruire. Même il n'est pas rare que, durant quelques années, l'esprit qui s'en va et l'esprit qui vient fassent comme une sorte de partage à l'amiable, jusqu'au jour où ils luttent ouvertement à qui restera le dernier.

— On a tout dit, en prose et en vers, des inconstances de la fortune, tout, sinon peut-être que la fortune y est pour la moindre part. Laissons de côté les autres causes, et, parmi elles, l'inévitable loi des déclins succédant aux apogées ; rappelons seulement que rien n'aveugle l'esprit comme des succès prolongés, que rien n'expose à perdre le sens vrai des hommes et des choses, comme d'avoir trop longtemps et trop aisément triomphé des hommes et des choses.

— Analysez, creusez, sondez, scrutez, découvrez même à la fin quelques-unes des causes lointaines ou prochaines de ces grands désastres qui ébranlent jusque dans ses fondements la fortune d'un peuple, de ces chutes soudaines et irréparables qui sont la fin d'un règne, d'une dynastie, d'un régime, vous n'avez pas assez sondé, assez creusé, assez analysé, si vous n'êtes allé jusqu'au vrai principe, jusqu'à la cause des causes, jusqu'à :

> Cet esprit d'imprudence et d'erreur,
> De la chute des rois funeste avant-coureur.

Cet esprit vous le trouverez, si vous cherchez bien, à l'origine de toutes les décadences, comme vous découvrirez l'esprit de sagesse et de vérité au point de départ de toutes les prospérités et de toutes les grandeurs.

— « La faute à celui-ci...; la faute à celui-là... » Peut-être oui, peut-être non ; mais la faute aussi, très souvent, à toutes les fautes qui ont précédé celle que vous reprochez si amèrement à son auteur coupable ou non, et qui la rendaient presque inévitable.

— Une loi se fait, et plus tard elle s'interprète avec la raison commune qui ne change point, et avec l'esprit du temps qui ne cesse de varier. Les deux y sont, et c'est pour cela que l'entreprise n'est pas toujours facile d'interpréter les lois, et de découvrir tout ce qu'elles contiennent, tout ce que le législateur y a voulu mettre, sous des influences qui sont à peine un souvenir.

— Quand on étudie, pour le connaître exactement, et, au besoin, pour l'appliquer à propos, l'esprit d'une Constitution politique, on est arrêté, pour peu qu'elle ne soit pas récente, par bien des ignorances et bien des obstacles. On voit, en effet, sans trop de peine, ce que le législateur (qu'il soit un ou plusieurs, il importe assez peu), y a mis de son esprit, en tant qu'il était l'esprit d'une créature raisonnable, semblable à toutes les créatures raisonnables ; on découvre moins facilement ce qui vient de son caractère propre, de son esprit à lui, de ses passions, de ses préjugés, des circonstances. Tout cela, même après un intervalle assez court, est si loin de nous, si différent de nous, que nous sommes exposés à mille erreurs, mais surtout à faire à notre image et ressemblance parfaite ceux qui, à part la raison, différaient de nous en tant de points.

— Comme ces courants qui se forment dans les hautes régions de l'atmosphère, mais qui n'atteignent point les parties les plus voisines du sol, ainsi plusieurs esprits qui devaient leur naissance aux passions des hommes politiques et des hommes de guerre, aux lettrés, aux philosophes, aux salons, aux femmes, ont grandi et régné tour à tour dans les classes élevées de la société française, sans que la masse du peuple en fût touchée. S'ils sont descendus parfois jusque dans les classes moyennes, plus rarement dans les classes inférieures, leur action sur ces dernières a pu être violente, elle n'a jamais été durable. C'est dans leur sein que se conserve, rebelle à toutes les transformations radicales, le véritable esprit national, avec ses caractères ineffaçables, celui que des influences plus ou moins puissantes ont pu modifier passagèrement, dont elles n'ont pas jusqu'à présent changé les traits essentiels.

— *Esprit public* · Protée mobile et insaisissable ; on ne sait au juste ni ce qu'il est, ni où il est, et il faut deviner ce qu'il veut. On le poursuit d'un côté et il va de l'autre : l'obéissance n'est pas, tant s'en faut, sa première vertu. Demandez à ceux qui, dans nos sociétés modernes, essaient parfois de le diriger, si leur tâche est facile. Ils vous répondront qu'ils y ont employé leur talent, leur argent, leurs amis, leurs journaux, la vérité, la fiction, les menaces, les promesses les plus séduisantes. Au moment où ils croyaient le tenir et s'en rendre maîtres, une circonstance fortuite, un mot lancé dans la foule, ingénieux, équivoque, méchant, malheureux, moins qu'un mot, un je ne sais quoi venu l'on ne sait d'où, déjouait tous leurs calculs, mettait à néant leurs espérances. Ne serait-ce pas qu'il y a beaucoup de passion et pas mal d'ignorance dans cet esprit public, et, à certaines heures, encore plus de légèreté que de passion ? On s'expliquerait alors qu'il soit si difficile de le bien définir, encore plus difficile de le fixer.

— Où est l'esprit public d'un peuple civilisé ? Chez les hommes intelligents ? — Mais il est rare qu'il soient du même avis et qu'ils voient les choses du même œil. Ils ont, chacun pris à part, trop d'esprit, pour avoir, tous ensemble, le même esprit. — Dans le peuple et dans son bon sens ?— Je veux qu'il en ait beaucoup; mais alors expliquez-nous pourquoi l'esprit public est si mobile, si inconstant, quand, de sa nature, le bon sens l'est si peu.

— Chose étrange et qui paraît, au premier abord, contradictoire : ce que l'esprit public a de plus stable lui vient de la passion, ou seule, ou jointe à quelque intérêt très apparent; ce qu'il a de plus éphémère lui vient des idées dont l'esprit est pourtant la source. Elles ne prennent racine en lui, elles n'ont chance d'y demeurer qu'à condition de s'unir étroitement à quelque passion, et de se mettre à son service, pour vivre et mourir avec elle.

— L'esprit public ressemble, à s'y méprendre, au *devenir* de Hégel, toujours en formation, jamais formé, toujours allant et venant, jamais fixé.

— Ce sont les journaux qui ont donné naissance à l'esprit public, ou du moins qui l'ont appelé du nom qu'il porte, car de savoir s'il existe en réalité, et dans quelles conditions il existe, c'est un problème qui n'est pas encore résolu. Pour le présent, ils vivent de lui, de l'appui qu'il est censé leur prêter, des conseils qu'ils lui prodiguent, de la direction qu'ils s'efforcent de lui imprimer, chacun d'eux le tirant à soi, affirmant même qu'il le représente seul dans son intégrité. Supprimez les journaux, je vois bien encore où est le génie national, quels courants d'opinions et de passions le traversent, en le modifiant de temps à autre, sans le changer dans son fond; je ne vois plus où est ce qu'on nomme pompeusement l'esprit public.

— Un peuple reçoit son génie; un Corps, Université, Sénat, Magistrature, Ordre religieux, fait son esprit. Il y a quelque chose de spontané, de primitif dans le génie d'un peuple, et surtout dans sa formation où la pensée et la volonté n'ont rien d'individuel, et se montrent surtout dans l'ensemble. L'esprit d'un Corps se forme lentement, par une suite de pensées et de résolutions qui s'enchaînant, se complétant, se transmettant, deviennent une tradition, une loi d'usage plus forte que les lois écrites et plus difficile à détruire. Un peuple cède aux impulsions de son génie, presque sans le savoir et le sentir; un Corps s'abandonne le plus souvent, mais quelquefois il résiste aux suggestions de son esprit. Cette résistance est alors le fait d'un petit nombre dont la volonté triomphe, pour un temps très court, de l'esprit du Corps lequel reprend bientôt son empire.

— L'esprit d'un Corps constitué peut se modifier dans des limites assez étroites, sans que le Corps périsse. Le génie d'un peuple ne le saurait faire : ou il reste ce qu'il est, ou il meurt.

— Combien d'hommes n'ont d'esprit que celui du Corps auquel ils appartiennent : aussi l'ont-ils étroit et irréformable.

— Ceux-là seuls font vraiment honneur au Corps dont ils sont les membres qui prennent de son esprit juste ce qu'il a de bon, et qui gardent soigneusement toutes les qualités de leur propre esprit.

— L'histoire d'un Corps est, avant tout, l'histoire de l'esprit qui l'anime, de ses modifications passagères, de sa persévérance finale : c'est aussi celle du génie de son fondateur, devant lequel s'effacent ceux qui lui ont succédé. Chez un grand peuple l'histoire de son armée, c'est surtout l'histoire des hommes de guerre qui l'ont, les uns après les autres, formée, développée, perfectionnée, conduite. Aux traditions gardiennes de l'esprit et des vertus militaires, chacun d'eux s'est, en quelque sorte, ajouté lui-même. On dirait qu'il faut, à chaque guerre nouvelle, un homme de génie pour fixer la victoire, et, dans l'espace qui sépare deux guerres, un homme de génie pour la préparer.

— L'esprit qui animait l'armée, officiers et soldats, a préparé la victoire : c'est le génie du général en chef qui l'a gagnée.

— C'est la perfection de l'art, c'est aussi celle de l'esprit philosophique chez un historien, qu'on ne cesse de lire chez lui la leçon du présent dans l'histoire du passé, bien qu'elle n'y soit écrite nulle part.

— Ayez, dans l'ordre politique, toutes les habiletés, toutes les finesses, toutes les pénétrations, toutes les prévoyances, si vous ne les soumettez à la loi absolue de la justice et du bien, c'est en vain que vous aurez reçu tous ces dons de l'esprit. Ils ne feront pas que vos œuvres soient solides et durables : peut-être même ils en précipiteront la ruine. C'est le pire de tous les esprits, dans la haute direction des choses humaines, de ne compter que sur son esprit, ou de croire que l'esprit séparé de la volonté droite garde encore toutes les forces, toutes les lumières. qui le font esprit.

— Il n'y a pas peut-être de vérité plus banale, moins discutée et moins discutable, que celle-ci : « la direction de la chose publique doit être confiée aux plus intelligents et aux plus honnêtes ; elle n'est si bien qu'entre leurs mains. » Il n'en est pas toutefois dont l'application semble plus rare et plus difficile. Les intérêts, les passions, les vices des hommes la réduisent trop souvent à l'état d'axiome aussi stérile qu'il est incontesté.

— Lequel des deux est plus lumière que l'autre, dans la direction de la chose publique, de l'intelligence ou de l'honnêteté, de l'esprit ou du bon vouloir? La vérité, c'est qu'ils sont lumière, quand ils s'associent, ténèbres, quand ils se séparent.

— Les chutes de ceux qui, Chefs d'État, Ministres, Rois, ont voulu le bien, sans avoir l'intelligence du bien, sont seulement douloureuses. Les chutes de ceux qui ont su, et n'ont pas voulu, sont douloureuses et honteuses.

— Quand Thiers prononçait, aux dernières pages de son Histoire, ce jugement sur Napoléon I*er*, qu'*il avait manqué de vertu,* que ses revers et sa chute n'avaient pas eu d'autre cause, il résumait d'un mot la grande, l'universelle loi de l'histoire, celle qui s'applique non seulement à un homme, Empereur ou Roi, mais à tous les Empires, à toutes les sociétés, dans tous les pays et dans tous les siècles. Allez au fond, au vrai fond, aux dernières causes, vous n'en trouverez pas de plus décisive, ni qui explique mieux toutes les décadences et toutes les grandeurs. Etudiez, comptez, comparez toutes les forces apparentes ou réelles d'une nation ; mesurez-les, si votre regard est assez sûr ; éprouvez-les, s'il était en votre pouvoir : elles céderont tôt ou tard, elles se briseront. Seule la force qui vient de la vertu ne fléchira pas, et par celle-là toutes les autres se rétabliront, de même qu'on les verra s'effondrer toutes, si celle-là ne les soutient pas.

— Quand les chefs d'État cessent de nommer

Dieu et d'invoquer ou de remercier la Providence dans leurs actes publics, ce n'est point que Dieu ait cessé d'exister, ou que sa Providence soit moins disposée à nous secourir, c'est que leur intelligence s'est voilée, ou qu'ils n'osent pas : peut-être les deux à la fois.

— Ils font sagement d'écrire de savants ouvrages sur l'histoire et les Constitutions des premiers, des plus anciens États de la Grèce. Ils font sagement d'en recommander l'étude à leurs élèves, pour qu'ils deviennent mieux que des savants, des citoyens. Mais pourquoi s'occupent-ils si peu des États et des Constitutions qui naissent et se forment sous nos yeux, pour la dernière fois peut-être de l'histoire, en terre vierge, avec toutes les ressources de la liberté, de la civilisation et de l'espace ? Peut-être allons-nous dire une chose étrange, mais il nous semble qu'un voyage à Sydney, à Adélaïde, à Melbourne, dans la Nouvelle-Zélande, ne serait pas sans quelque profit pour l'histoire d'Athènes, de Tyr ou de Carthage.

— L'amour de Liobert pour la géographie est un amour ardent, persévérant, communicatif ; ses élèves, ses auditeurs, tous ceux qui ont avec lui quelque commerce ne tardent pas à partager sa passion. Ceux qui l'ont entendu veulent l'entendre encore : ils lui font des recrues, des prosélytes dont le nombre s'accroît sans cesse. Pour trouver place à ses Cours, et ne point demeurer tristement à la porte, il faut arriver une heure à l'avance ; neuf cents élus prennent cette peine, ils en sont largement récompensés. Un tel succès, et qui ne date point d'hier, prouverait à lui seul que la géographie, comme Liobert la comprend, n'a rien d'aride et d'étroit ; elle est devenue entre ses mains la science la plus large, la plus élevée, la plus féconde. Elle a des rapports avec tout ce qui existe ; elle embrasse le passé, le présent, il lui arrive même de sonder et de prévoir l'avenir. Les uns de dire alors : « c'est un illuminé », les autres : « c'est un devin quelque peu téméraire, mais qui ne se trompe pas toujours ». Nul ne dit: « c'est un vaniteux qui s'en fait accroire et se donne des airs de prophète » ; la science de Liobert, en effet, n'a d'égale que sa sincérité. Pour s'élever parfois un peu haut et se permettre des inductions hardies, il s'en faut qu'elle manque de précision, là où la précision est nécessaire. La même main qui, sur une carte de la Germanie, notait sans hésitation, après de patientes recherches, la place des villes, des marchés, des tribus, la direction des voies principales, traçait naguère, pour les explorateurs de l'Afrique saharienne, des itinéraires d'une minutieuse exactitude. Ils l'ont dit, ils l'ont écrit ; ils ont rendu un hommage public à la science, à la sagacité de celui qui les avait, de si loin, si bien dirigés.

Comment se fait-il que Liobert, professeur et savant d'un tel mérite, original et inventeur autant qu'on a droit de l'être dans la science qu'il cultive, estimé d'ailleurs à l'étranger et dans les Universités les plus célèbres, soit si peu connu dans son pays? La raison en est simple. Liobert est modeste, un peu rude d'allures ; il enseigne et il écrit en province, il ne fait aucune concession à des opinions qu'il croit fausses, il n'a point de coterie qui le soutienne. Sa seule ressource, je dirais son seul espoir, s'il avait quelque souci des honneurs et des biens d'ici-bas, c'est que sa renommée se répande de Russie et d'Allemagne jusque dans son pays. Le jour où les Parisiens apprendront que Liobert est tenu en grande estime à Berlin, à Vienne, à Prague, à Moscou, ils rendront enfin à Liobert la justice qu'il mérite. Il attend sans impatience que cette heure arrive ; elle n'arriverait jamais que la conscience du devoir accompli, que la science et ses joies lui suffisent.

— « Que de pensées ont dû s'ajouter peu à peu les unes aux autres, — Dieu sait à travers quels débats et quelles épreuves dont l'histoire est celle de l'esprit humain, — avant qu'il y en eût assez pour former une doctrine philosophique et plus tard un système..... »

« Que de cantons, de cités, de provinces, se sont, à travers toutes les habiletés de la politique, toutes les violences de la conquête, toutes les vaillances et toutes les incertitudes des champs de bataille, ajoutés à d'autres cantons, à d'autres provinces, avant qu'il y en eût assez pour former un grand royaume ou un Empire..... »

« On dirait que ces pensées trop faibles dans leur isolement en appelaient d'autres pour se compléter, au risque de se perdre en elles, que ces provinces placées dans les pires conditions, pour s'organiser et pour vivre, tendaient à s'unir à d'autres provinces plus favorisées. Ce que pensées et cités perdaient en indépendance, elles le regagnaient en prenant leur part de la grandeur commune..... »

« Mais qu'est-ce que cette soif de grandir dont les effets se découvrent à chaque page de l'histoire, quand ils ne sont pas, comme il est arrivé pour Rome, l'histoire tout entière ? Est-elle donc plus vive, plus ardente chez les peuples que chez les individus ? Sont-ils moins que nous effrayés par les luttes et les douleurs qu'il faut subir pour la satisfaire? Leur vie obéirait-elle comme la nôtre, avec une conscience plus confuse, mais non moins docile, à ce ressort intérieur et tout-puissant? Mais ce ressort lui-même qui l'a mis en nous? Qui l'y maintient? Pour quelle fin dernière? Quels rapports de la grandeur dans l'âme de l'homme, de la grandeur dans l'histoire, avec la grandeur dans la pensée de Dieu et dans son Être?..... »[1]

Et j'allais ainsi de question en question, de pensée en pensée, fermant puis rouvrant, pour le fermer et l'ouvrir encore, le livre dont la lecture leur avait donné l'occasion de naître, l'*Histoire du Royaume d'Arles*[2], un de ceux que le royaume de France a fini par absorber et qui ont trouvé leur grandeur dans sa grandeur.

— Est-ce l'Empire, est-ce la France qui absor-

---

[1] Voir, pour le développement plus complet de cette pensée, l'Introduction du livre *L'Histoire et la Pensée* (2ᵉ édition des Pensées sur l'histoire).

[2] *Histoire du Royaume d'Arles*, Étude sur la formation territoriale de la France dans l'Est et le Sud-Est, — par Paul FOURNIER, professeur à la Faculté de Droit de Grenoble. — Ouvrage couronné par l'Institut (Prix Gobert). Paris, 1891. — Alphonse Picard, éditeur.

bera ce royaume d'Arles trop mal situé pour vivre par lui-même, qui se soumettra cette riche vallée du Rhône dont les petits et nombreux souverains ne cessent de faire appel, dans leurs interminables différends, à une souveraineté plus haute, à l'Empereur aujourd'hui, demain au Roi ? Même ardeur de grandir chez ces deux puissants voisins, mais l'Empereur est plus loin, moins résolu, moins constant dans sa politique ; surtout l'Empire manque absolument d'unité. Celle du royaume de France se fait non sans peine, mais elle se fait un peu chaque jour. Elle apparaît déjà bien visible dans le génie national ; elle est dans les conseils, dans la suite et la persévérance de la politique. Pour le royaume d'Arles, comme pour tant d'autres provinces, c'est l'unité qui décidera entre les deux rivaux ; c'est elle qui ouvrira les voies à la grandeur, c'est elle qui la maintiendra après l'avoir fondée.

— Ni les grandes philosophies n'ont absorbé, sans une seule exception, toutes les théories nées avant elles, disséminées autour d'elles, ni les grands Empires n'ont soumis à leur domination, et fait disparaître à jamais toutes les Cités, tous les royaumes qui touchaient à leurs frontières. Ou la nature des pensées, ou celle des choses, ou les temps, ou les circonstances, ou l'insuffisance du génie humain, ou le décret d'une volonté supérieure, ont opposé à cette doctrine qui prétendait faire oublier toutes celles qui l'avaient précédée, à cet Empire qui voulait mais ne pouvait être universel, des obstacles insurmontables. Comme toutes les philosophies secondaires que protégeait une pensée originale, les petits États que défendait contre des voisins entreprenants la nature de leur sol, ou le génie de leur race, sont demeurés indépendants. La force et la pensée ont ici-bas leurs limites tracées d'avance : il n'est donné à aucune ambition, à aucun génie, à aucune audace humaine, de les franchir.

— Comme les grands Empires les grandes philosophies déclinent, après avoir atteint leur apogée. Mais ce qu'elles laissent aux philosophies destinées à les remplacer, ce n'est rien de moins qu'un immense héritage, si on le compare au peu qu'un Empire détruit lègue à l'Empire qui se formera laborieusement sur ses ruines. Encore ce peu qu'il laisse, ce sont ses Lettres, ses arts, sa pensée, son esprit, c'est-à-dire au sens le plus large et le plus vrai du mot, sa philosophie.

— L'Empire d'Alexandre dont on parle avec

tant d'admiration dans les histoires n'a pas duré si longtemps, et il a disparu pour ne plus renaître. A peine formerait-il une province de celui que son précepteur Aristote a conquis avec sa seule pensée, et que le temps, loin de le dissoudre, ne cesse d'agrandir.

— D'immenses régions à peupler, des villes à fonder, des *Territoires* à transformer en *États*, des États nouveaux à unir étroitement aux États anciens, un génie national à développer, un même esprit à faire circuler dans tous les organes et toutes les parties de ce corps immense : voilà de quoi satisfaire pendant un demi-siècle encore les aspirations à l'unité et à la grandeur qui travaillent sourdement les États-Unis d'Amérique, comme elles font pour tous les peuples réservés à de hautes destinées. L'indifférence qu'ils témoignent pour les conquêtes du dehors n'est point feinte assurément, mais nos descendants verront, dans un siècle au plus tard[1], si elle pouvait être durable, et si l'activité d'un grand peuple qui n'a plus où se prendre autour d'elle,

---

[1] Cette pensée est de l'édition de 1887 : les États-Unis n'ont pas attendu un siècle pour en démontrer l'exactitude.

ne déborde pas tôt ou tard au delà de ses frontières.

— L'Empire qui meurt, meurt pour toujours : on peut ressusciter son nom, lui-même il ne renaîtra plus. Il a tenu sa place, joué son rôle; la scène est à d'autres qui l'occupent, en attendant qu'on les en chasse à leur tour. Au contraire on a vu renaître à plusieurs reprises, avec les changements et les additions que réclamait le progrès des siècles, les deux grandes philosophies de l'antiquité. Elles ont reparu avec leurs noms, mais surtout avec leur esprit qui, sans doute, est partie intégrante de l'esprit humain. Aussi bien leur mort n'était qu'apparente, et leur résurrection n'est que la suite de leur vie : la vérité s'épure ou s'accroît, elle ne meurt pas.

— On conçoit, à la rigueur, une philosophie qui s'aidant de tous les progrès de la pensée, et de tous ceux des sciences, réunirait à la fin des temps, dans son vaste sein, toutes les vérités où l'intelligence de l'homme peut atteindre. On ne conçoit pas un Empire qui absorberait tous les autres Empires, et dont la force triompherait à jamais de tous les adversaires et de toutes les résistances. Il n'est d'Empire universel, définitif,

L'HISTOIRE. 391

sûr de lui-même et de l'avenir, que celui de la vérité.

※

— L'homme est un dans sa personne faite d'un corps et d'une âme distincts, mais unis par les liens les plus étroits, un d'une unité que manifestent à chaque instant, dans leur merveilleuse harmonie, les opérations les plus variées, pensée, volonté, mémoire, que résume la conscience du moi, que met hors de doute, du premier au dernier jour de notre vie, la responsabilité de nos décisions et de nos actes.

Dans les régions inférieures et moyennes de ce *tout naturel*[1], un surprenant mélange de sentiments généreux et de sentiments vulgaires, de nobles aspirations et de basses passions, de bon sens irréprochable et de soudaine déraison, toutes les rectitudes et tous les travers, toutes les prévoyances et tous les oublis, toutes les qualités et tous les défauts, toutes les sagesses et toutes les

---

[1] Bossuet, *Connaissance de Dieu et de soi-même*.

folies, avec une mobilité, un inattendu qui défient toutes les prévisions et les plus habiles calculs.

Un point fixe toutefois autour duquel roule et tourbillonne ce flot sans cesse agité, une force assez puissante pour rétablir à chaque instant l'équilibre à chaque instant rompu, pour maintenir ou refaire l'unité qui se brisait : l'*idée du bien,* sous toutes ses formes et tous ses noms, science, prudence, justice, courage, tempérance, charité. C'est elle qui met de la suite dans ce désordre et chaque chose à sa place dans cette confusion : elle ne ferait, sans son secours, que changer de nom et d'aspect.

Ne cherchez pas ailleurs le principe de la *monarchie,* de la *démocratie,* de l'*aristocratie* : vous êtes à la source, à la raison dernière. Si l'histoire nous les présente unies à tous les degrés, combinées dans toutes les proportions, dans les Cités et les gouvernements les plus divers, c'est que nous les portons en nous-mêmes, car l'histoire ne montre sur son vaste théâtre que ce qui est en nous, en petit et en raccourci.

— Bien peu sensés sont les hommes de disputer avec acharnement sur la forme et le nom des gouvernements qu'ils se donnent ou qu'ils subissent, puisque dans chacun d'eux les trois principes que l'ordre public emprunte à notre nature ont nécessairement leur place. C'est donc sur la proportion où ils doivent y entrer, qu'on se livre ces grands combats de l'épée, de la parole ou de la plume ; mais on n'y songe pas, et, en réalité, c'est à la forme extérieure, c'est surtout au nom de l'élément qui domine que vont ces amours et ces haines, ces affections, ces indignations, ces dévouements, ces colères. Le besoin d'aimer auquel correspond trop souvent la tendance à haïr, se prend, chez le peuple surtout, à quelque chose d'un, de simple, de visible, et qui ressemble à une personne, désignée dans le discours par un mot devenant peu à peu objet d'amour ou objet d'horreur. Les têtes qui analysent, qui vont jusqu'au détail et aux principes des choses sont rares. Peut-on espérer d'en accroître le nombre, par un enseignement impartial de la philosophie et de l'histoire, au point de supprimer un jour la passion politique? La chose est bien douteuse : il faudrait, pour cela, non seulement améliorer, mais changer totalement la nature humaine.

— Quand Cicéron attribue les grands succès et la prodigieuse fortune de Rome à ce qu'elle a, dès l'origine, étroitement uni dans sa Constitution et ses lois, la démocratie, l'aristocratie, la monarchie, fait-il autre chose que confirmer par cet illustre exemple une loi bien antérieure à la naissance de Rome, une loi aussi vieille que la nature même de l'homme dont la vie sociale reproduit, dans les proportions qui lui sont propres, les éléments premiers et les lois fondamentales.

— Au dernier rang des êtres animés un seul organe suffit à plusieurs fonctions, ou même il les remplace toutes à la fois. Au plus bas degré des sociétés la vie publique est tout entière au pouvoir d'un seul : il s'en faut qu'elle soit pour cela plus parfaite.

— « Vous êtes, — législateurs, hommes politiques, — amoureux de l'unité, passionnés pour l'unité, nous aussi, modestes philosophes. Vous cherchez sans cesse à la conquérir, à l'accroître, nous à savoir ce qu'elle est, et voici le résultat de nos analyses. Il y a deux unités (nous l'avons prouvé contre les Alexandrins) : la première, à force de se retrancher, d'exclure, de s'épurer elle-même, à force de vouloir se faire absolument et parfaitement une, s'évanouit et n'est plus rien. La seconde qui consent à être riche d'un nombre infini d'éléments divers, quelquefois même, — mais seulement en apparence, — opposés l'un à l'autre, qui accueille et ordonne dans son vaste sein tout ce qu'il peut contenir, est l'unité vraie, vivante, féconde, indestructible. — Voyez, hommes politiques, si vous pouvez tirer quelque parti de nos conclusions. »

— Affirmer que l'intelligence et la vertu sont, dans un État, les deux forces qui contribuent davantage à sa prospérité et à sa grandeur, c'est énoncer une vérité de bon sens. Mais si la raison aidée de l'histoire démontre qu'une société ne saurait se passer d'ordre hiérarchique, cet ordre ne fût-il que celui de ses magistrats, — d'unité, cette unité ne fût-elle représentée que par des consuls annuels, cette vérité s'adaptera si parfaitement à la précédente qu'on sera tenté de la ranger, elle aussi, parmi les vérités de bon sens.

— Le *despotisme*, comme Montesquieu le nomme, la *tyrannie*, comme l'appelaient les Grecs, n'est pas, en réalité, une forme de gouvernement ; c'est le châtiment plus ou moins dur et prolongé des gouvernements qui ont exagéré leur principe. On y vient de la démocratie, aussi bien que de l'aristocratie et de la monarchie ; mais on y vient d'autant plus vite, et on en sort avec d'autant plus de peine, que les mœurs sont plus corrompues, et les âmes plus vides des croyances qui protégeaient leur liberté.

— Le pape est au sommet où il représente et maintient l'unité : voilà pour la monarchie. La messe du plus humble desservant de village n'a pas moins de valeur que celle du pape ; ils sont égaux dans la plus sublime fonction du sacerdoce : voilà pour la démocratie. Entre le pape et les simples prêtres le corps des évêques égaux entre eux, sauf pour les primautés d'honneur, et pour celles de juridiction : voilà pour l'aristocratie. On chercherait vainement quel est, dans le corps de l'Église, celui des trois éléments qui lui est moins utile, et dont elle pourrait, à la rigueur, se passer : on ne le découvre pas. L'ordre parfait qu'on admire en elle, son unité dont la richesse est inépuisable, sa grandeur, sa beauté font assez voir à quel point leur union est indissoluble.

— Si la Nature a voulu qu'en chacun de nous, à de rares exceptions près, un élément de la vie physique fût plus riche et mieux pourvu, elle n'en a jamais fait l'élément unique, et si c'était le sang par exemple, elle n'a pas, pour lui faire la part plus large, supprimé ou réduit à rien tous les autres. Mais les hommes sont trop souvent, dans leurs institutions politiques, moins sages que la Nature, et ils ne s'en trouvent pas mieux pour cela.

— *Monarchie pure, aristocratie pure, démocratie pure* me font songer, chaque fois qu'on m'en parle, à tempérament purement sanguin, purement bilieux, purement nerveux, à supposer qu'il pût y en avoir de tels, et à leurs suites presque fatales : congestions, cirrhoses, hépatites, apoplexies, névropathies, neurasthénies, que suit, en général, *la privation de la vie* où *les aura conduits leur folie,* comme parle Molière.

— Si la tradition est, pour ainsi dire, de l'essence des monarchies, elle n'est guère moins utile aux démocraties, comme contrepoids des volontés mobiles à l'excès, et solide appui des magistratures où l'on passe, sans y demeurer.

— La vraie démocratie n'est point celle où le peuple concentre en ses mains tous les pouvoirs, mais seulement ceux qui conviennent à sa nature de peuple et à ses droits légitimes. Pour qu'il les exerce utilement et les garde sûrement, il doit laisser leur place, au pouvoir qui maintient l'unité, et à celui qui représente plus directement la mesure, la continuité, la stabilité, la tradition.

— Je serais bien surpris si l'*honneur* des monarchies n'était point proche parent de la *vertu* des républiques, car je ne conçois pas un État sans vertu. Seulement la vertu se montre dans les républiques, c'est Montesquieu qui l'affirme, sous son vrai nom, et elle se dissimule dans les monarchies sous un nom d'emprunt. Parfois même, l'honneur, tant de services qu'il leur ait rendus, y devient un péril extrême, quand l'opinion se répand et finit par prévaloir dans les classes élevées, que l'honneur, — c'est alors le faux honneur, — dispense de la vertu.

— La démocratie, même la plus robuste à ses origines, d'où ne sort point tôt ou tard une aristocratie du travail, de l'honneur, du talent, de la vertu, c'est un arbre au tronc large et puissant qui n'a su porter qu'une multitude de branches sous des myriades de feuilles, mais point de fleurs au printemps, et à l'automne point de fruits.

— C'est ravir à la démocratie une part d'elle-même ; c'est l'abaisser dans le présent et lui fermer l'avenir, que de comprimer dans son sein, sous le prétexte menteur d'une égalité désavouée par la nature, l'essor vers le beau, vers le meilleur, vers le plus parfait, vers ce qui fera sa grandeur et son progrès.

— Ce nom *d'aristocratie,* malgré sa belle étymologie grecque et même aryenne, est devenu si odieux, il sonne si mal à un très grand nombre d'oreilles ; le préjugé contre lui est si enraciné, si puissant, que peut-être il serait bon de le changer : mais c'est un soin qui ne nous concerne pas. Ce qu'on ne saurait toutefois ni supprimer, ni changer, c'est la chose elle-même, et son rapport avec la démocratie dont elle est inséparable. Ce ne serait pas, en effet, démocratie, mais chaos et confusion, qu'une société où l'on ne tiendrait aucun compte des différences qu'établissent entre les hommes, je ne dis point la richesse et la pauvreté, une naissance illustre ou une naissance obscure, mais l'ignorance et le savoir, l'incapacité et le talent, la lâcheté et le courage, le vice et la vertu.

— C'est l'honneur de la nature humaine, c'est aussi la sauvegarde et le salut des sociétés, qu'aucune aristocratie ne puisse se fonder, et surtout se maintenir, que par l'intelligence et la vertu. Remontez dans l'histoire jusqu'à leurs origines les plus lointaines, voyez leur fin à toutes, et vous reconnaîtrez qu'il n'est pas de fait plus constant, de loi plus absolue, de vérité mieux établie.

— Le parfait modèle de l'aristocratie véritable ne serait-ce point ces vieux Romains, ou, pour parler plus exactement, ces jeunes fondateurs de la Ville éternelle, retournant à leur charrue après avoir commandé des légions et remporté de glorieuses victoires, unissant au courage qui sauve les Cités, la simplicité, la sobriété qu'entretient la vie des champs. Il fallut plusieurs générations et le séjour des villes, pour épuiser cette sève vigoureuse : il fallut sourtout les trésors et les exemples de l'Asie. Il ne faut, de nos jours, que passer du père au fils, tout au plus descendre à la troisième génération pour voir, dans le luxe et les faciles plaisirs de nos capitales, s'abîmer d'immenses fortunes acquises par l'industrie ou le commerce, s'étioler, se dégrader, s'éteindre les âmes de ces enfants que la prévoyance paternelle n'a su ni former, ni défendre. Les aristocraties se conservent durant des siècles qui ne cessent point d'arroser la terre de leurs sueurs, et les champs de bataille de leur sang. Leur raison d'être, ce sont les services qu'elles rendent à la patrie. Quand elles n'existent plus que pour elles-mêmes, elles cessent bientôt d'exister.

— Le privilège de combattre et de mourir au premier rang, pour le pays, explique la longue durée de la noblesse française. Par celui-là elle se fit longtemps pardonner tous les autres. Ni les ruineuses dépenses de la guerre, ni le plus pur de son sang versé dans tant de combats n'ont tari en elle les sources de la vie. La cour, ses plaisirs, ses vanités, ses vices lui ont été plus funestes que tous les champs de bataille : c'est là qu'elle est morte.

— Les Académies, les Universités, les Instituts remédient à ce que le savoir et le talent ont de trop personnel et de trop peu durable. Ces beaux héritages de la science et de l'esprit qu'un père n'a pas le droit, et qu'il a rarement le bonheur de transmettre à son fils, ils les recueillent, ils les conservent, ils les cultivent ; ils en font profiter avec eux tous les hommes d'étude et de bonne volonté. De nos jours, au sein de nos démocraties de fait ou de nom, ils deviennent comme une sorte d'aristocratie sans cesse renouvelée, rajeunie par des choix heureux, et dont l'influence, médiocre ou nulle dans l'ordre politique, s'accroît de plus en plus dans l'ordre des idées où la politique prend sa source, et puise le meilleur de ses forces.

— *Noblesse, Patriciat, Sénat, Bourgeoisie :* aristocraties héréditaires ou électives, dont un trait commun est qu'elles ont, dans la vie politique et sociale, une place marquée, une fin déterminée, qu'elles possèdent un esprit, des traditions, que dans les longues périodes de paix intérieure, comme aux heures de crise violente, elles ont un rôle à jouer, une action légale et directe à exercer.

Universités, Instituts, Académies : aristocraties d'influence et d'exemple, sans pouvoir politique, sans action légale. Les démocraties les plus ombrageuses auraient tort de s'en défier, car elles sont entre les esprits divisés, entre les volontés mobiles ou agitées par des passions contraires, un lien qui unit et n'enchaîne point, une autorité qu'on accepte, parce qu'elle ne songe pas à s'imposer.

— C'est tel jour, à telle heure, en tel lieu, que chez tel peuple le régime démocratique a été solennellement inauguré. Historien, n'oubliez pas de nous dire depuis combien de temps les mœurs l'y avaient fondé.

— La démocratie est moins une forme de gouvernement strictement déterminée, qu'un état social dont plusieurs formes de gouvernement, au premier aspect très différentes les unes des autres, ont su s'accommoder.

— *Liberté, égalité, fraternité :* le sens et la vertu de ces trois mots leur viennent des vérités philosophiques et religieuses auxquelles les unissent les liens les plus étroits. Brisez le lien, le sens se dissipe, la vertu s'évanouit.

— Gambetta aurait-il dit, comme on l'a répété, ou n'a-t-il point dit qu'il aspirait à fonder une république organisée d'après les lois de la Science, il importe assez peu. Mais l'auteur, quel qu'il soit, de cette bizarre association de deux termes incompatibles, me semble n'avoir eu qu'une idée confuse de ce que sont la république et la Science, la première se proposant d'établir le règne de la plus grande liberté compatible avec l'ordre social, et la Science de son côté exposant de son mieux, avec toute l'exactitude qu'elle y peut mettre, les lois immuables, inflexibles, d'un monde où la liberté n'a nulle part la plus petite place.

— Plus l'élément démocratique se développera dans les républiques et les monarchies du monde moderne, plus le concours de l'Église leur sera précieux, pour maintenir l'autorité, diminuer la mobilité, assainir les mœurs, sauvegarder la liberté. Ceci n'est un paradoxe que pour ceux qui ne connaissent ni la démocratie, ni l'Église.

— Libre il ne l'était point le pape qui vint, aux premières années de ce siècle, sacrer à Paris le tout-puissant Empereur, fondateur, il le croyait, d'une Race nouvelle. Libre il l'était pleinement le pape qui, de Rome où il n'a plus qu'un sceptre brisé, mais où ses clefs n'ont pas cessé de fermer et d'ouvrir, le pape qui vient, au couchant de ce siècle, de sacrer dans la démocratie française le peuple chrétien tout entier.

Napoléon appelait de tous ses vœux l'acte qu'il croyait nécessaire à l'affermissement de son pouvoir; on dirait de la démocratie qu'elle ne sait au juste ce que lui veut ce vieillard, et qu'elle a peur de son présent : pour sûr elle ne l'a pas sollicité. Napoléon avait imposé au chef de l'Église la volonté d'un homme : il avait commandé qu'on lui fît ce don, et, le don reçu, il avait traité le donateur comme le moindre de ses sujets. Le peu que renfermait de vertu ce présent si peu libre s'est évanoui au souffle de l'orgueil du conquérant : il n'en restait rien, quand il est tombé. Le présent que Léon XIII offre de lui-même, dans sa pleine liberté et sa vue profonde de l'avenir, à la démocratie, accepté des uns, rejeté des autres, demeurera où il fut envoyé; aucune force humaine ne l'empêchera de produire, dans la suite des temps, à travers toutes les crises et tous les obstacles, ses fruits d'union, de paix et de liberté. Cette couronne du Saint-Empire que Napoléon avait voulue pour lui, mais qu'il n'a pas su porter,

Léon XIII l'a placée sur la tête du peuple chrétien, d'où elle ne tomberait que si, dans le monde moderne, mouraient avec la foi au Christ rédempteur des nations, protecteur des opprimés et des humbles, toute espérance, toute charité et toute liberté.

— Quand le pape bénit la démocratie chrétienne il bénit en elle, pour leur juste part, les supériorités de l'intelligence, du travail et de la vertu, le pouvoir, quel que soit d'ailleurs son nom, qui représente et maintient l'unité de la nation. Le pape ne bénit pas ce qui est contraire à la nature humaine et à la nature des sociétés, ce qui va droit à l'anarchie et n'a pas de lendemain.

— Peut-être y aura-t-il, dans un avenir plus ou moins prochain, un classement des peuples auquel on n'avait pas encore songé : ceux qui continueront de croire à l'âme, à Dieu, aux peines et aux récompenses d'une vie à venir, et ceux pour lesquels ces vérités dont le genre humain a vécu jusqu'à l'heure présente, ne seront plus que rêves et mensonges. Aux premiers les règles anciennes, les principes, les traditions, les mœurs dont les effets sont connus, et dont l'histoire est l'histoire même de l'humanité. Ce serait peine perdue de s'inquiéter d'eux, ils ont au moins le nécessaire, souvent davantage ; mais il faudra pourvoir les autres et chercher de certains fondements, garantir quelque sécurité du jour, quelque espoir du lendemain, à ces sociétés d'une nature entièrement nouvelle. La tâche sera difficile, ardue, laborieuse, car, au fond, c'est la nature même de l'homme et celle des choses qu'il s'agira de changer du tout au tout. Ce n'était rien, absolument rien, tout au plus un amusement, un pur jeu d'enfant, que l'effort de Sisyphe roulant à jamais son rocher qui retombe toujours, au prix de celui auquel ils seront condamnés, et que couronnera le même succès.

— Ce qu'il y a d'épicurisme latent au fond des sociétés modernes, on s'en aperçoit seulement, quand le christianisme s'en retire, et à mesure qu'il s'en retire. C'est bien peu, pour réparer ces pertes, pour combler ce vide immense, qu'un stoïcisme de plus en plus rare, et tout en pompeuses paroles. C'est bien peu qu'un sens commun battu en brèche tous les matins, à toutes les heures du jour et du soir, par la multitude infinie de tous les sophismes, de tous les à peu près, de toutes les idées fausses, vagues ou confuses, constamment aux prises avec les intérêts et les plaisirs d'une civilisation qui a plus vite accru nos désirs que les moyens de les satisfaire. C'est bien peu même qu'une foi à Dieu et à la vie à venir, dont les racines sont si étroitement entrelacées dans nos âmes avec celles du christianisme qu'arracher les unes c'est, du même coup, détruire les autres. Nos sociétés vivent du christianisme, non seulement par la foi qu'il communique, mais par le milieu qu'il établit, par l'air qu'il fait respirer. Qu'il se retire ou qu'on le chasse, c'est une lente décomposition qui commence et ne s'arrêtera plus.

— Tous les peuples chrétiens, malgré les différences profondes qui naissent des langues, des origines, des races, des intérêts, du climat, se ressemblent par le fond de leur âme. S'il arrivait, chose impossible, que la vie chrétienne tarît en l'un d'eux et qu'il ne restât plus rien en lui du christianisme, il serait, en moins d'un siècle, hors de la civilisation moderne.

— La civilisation fait croître les vices avec les richesses, et avec les capitales à millions d'habitants, les foyers d'intense corruption. On dirait même que la déchéance originelle, déjà visible dans les petites sociétés à leur naissance, grandit avec elles et s'y montre de plus en plus, en regard de leur plus brillant éclat, dans son affreuse laideur.

— Ceux qui prennent les dehors de la civilisation moderne pour la civilisation elle-même peuvent s'imaginer que le christianisme ne lui est point nécessaire. Les autres savent qu'il en est l'âme, et ils connaissent assez bien la nature humaine et l'histoire, pour savoir ce qu'elle deviendrait sans lui.

— Relisez dans Salluste le tableau de Rome à l'époque où il commençait d'écrire : vous entrevoyez que l'heure est proche des dictatures et du despotisme. Salluste précède Suétone, et le tableau des mœurs qui achèvent de se corrompre, celui des folies et des crimes qui ne pouvaient germer que dans cette corruption.

— Chez les peuples demeurés chrétiens, la corruption n'est jamais si générale qu'elle n'ait épargné, çà et là, nombre d'âmes dont la foi sincère a protégé l'honneur et les mœurs. Ce sont réserves de santé morale, germes de vie qui, la violence du mal une fois passée, remplaceront par des chairs saines les chairs tombées en pourriture, et rendront au sang vicié sa force et sa pureté premières.

— Il se fait dans le monde, à certains moments, un grand bruit de paroles, de brochures, de journaux, de discours. C'est comme un vent impétueux qui se déchaîne, et quelques-uns de dire : « C'est le souffle de la pensée : attendez qu'il soit passé, et vous verrez quelle moisson ! » — Le souffle passe, le bruit s'apaise, et rien ne paraît de plus qu'auparavant. Ce sont les passions excitées, les intérêts alarmés, les appétits aiguisés qui occasionnaient ce grand tumulte : la pensée vraie n'y était pour rien. Quand elle s'élève, c'est sans bruit, quand elle s'avance, c'est sans pompe : mais, en revanche, où elle a passé, sa trace est durable, quelquefois ineffaçable : c'est celle de la raison.

✳

— *Intangibles*, les lois de Dieu, les lois de la morale, les principes de la raison. Ni Dieu n'y veut toucher, car ils sont quelque chose de son Être et de sa parfaite Sagesse ; ni l'homme n'y peut toucher, car ils le dominent et le dépassent de toute la hauteur de l'Infini.

— *Intangibles*, tout le temps qu'ils durent, et qui parfois n'est pas très long dans quelques sociétés modernes, les principes propres à telle forme de gouvernement, à tel état de la société, les principes — méritent-ils encore ce nom, —

imposés par les nécessités du moment, l'opinion régnante.

— *Nullement intangibles* les lois déduites, selon les circonstances, de ces principes politiques, sociaux, économiques. Nier qu'on puisse et qu'on doive les améliorer, les tenir au niveau des aspirations, des légitimes désirs des citoyens et du pays, ce serait tout à la fois nier la raison, le progrès, renier la démocratie.

— Ceux qui ont écrit dans leurs livres et dans leurs programmes, que la loi étant l'expression de la volonté générale avait, à ce seul titre, droit à notre obéissance et à notre respect, ont supposé sans doute que la volonté générale est toujours d'accord avec la raison : en quoi ils se sont trompés.

— La volonté générale, à supposer qu'il soit si aisé de la connaître, et qu'elle soit longtemps d'accord avec elle-même est, dans l'œuvre des législateurs, une indication très précieuse, mais la règle suprême c'est la raison. La volonté générale est un truchement fidèle, quand elle est droite, sage, éclairée ; — infidèle, quand elle est égarée par l'erreur ou la passion. Elle dit trop souvent ce qui plaît, ce qui passe ; la raison, ce qui est.

— Double et triple injustice que celle des lois injustes : injustice envers ceux qui sont contraints de les subir ou de les appliquer ; injustice envers la Justice éternelle ; injustice envers les lois justes qu'elles exposent à l'outrage et au mépris.

— En attendant le jour sans nuage de la justice éternelle, son soleil perce de temps en temps nos ténèbres, et le trait qu'il lance suffit à ranimer notre foi défaillante. Il frappe, au milieu de leur délire ou de leurs crimes, un grand, un conquérant, une puissance de la terre, et le reste des hommes qui commençait à douter de la justice divine se reprend à espérer en elle.

༻༺

— Qui nous délivrera de cette religion bonne pour les peuples enfants, de ces philosophes dont toutes les théories et tous les raisonnements n'aideront jamais à bâtir une ville ou une maison ? Ce superflu gênant ne cesse de nous arrêter dans la voie du progrès.

— Ce superflu gênant c'est la pureté de vos mœurs, c'est la force de vos institutions, c'est la sécurité de votre vie, celle de vos frontières. Vous pouvez sans lui bâtir des maisons, on ne les habitera pas longtemps et dignement sans lui, — construire des remparts, on ne les défendra pas sans lui, — des palais, on les brûlera, s'il n'y est pas.

— Un de mes amis m'a confié pour quelques jours le manuscrit d'une histoire qu'il se propose de publier. J'y ai lu, non sans surprise, que les grands désastres de la France ont été Crécy, Poitiers, Azincourt, le Contrat social, Waterloo, Sedan, et tel roman contemporain qu'il me répugne de nommer. — Quelle bizarre association ! Qu'en pense le lecteur, et qu'en faut-il moi-même penser ? Le livre de Rousseau a-t-il eu tant d'influence ? A-t-il créé un esprit, ou lui a-t-il seulement donné l'occasion de se produire au grand jour ? Voilà de graves questions, et il serait difficile de les trancher en un instant. Quant au roman, c'est trop d'honneur que lui fait mon ami : rayons-le, sans discuter.

— Il n'appartient qu'aux grands peuples de subir, sans en être écrasés, de cruelles défaites, et de survivre à des désastres qu'on estimait irréparables. Ils grandissent dans la bonne comme dans la mauvaise fortune, et les revers ne leur profitent guère moins que les victoires. Les cruelles épreuves sont pour eux comme l'avant-coureur nécessaire des hautes destinées.

— J'espère tout de la bonté divine pour les peuples qui expient à bref délai, on pourrait dire au jour le jour, les injustices que leurs chefs ou eux-mêmes ont commises. Je crains tout pour ceux qui amoncellent les iniquités et les crimes, sans que, de longue date, aucun châtiment les ait frappés.

— Enquêtes ouvertes, délaissées, reprises sur les hommes et les événements du passé, sur les causes, les intentions, les circonstances ; appréciations contraires des historiens, jugements cassés ou réformés qu'on croyait définitifs ; faveur et discrédit, louanges et malédictions par lesquelles passent tour à tour les contemporains illustres, tout nous prouve que si l'homme porte en lui la règle de bien juger, bien juger n'en est pas moins difficile et rare. La grandeur de son intelligence se fait voir en ce qu'il sait la loi, sa misère en ce qu'il ne sait point l'appliquer : l'ignorance l'en empêche ou la passion. Celui-là seul juge en vérité qui est toute vérité ; les jugements des autres ont toujours quelque point faible et réformable.

— Si j'étais contraint, par une loi fatale, d'écrire l'histoire de mon pays tour à tour sous deux inspirations opposées, mais libre de commencer, à mon choix, par l'amour ou la haine de la religion qui a fait sa force et sa gloire, plus fidèle à la nature et à la raison que ne le fut Michelet, je débuterais par la haine, bien sûr que l'amour venant à la suite couvrirait le souvenir de mes débuts, ou me les ferait pardonner.

— Quand, dans un vaste Empire, le nombre des personnes chargées d'enseigner l'histoire aux enfants devient, en quelques années, très considérable, en faut-il conclure que le solide savoir, la sagacité, la mesure, la justesse d'esprit, la connaissance de l'homme ont fait, en peu de temps, des progrès aussi rapides qu'ils sont consolants ? — Qui empêche de le croire ?

— Qu'attendent les historiens pour raconter en toute vérité, briéveté et simplicité, les Vies les plus nobles, les plus pures de nos héros français, et, sans remonter plus loin que notre siècle, celles d'un Drouot, d'un Bugeaud, d'un Lamoricière, d'un Mac-Mahon, d'un Chanzy, d'un Courbet, d'un Faidherbe. Est-ce donc le sort commun des grands exemples qu'on les propose, comme l'a fait Plutarque dans ses *Vies des hommes illustres,* quand le temps n'est plus de les imiter! Peu nous importent les Cités de l'avenir qui profiteront de ces modèles héroïques :

la terre qui les a nourris, la patrie qu'ils ont honorée et défendue, réclament le secours de leurs exemples. Il n'est que temps de le leur donner, dût-on même le donner deux fois.

— Lequel, de Taine[1] ou de Janssen[2], a découvert la méthode qu'ils appliquent l'un et l'autre avec autant de persévérance que de succès? Lequel a conçu, lequel a réalisé, lequel a publié le premier? Tranchons le débat : l'heure était arrivée, les esprits étaient préparés, les documents étaient là, connus, ignorés, négligés, cachés, innombrables, et, en regard de ces témoins qu'on ne savait pas ou qu'on ne voulait pas interroger, des légendes solidement établies, des réputations surfaites, quelques-unes purs mensonges, outrages à la vérité. Et pourtant rien n'empêchait que ce mensonge ne durât, que même il ne s'affermît. Une voix manquait à ces documents qui ne demandaient qu'à parler, une voix tour à tour calme, émue, éloquente, toujours sincère. L'Allemagne et la France l'ont enfin entendue, après de longs et pénibles délais, cette grande voix de l'Histoire succédant aux murmures confus de la

---

[1] *Les Origines de la France contemporaine;*
[2] *L'Allemagne à la fin du Moyen Age.*

légende ; mais avec quelle force elle a retenti jusqu'au fond des âmes largement ouvertes, jusqu'aux extrêmes limites du monde qui lit et qui pense encore !

— Pourquoi des funérailles, solennelles, nationales, à Renan, et pourquoi pas à Taine? Serait-ce que le premier avait une méthode historique plus sûre et plus féconde, une érudition plus incontestée? Aurait-il montré plus de patriotisme? Aurait-il, par ses livres et par ses exemples, rendu de signalés services à l'État, à la société, aux mœurs, à la jeunesse ? — On ne s'en est pas expliqué, et la chose demeure fort obscure.

— La mort, l'implacable mort vient de nous le ravir[1], avant qu'il ait mis la dernière main à l'œuvre qui devait illustrer son nom. On pourra sans doute, à l'aide des notes qu'il a laissées, éditer de nouveau son *Histoire des Chevaliers romains;* sa modestie voulait que ce fût un Essai: ses amis, ses pairs la nommaient une œuvre définitive. Le même jugement s'appliquerait à la *République d'Athènes,* dont l'Introduction d'une merveilleuse sagacité, d'un style simple et facile,

---

[1] Émile Belot, — 1829 - 30 septembre 1886.

n'est rien moins qu'un modèle de savante et sûre critique. Mais pour cette *Histoire des origines et de la formation des États-Unis,* à laquelle il travaillait depuis plus de dix ans, qui osera la publier dans l'état où elle est, et qui ne gémira d'apprendre que peut-être elle ne sera point publiée !

Il aimait à s'entretenir avec ses amis de ce grand travail qui absorbait sa pensée, en même temps qu'il usait le reste de ses forces. Avec quelle connaissance parfaite des hommes et des choses, il leur exposait les causes éloignées et les causes prochaines du soulèvement des jeunes colonies destinées à devenir un grand Empire ! Avec quelle sûreté il leur montrait, dans cette démocratie née avec la nation elle-même, les conditions, les lois, la nature de la démocratie ! Attentifs à sa parole nous comptions avec lui, nous éprouvions tour à tour, un à un, les ressorts apparents et les ressorts cachés de ce simple et savant mécanisme. Il nous en découvrait les moteurs et les contrepoids, ce qui communique ou accélère le mouvement et ce qui en tempère l'excès, depuis la religion, ses commandements et ses conseils, jusqu'aux pouvoirs limités, mais pleinement obéis des moindres officiers publics. Nous admirions à sa suite, avec quelle prudence, quelle science de la nature humaine, quelle surprenante divination de l'avenir, les fondateurs de la grande république fédérative lui avaient donné une Constitution qui, faite pour un présent assez modeste, devait suffire à toutes les exigences d'une expansion presque sans limites.

Si grandes, si puissantes qu'elles nous apparaissent, les Cités de la terre ont toutes un point faible, un organe débile par où la mort entrera quelque jour ; à celles que nous croyons constituées par la sagesse des hommes pour un avenir sans fin, l'avenir manquera tôt ou tard. Notre ami ne l'ignorait pas : il admirait la force et l'éclat des institutions, objet préféré de ses études, il en savait la fragilité. Avec la pensée du philosophe et la foi du chrétien il s'élevait, dans ses méditations solitaires, jusqu'à cette Cité où il n'y a ni déclin, ni ruines, où se termine tout ce qu'on ébauche ici-bas, où nos lois passagères ont leur exemplaire éternel, — la liberté, la vérité, la justice, leur source intarissable, — le respect des pouvoirs légitimes, quel que soit leur nom, son fondement divin et sa raison dernière. Aussi, quand vint l'heure de consommer son sacrifice, il se soumit sans murmure au décret de Celui qui anéantit, en un moment, les plus beaux projets des hommes, et qui arrête les historiens des Empires, comme il fait d'ailleurs des Empires eux-mêmes, au milieu de leur course.

S'il eut un dernier regard pour les cités de la terre, un suprême regret pour son œuvre interrompue, il rejeta bientôt loin de lui ces terrestres souvenirs, pour s'endormir, humble chrétien, plein d'amour et de confiance, dans le sein de Celui en qui tout s'achève, et qui récompense non le succès qu'il donne à qui il lui plaît, mais le bon vouloir et le travail dont il nous laisse le mérite.

— La Cité antique : beau titre d'un beau livre [1], bien à la française, avec idées générales assez nettes et assez nombreuses pour éclairer d'une vive lumière l'espace de tant de siècles : grand profit pour la mémoire et l'intelligence. — Trop d'unité, dit-on, trop idéale et trop parfaite. — Aimeriez-vous mieux que l'auteur se fût égaré, et qu'à sa suite il nous eût perdus dans le labyrinthe des détails? Qui les saura bien, et qui les retiendra, s'il n'a recours à l'unité : il la faudrait faire, si d'elle-même elle ne s'imposait. Or, celle-ci est, en histoire, la plus vraie de toutes, et bien plus ancienne que son nom si simple et si heureusement trouvé. *Cité antique, Société chrétienne, Cité de Dieu, les deux Cités,* noms d'Idées éternelles, au sens platonicien du mot, noms qui

---

[1] La *Cité antique,* par M. Fustel de Coulanges.

partagent le temps, l'espace, l'histoire, le monde présent, le monde à venir lui-même, suivant les grandes lignes du plan divin.

— Il serait difficile de trouver, pour l'histoire générale de l'Europe depuis la chute de l'Empire romain, ailleurs que dans l'Église catholique, cette puissance de premier ordre autour de laquelle les autres semblent graviter, qu'elles attaquent ou qu'elles défendent avec une égale passion, qui grandit dans les revers comme dans les succès, ce point central, cet axe du monde que réclament les historiens, et sans lequel il n'y aurait, pour l'histoire moderne, que des semblants d'unité. Vainement l'on objecte que l'action de l'Église est tout entière d'ordre moral, qu'elle ne possède ni armées, ni flottes, ni établissement militaire de quelque importance. La merveille, c'est précisément que sans armées, sans flottes, sans institutions militaires, elle ait conquis et qu'elle exerce encore non seulement sur l'Europe, mais sur une grande partie de l'univers, l'ascendant dont témoigne l'histoire. Qu'on la déteste ou qu'on l'aime, il faut la servir; il n'est point d'Empire qui ne se soit employé pour elle ou contre elle; il n'en est point sur les destinées duquel elle n'ait influé. Le temps qui détruit ou affaiblit tout le reste est son principal auxiliaire :

il use ses ennemis autant qu'il la fortifie. L'action lente, patiente, persévérante qu'elle exerce sur les âmes par l'amour et la pensée, lui soumet peu à peu, d'une soumission sans contrainte, les puissances les plus redoutables, les plus voisines comme les plus éloignées. Gardienne vigilante des doctrines qui font, même ici-bas, le bonheur des peuples, elle a toujours eu pour elle les grands citoyens qui veulent les sauver de l'anarchie, les grands souverains qui aspirent à fonder quelque chose de durable.

Ou le centre de l'histoire moderne n'est nulle part, ou il est celui dont nous parlons. Est-il d'ailleurs si mal, qu'aux lieux même où s'appesantissait sur le monde une domination despotique, règne aujourd'hui et depuis des siècles, une autorité librement acceptée ; et n'est-ce pas le droit de l'esprit, celui de la pensée qu'ils soient au centre, pour exciter ou tempérer le mouvement ?

— L'humanité, depuis les premiers jours du monde, est comme une grande armée en marche que, par erreur, indiscipline ou découragement, des corps isolés abandonnent de temps à autre. Séparés du milieu qui les soutenait, privés de tant de ressources, de traditions et d'exemples sur lesquels ils s'appuyaient, rarement par eux-mêmes sont-ils devenus des peuples : l'isolement en a fait tôt ou tard des sauvages. Qui s'étonnerait d'en rencontrer aux extrêmes frontières de la civilisation, quand, tous les jours, il s'en forme au sein même de ses grandes capitales !

— Révolution ou transformation, changements ou bouleversements, époques nettement définies, lentes évolutions : peu m'importent les noms et même les siècles, peu m'importe qu'on en accroisse le nombre, au nom de la science ou de la fantaisie, jusqu'à un total incalculable : je ne trouverai point qu'il y en ait trop, ni que cette préparation ait été trop lente, trop violente, trop imposante, pour élever à la raison et à la pensée un théâtre qui fût digne d'elles. Le monde, où la liberté de l'homme devait s'exercer en concours avec celle de Dieu, ne réclamait pas moins que ce long et douloureux enfantement. Accumulez les siècles et les merveilles, il n'y en aura jamais trop pour servir de fondement à une seule pensée, à un seul élan d'amour, à un seul acte de liberté, à plus forte raison pour porter l'humanité et son histoire, la nature et la grâce, la philosophie et la religion.

— L'histoire a des lenteurs et d'interminables préparations auxquelles succèdent, il est vrai, des périodes où les faits pressent les faits, sans intervalle et sans repos. Il faut des mois entiers, pour mûrir les moissons que la faux moissonne en un jour.

— Les uns disent : l'*histoire ne cesse de se répéter,* et ils sont dans le vrai, car les passions des hommes ne changent point, et elles produisent toujours les mêmes effets. Les autres affirment, au contraire, qu'elle ne finit point de varier ses aspects, et ils n'ont pas tort, car les idées des hommes, leurs convictions et leurs pensées, un des principaux éléments de l'histoire, se modifient de jour en jour.

— Ceux-là seuls changent le monde pour la peine et pour longtemps qui changent les âmes, qui leur enseignent des vérités dont elles n'avaient pas connaissance et d'où dépend leur bonheur, qui proposent à leur amour un objet plus pur et plus beau. Les autres peuvent faire des révolutions, fonder ou renverser des monarchies, des républiques, des Empires ; au bout de quelque temps il ne restera plus rien de ces changements, dont la différence n'est pas si grande avec les changements qui les ont précédés. Ils n'ont pas touché au fond, encore moins l'ont-ils renouvelé.

— Les grands États (leur grandeur n'est pas toujours en rapport direct avec l'étendue de leur territoire) ont comme une pensée intime qui les inspire. De cette pensée maîtresse, dont la multitude n'a qu'une sourde conscience, naît une suite de desseins que ses chefs conçoivent et dont ils embrassent la suite et les rapports. Petits États, ceux qui n'ont pas de pensée propre et se bornent à concourir à la pensée de leurs voisins. La marche de l'humanité, à y regarder de près, ressemble à celle d'une pensée qui se développe et que représentent tour à tour les Empires, comme Bossuet les nomme avec raison. Chacun d'eux tient quelques années ou quelques siècles le flambeau qu'un autre lui prend des mains, et qui ne s'éteint point. Rarement plus d'une lumière principale à la fois. La question si souvent agitée : Où vont les peuples? pourrait donc se ramener à celle-ci : Où va la pensée?

— L'histoire de l'humanité est comme ces grands fleuves qui vont à la mer, par toutes les voies, par tous les lits, par tous les détours que les circonstances ou la volonté de l'homme réussit à leur imposer. On peut tout sur eux, sauf de les empêcher d'aller à la mer : on peut tout sur l'histoire, sauf de l'empêcher d'aller où Dieu veut.

CHAPITRE IX.

Les Sciences.

— Beau titre que celui de *savant*, infiniment honorable, et dont la valeur, à la différence d'une foule d'autres titres que se décernent les hommes, ne fera que s'accroître avec le temps et le progrès des connaissances. On ne l'obtient, ni par droit de naissance, ni par faveur, ni par argent ; on ne gagne à l'usurper que la honte d'en être bientôt dépouillé. Mais celui qui l'a justement mérité, aucun décret d'aucun souverain, peuple ou roi, ne saurait le lui ravir. Le suffrage des hommes peut bien s'ajouter, avec plus ou moins d'à-propos, au savoir, à la vertu, au talent ; il ne peut ni les créer, ni les détruire.

— *Demi-minute, demi-heure :* très exactement la moitié d'une minute, la moitié d'une heure. Mais il est des cas où, dans notre langue aux nuances infinies, demi veut dire presque pas, si peu que possible. Ainsi *demi-mort* n'a que les apparences ou la crainte de la mort, et, pour sûr, renaîtra bientôt ; *demi-savant* n'a que les apparences du savoir, aussi peu savant que possible, avec grande chance de ne le devenir jamais, car il ignore son ignorance.

— Il n'est de vrai savant qu'à l'expresse condition de sentir vivement son ignorance, et de s'en renouveler, de temps à autre, à soi-même le sincère aveu.

— N'en déplaise aux Cartésiens, ennemis irréconciliables de l'érudition, de la philologie, de l'archéologie, de l'histoire elle-même, il n'est si petite science qui ne puisse mériter à celui qui la cultive, avec beaucoup de persévérance et quelque succès, le titre de savant, car il n'en est point, dans l'immense domaine de la création, que n'éclaire au moins un reflet de la pensée divine, et qui n'ait, à vrai dire, Dieu pour terme.

— La vérité vraie, la parfaite exactitude serait de dire *le savoir*, quand il s'agit de l'esprit humain, *le savoir* avec l'immense domaine qu'il s'est légitimement acquis, avec la carrière bien autrement vaste qui lui reste à parcourir, avec ses progrès incessants et de plus en plus rapides, avec ses certitudes et ses doutes, et de dire *la Science,* quand on parle de Dieu et de l'entendement divin. Gardons-nous toutefois de viser à ces précisions, de protester contre l'usage établi depuis si longtemps, malgré les confusions dont il est journellement la source ; laissons les choses en l'état où elles sont, et à la Science, telle qu'on l'entend de nos jours, le mérite d'un acte de foi plus ou moins conscient de lui-même à l'existence d'un Être parfait en science, c'est-à-dire, pour qui réfléchit tant soit peu, absolument parfait.

— J'en viens à craindre qu'ils n'aient une foi plus robuste que la mienne en Dieu, en sa sagesse, en sa toute-puissance, ceux qui ne cessent d'invoquer la Science, d'acclamer la Science, on pourrait dire sans exagération, d'adorer la Science, ceux qui mettent en elle, sans réserve ni restriction, tout ce que Dieu a mis de lui dans notre raison, à l'état seulement d'idée : l'absolu, l'infini, le parfait, en deux mots l'alpha et l'oméga des êtres et des choses.

— Ma surprise s'accroît tous les jours d'entendre les positivistes, les évolutionistes de toutes les nuances, les matérialistes, les athées, conférer à la Science, de leur pleine et propre autorité, tous les attributs que la raison découvre en Dieu.

Il est donc bien difficile de se passer de lui, puisque le dernier effort de ses adversaires, c'est d'attribuer à ce qu'ils lui opposent les qualités, les puissances qu'ils n'ont pu trouver qu'en lui seul et dans son idée.

— Laissons les athées se réclamer de la Science contre Dieu : c'est leur manière à eux de le confesser et même de le glorifier, bien qu'ils ne s'en aperçoivent pas.

— Pour ceux qui nient Dieu, et se prosternent devant la Science, c'est l'ombre de Dieu qui cache Dieu. Si Dieu pouvait disparaitre, l'ombre s'évanouirait.

— Ne pourrait-on dire des savants modernes, dont le nombre est aujourd'hui si considérable et va croissant tous les jours, qu'ils sont comme les membres d'un grand Ordre dont la dernière classe, celle des simples chevaliers, contiendrait tous ceux qui cultivent, sans trop s'inquiéter de leurs voisins, un petit champ du vaste domaine ouvert à la curiosité des hommes ? Au-dessus d'eux, dans des classes de moins en moins nombreuses, apparaîtraient les dignitaires, officiers, commandeurs, grands-officiers, grands-croix, selon que leur regard devenu plus fort et plus pénétrant embrasserait, de plus haut, des espaces plus vastes. Quant au Grand Maître, je n'en vois qu'un digne de présider à l'Ordre tout entier, c'est celui qui étant la Science même assigne à ses membres, sans erreur possible, sans élections, sans nominations officielles, par la seule distance à laquelle ils se tiennent de lui, et où leur savoir les rapproche plus ou moins de sa Science parfaite, les rangs qu'ils doivent occuper.

— Si les phénomènes ne se distinguent pas les uns des autres, il n'y a ni science, ni étude possible des phénomènes; s'ils se distinguent, c'est qu'il existe un ordre des phénomènes, un espace qu'ils occupent, un temps où ils s'écoulent. Par cette brèche ouverte, la raison avec ses principes va passer tout entière.

— Il faut des principes à ceux qui nient les principes. Ils ne seraient point sûrs que nulle raison ne préside à l'univers, où toutes choses se transforment incessamment sans le savoir et sans savoir pourquoi; surtout ils craindraient de n'en point persuader les autres, s'ils n'affirmaient que cela se fait par des principes dont le nombre s'accroît avec les progrès de la théorie, et dont la valeur est au-dessus de la discussion. L'absolu, l'universel ne sont jamais exclus qu'en paroles ; le décret qui les proscrit est toujours suivi d'un décret qui leur enjoint de rentrer.

— La science de l'univers qui nous semble infinie, n'est rien auprès de la science de l'homme qui n'est qu'un point dans l'univers. Il se peut que la première arrive, après de longs siècles, à être complète : la seconde jamais. Ne serait-ce pas que l'homme porte, dans sa petitesse, quelque chose de plus grand que l'univers?

— L'intelligence humaine aidée de quelques observations imparfaites a fait sortir d'elle-même, à l'origine, la plupart des conceptions par lesquelles on essaie d'expliquer la nature des choses. Toutes les observations des phénomènes de la Nature, à supposer qu'on pût les séparer de la lumière intérieure, des éléments primitifs de la pensée, n'en feraient pas naître une seule.

— Quelle chose étrange ce serait, et quelle contradiction dépassant toutes les contradictions imaginables, qu'un monde à la formation duquel la pensée n'aurait eu aucune part, et que seule la pensée pourrait comprendre!

— *Corps simples :* fonds commun mais inanimé de la nature et de la vie, quelque chose comme les catégories et les concepts dans le monde de la pensée. Ni la nature ne saurait se passer des uns, ni l'esprit humain des autres. Et pourtant qui ne connaîtrait qu'eux ne connaîtrait ni la nature, ni la pensée.

— On dirait que Kant et, à son exemple, quelques philosophes modernes n'ont contribué, pour une large part, au progrès des sciences de la Nature que pour s'écrier ensuite avec une véritable douleur : « Y a-t-il seulement une Nature ? Quelles raisons avons-nous de croire qu'elle existe ? » Mais pourquoi n'ont-ils pas ajouté cette contradiction de leur conduite à celles dont ils nous assurent que l'univers et l'esprit humain sont remplis ?

— La surprenante affirmation que le monde n'existe pas, ou qu'il existe uniquement dans notre pensée, reparaît avec une nouvelle force, juste au moment où l'on se flatte d'avoir établi pour toujours que la science du monde physique mérite seule le nom de science. Singulière doctrine dont le dernier mot serait celui-ci : « On ne sait bien que ce qui n'est pas. »

— *Matière du monde* n'explique point le monde, sa cause et ses origines; *matière cosmique* pas davantage, mais sonne mieux à l'oreille, avec je ne sais quel air de dire infiniment plus, bien qu'il dise exactement la même chose.

— Il faut au monde visible, pour qu'il soit tout ce qu'il peut être, le concours de nos sens et de notre esprit. La Nature sans l'homme, et la Nature avec l'homme, n'est point du tout la même Nature. Il lui manquerait, si nous n'y étions pas, plus qu'un spectateur, une partie d'elle-même.

— Si la beauté du monde se prépare dans l'ordre et l'harmonie de ses mouvements, elle s'achève dans notre âme.

— Il ne faudrait point que la géométrie commune nous fît oublier la géométrie plus profonde des principes de la pensée, ni la mystérieuse géométrie qui préside aux belles formes, entre lesquelles la forme humaine tient le premier rang. Unies l'une à l'autre par des liens indissolubles et de secrets rapports, dont un grand nombre échappe à nos esprits bornés, ces trois géométries n'en font qu'une dans le sein de l'éternel Géomètre.

— L'amour, lequel n'a point de part dans la géométrie commune, pénètre dans la géométrie des principes, principes du vrai, principes du bien, par l'attrait du désirable et par le bon vouloir. Il est partout dans la géométrie des arts où le beau règne en souverain.

— Comète, qui après avoir effleuré notre monde et captivé nos regards, vous enfoncez de nouveau dans l'immensité des cieux, vous n'emportez pas avec vous le secret de l'Infini : il est resté dans notre âme ; vous en avez seulement ranimé le souvenir.

— Un caractère commun, parmi tant de radicales différences, à la langue des mathématiques et à celle de la musique, c'est qu'elles sont l'une et l'autre, dans la nature intime des éléments qu'elles combinent, absolument ignorées de ceux qui les parlent et de ceux qui les entendent.

— Dans le *pur sensible* de la musique fait de sons et de vibrations, autant de mécanisme, autant d'éternelle géométrie que dans les plus hautes mathématiques.

— Si les mathématiques passionnent, si la musique ravit, le mystère y est bien pour quelque chose, sans parler de l'Infini qu'on y sent partout, et qu'on y poursuit, sans pouvoir jamais l'atteindre.

— N'est-ce pas une chose étrange que l'exactitude et la clarté des sciences de la Nature reposent sur les éléments les plus discutés, les plus mal définis et les ténèbres les plus profondes : *espace, temps, matière, atome, nombre,* et la suite ? Exactitude toute relative, et seulement à partir du point de départ sur lequel on convient entre savants de fermer les yeux, car il les aveuglerait. Exactitude de région moyenne, qui consiste à ignorer ce qui est au-dessous et audessus d'elle, ce qui la porte et ce qui la dépasse.

— Pourquoi vouloir, par un prodigieux mais inutile effort, transporter tour à tour à la Matière, à la Force, à la Nature, à la Science elle-même ce qui n'appartient qu'à Dieu ? Ce que vous n'espérez plus détruire n'essayez point de le déplacer : vous n'y réussiriez pas mieux. Celui qui Est, l'Infini peut seul porter les attributs de l'Infini.

— Tant que vous fassiez analyser, composer, décomposer, combiner, classer, décrire de matière à ces enfants, s'ils n'ont pas d'autre culture, ils ne deviendront jamais des hommes. C'est au contact des esprits supérieurs que les esprits s'éclairent et se développent ; c'est dans le commerce des âmes d'élite que se forment les âmes. La meilleure école pour apprendre à penser sera toujours celle des maîtres de la pensée.

— « L'homme, croyez-le bien, devient de plus en plus, grâce à la Science, maître de la planète qu'il habite. » — Excellente, très heureuse nouvelle, à condition qu'on puisse ajouter : « L'homme est de plus en plus maître de lui-même. » Sinon je crains que ce maître de l'univers ne devienne l'esclave des plus vulgaires passions. On l'a vu, on le voit encore ce dominateur superbe de la matière vaincu par elle, et son esprit qui pénètre les secrets les mieux cachés de la Nature fasciné par l'éclat de l'or qui n'est qu'un atome dans l'immensité des mondes.

— Si Tribolithe [1] se contentait de courir par monts et par vaux, sondant les rochers, recueillant les cailloux qu'il rencontre et qui ont tout l'air de n'être point des cailloux comme les autres, s'il se bornait à en remplir son cabinet de

---

[1] Casse-cailloux.

travail, les chambres voisines, la maison entière, Tribolithe n'aurait, après tout, qu'une inclination louable, une passion tout à fait inoffensive. Tout au plus sa femme et ses enfants pourraient se plaindre que, dans leurs fréquentes promenades aux alentours de sa petite ville, Tribolithe les charge, outre mesure, des trésors que son œil exercé ne cesse de découvrir, que sa main avide s'empresse de saisir avant qu'un autre les lui dérobe. Où le mal commence, c'est quand Tribolithe à qui la nature n'a pas refusé un certain talent pour classer et collectionner, peu content de ce rôle modeste, se fait polémiste et philosophe. Il interroge ces pierres trop longtemps muettes; il leur demande de lui révéler leur origine, celle de la terre, de l'univers entier. Il s'entretient avec elles, il les fait parler comme il pense; il daigne parfois nous apprendre ce qu'elles lui ont dit de leur voix la plus claire et la plus intelligible. Dans un langage qui n'appartient qu'à elles et que lui seul entend, elles l'ont entretenu de force immanente, d'atomes vagabonds, de matière cosmique, d'éternel devenir : jamais, au grand jamais, elles ne lui ont nommé Dieu. La foi de Tribolithe dans ces révélations mystérieuses est profonde, absolue, inébranlable. On raconte qu'un jour on l'entendit, — il se croyait seul, — adresser à son marteau de géologue qu'il tenait à la main et regardait fixement, l'allocution suivante :

« Qui le dirait, petit marteau, que tu aies fait de si grandes choses et que tu en prépares de plus grandes encore ! Toi, si faible en apparence, tu as seul et sans aide brisé, broyé, pulvérisé, combien de préjugés, combien d'erreurs..... moi-même je ne les saurais plus compter. D'un seul coup, bien appliqué j'en conviens, tu as réduit à rien, à moins que rien, la chimère de la Création ; tu leur en feras voir bien d'autres..... »

Arrêtons-nous : aussi bien le langage de Tribolithe commence à devenir vulgaire : son marteau d'ailleurs n'est ni si méchant, ni si redoutable. Qu'il continue à casser des cailloux, c'est ce qu'il a de mieux à faire. Quant au roc vif, il fera bien de n'y point toucher : il a usé des marteaux plus durs et plus forts que le sien.

— Épistémon est épris des sciences, de la Science, de tout ce qui est savant, scientifique, livres, idées, brochures, théories, revues, de tout ce qui se dit ou se fait scientifiquement. Cet adverbe surtout lui plaît comme plus nourri, plus vigoureux et sonnant mieux à l'oreille, capable, en un mot, à lui seul de fasciner tous les ignorants, de désespérer tous les jaloux. Autant ceux qui possèdent la chose, les vrais savants, sont sobres et ménagers du mot, autant Épistémon le prodigue et l'a sans cesse à la bouche. Il va de soi que son savoir est des plus superficiels, et que la Science est pour lui tout entière dans quelques livres ou manuels pauvres de fond, emphatiques de forme, écrits à la hâte et pour gagner quelque argent. Épistémon en fait sa nourriture ordinaire : c'est avec leur secours et d'après leurs indications qu'il boit, mange, se couche, se lève, voyage, se promène suivant les règles de la Science, qu'il discourt scientifiquement, et qu'il est, pour ses amis et ses proches, la source intarissable de scientifiques ennuis.

Son plus vif désir serait de vivre dans un État, République ou Monarchie, vraiment et foncièrement scientifique, dont la Constitution, les lois et les mœurs fussent en tout conformes aux prescriptions de la Science. Du moins a-t-il pris de minutieuses précautions pour qu'à son heure dernière tout se passe conformément à ses principes. Sa mort, au sortir des mains de la Science et ses ressources épuisées, sera uniquement et rigoureusement scientifique : ses funérailles de même. Il hésite seulement s'il se fera enterrer ou brûler, incertain lequel des deux procédés est plus scientifique et répond mieux au vœu de la nature. La Science, après sa mort, en décidera.

— La loi que vous avez découverte entrera plus tard comme élément, à sa place et pour sa part, dans la science totale du monde et de ses lois. Pourquoi voulez-vous, Hermogène, contre toute expérience et toute raison, qu'elle soit la loi unique et universelle? Craignez qu'on ne vous en croie sur parole, et de faire à votre découverte une trop brillante et trop rapide fortune. Craignez l'engouement public suivi tôt ou tard du dédain public, l'un et l'autre également nuisibles à la science véritable dont ils retardent le progrès.

— Pourquoi des singes dans les forêts? Est-il vrai qu'il s'en trouve encore? En est-on bien sûr? D'où vient ce grand retard? Ont-ils eu moins de temps que nous pour s'élever dans l'échelle des êtres? Pourquoi ne sont-ils pas ce que nous sommes? Hâtons-nous de les aider à sortir d'un tel état. Nous y pouvons quelque chose, car nous n'étions pas à l'origine autres que nous les voyons aujourd'hui. Que les plus convaincus s'y emploient généreusement: les autres suivront, s'ils les voient réussir tant soit peu. Qui s'inscrit le premier pour effacer cette honte, pour échapper au reproche de coupable indifférence?

— Attendez, pour mesurer l'impétueux Darwin, que ses flots gonflés par l'éphémère tribut de mille petits ruisseaux qui se dessèchent l'un après l'autre, soulevés par la violence des vents qui s'apaise, soient enfin rentrés dans leur lit. Au lieu du rapide et limoneux courant qui vous étonnait, admirez ce filet d'eau limpide qui, d'une pente facile et d'un doux murmure, se rend à l'Océan de la Science.

— Les savants dont j'admire avec vous, Onomacrite, le talent et les découvertes, sont si éloignés de nier la perfection, qu'ils en font hommage à chacune de leurs lois nouvelles, — si désireux de l'atteindre, qu'ils ne cessent de changer, pour l'amour d'elle, ces formules également définitives, — si persuadés qu'ils sont faits pour la conquérir, que ces changements, si nombreux, si rapprochés qu'ils soient les uns des autres, n'ont jamais découragé leur espérance.

— On voit de temps à autre, et toujours avec surprise, un savant, connu, tenu pour tel, décréter bruyamment d'ignorance tantôt celui-ci, tantôt celui-là d'entre ses collègues honoré de l'estime publique. Est-ce conviction profonde que tout le savoir de l'homme comparé à la Science absolue, parfaite, est un pur néant? On le croirait, si cette épithète dont on gratifie généreusement le prochain on se l'appliquait, comme autrefois Socrate, à soi-même.

— Qu'est-ce que *le moral* si ce n'est l'âme? Qu'est-ce que *le physique* si ce n'est le corps? Avez-vous, Cabanis, en changeant les noms, mieux expliqué les rapports des choses, et préparé pour tant de problèmes ardus des solutions définitives? Est-ce progrès de remplacer deux choses très réelles par deux abstractions qui n'ont satisfait personne? Est-ce que *le dehors* et *le dedans* n'ont pas, à leur tour, pris la place que le physique et le moral ne remplissaient pas assez bien? Ceux-là du moins sont-ils assez vagues, assez équivoques? Seront-ils les derniers? N'ira-t-on pas encore plus loin?.... Si loin qu'on finira par retrouver un jour le corps et l'âme.

— Ce serait le cas de ne plus croire à l'âme humaine, si un chirurgien la découvrait un jour au bout de son scalpel. En attendant, qu'on nous permette d'ajouter foi au plus intime et au plus certain de nous-mêmes. Nous voyons l'esprit des yeux de l'esprit, et nous n'imaginons pas qu'on puisse le voir d'autre façon.

— Eussiez-vous la troisième circonvolution

frontale développée dans sa partie postérieure jusqu'à des proportions inouïes, ce développement extraordinaire pourra faire de vous un beau parleur, un bavard insupportable : il ne fera pas que vous soyez un orateur, si vous n'avez pas en vous l'âme d'un orateur.

— S'il est, après le prêtre et le philosophe, un homme au monde qui voit de près les âmes, qui discerne la différence des âmes, qui apprécie la force ou la faiblesse des âmes, l'influence d'une âme sur une autre âme, assurément c'est le médecin. Il peut douter d'elle à l'École, dans son cabinet, par mode ou par vanité ; s'il en doutait au chevet du malade, s'il n'agissait pas absolument comme si l'âme existe, il ne posséderait que la moitié tout au plus de son art ; il ne serait pas le médecin parfait qu'il croit être ou qu'il espère devenir.

— On peut être à la fois un savant et un sot : témoin cet illustre professeur, — il n'enseignait pas en France, — qui connaissant l'œil de l'homme mieux que personne au monde, y découvrait des imperfections dont il aimait à dire que la prétendue sagesse de Dieu n'avait su ni les prévenir, ni les réparer.

— Les organes font les aptitudes, ou plutôt ils y concourent, c'est l'âme qui en dirige l'emploi ; c'est elle qui les applique, les circonstances aidant ou s'opposant, à de petites ou à de grandes choses, qui les fait servir au bien ou au mal.

— Plus les sciences découvrent de rapports entre les organes du corps et les puissances de l'âme, plus la merveille grandit d'un concours aussi parfait ; plus l'intelligence qui l'a conçu, plus la puissance qui l'a réalisé sont au-dessus de toute intelligence et de toute puissance.

— Les hommes ont eu toutes les pensées, les plus fines et les plus solides, les plus justes et les plus profondes, avant qu'on songeât à découvrir ce que l'exercice de la pensée emprunte aux nerfs, aux cellules de toute forme et de toute nature, à leurs nucléoles, sans parler des infiniment petits qu'on n'a pas encore découverts, et de ceux qu'on n'atteindra jamais. Supérieure aux organes qui la servent, et d'autre nature qu'eux, la pensée demeure ce qu'elle était avant qu'on commençât à les étudier : étude qu'elle a inspirée, qu'elle dirige et qu'elle juge.

— Qui connaîtra la Nature, s'il ne pense point, et qui pensera, s'il ne reçoit de Dieu par la raison les éléments primitifs et nécessaires de la pensée ?

— Tant de révolutions, de transformations, d'évolutions que je puisse supposer sur cette terre et dans l'univers entier, je ne les puis supposer sans suite, sans ordre, sans loi, c'est-à-dire sans pensée.

— Plus vous divisez les sciences, plus vous partagez l'ancien et vaste domaine de chacune d'elles en de nouveaux domaines, moins elles se suffisent ; plus elles réclament le concours des sciences voisines qui en appellent d'autres à leur aide, lesquelles rentrent toutes, pour finir, dans l'unité de la Science et de la Vérité.

— Que de choses il faut savoir, pour se convaincre que ce qu'on sait n'est presque rien !

— Les philosophes et les savants de nos jours remplissent à l'envi les cadres que leurs prédécesseurs ont tracés, il y a deux mille ans. C'était alors, à défaut d'observations exactes et nombreuses, l'élément primitif, universel, qui dominait dans les pensées des philosophes ; de nos jours c'est l'élément acquis. Il serait difficile de découvrir présentement un seul système qui n'ait point ses racines dans l'antiquité; nous développons, nous perfectionnons : rarement il nous est donné d'inventer.

— Les progrès de la méthode, quand il s'agit des sciences de la nature, seraient-ils autre chose que les progrès de l'attention servie, dans un milieu plus favorable, par des instruments plus parfaits?

— Les lois des nombres et celles des corps s'expriment par des propositions dont le sens ne varie point, et la forme très légèrement. Tous ceux qui les entendent les entendent de la même manière, sans y rien ajouter, sans en rien retrancher, sans y rien mettre qui soit à eux. A vrai dire elles ne sont pas des pensées, mais seulement pour la pensée une occasion de naître, de s'élever, de s'étendre. A partir d'elles, en effet, on induit, on déduit, on suppose, on affirme, on pressent; en un mot on pense avec la nature propre de son esprit, avec tout soi-même.

— Savoir très exactement, analyser rigoureusement des rapports immuables, et ne rien dire de ce qui les fonde et les autorise, c'est l'exactitude propre aux sciences exactes.

— Les sciences diminuent chaque jour et elles rendent de plus en plus étroit le domaine de l'inconnu ; mais si loin qu'elles en reculent les limites, il est un point où leur pouvoir s'arrête, celui où l'infini, c'est-à-dire le *mystère*, succède à l'*inconnu*.

— Eh quoi! vous n'étiez pas à l'Académie[1]?
— A mon grand regret, je n'ai pu m'y rendre à l'heure fixée.
— Pour moi j'en sors enchanté, ravi d'avoir entendu mieux qu'un savant, mieux qu'un écrivain : un philosophe, un homme.
— Je le vois : vous ne connaissez point Pasteur tout entier.
— Je le confesse humblement.
— Combien d'autres répéteront demain l'aveu que vous faites avec tant de sincérité !
— Je crois l'entendre encore, et je voudrais... mais je crains de n'y point réussir.
— Ne craignez pas, recueillez de votre mieux vos souvenirs ; je compte sur votre obligeance et votre mémoire.
— Qui l'eût cru qu'en un jour de réception

---

[1] 27 avril 1882.

solennelle, et à l'époque où nous vivons, un membre illustre de l'Académie des Sciences osât parler avec éloquence d'un Infini auprès duquel tous les mondes finis, connus et inconnus, visibles et invisibles, sont comme un pur néant, osât dire que cet Infini tourmente, obsède non seulement l'âme d'un Socrate, d'un Platon, d'un Pascal, mais, à certaines heures, toute âme humaine; que cet Infini infiniment au-dessus de tout ce que nous pouvons concevoir ou imaginer est plein de mystères impénétrables..... Mais encore une fois je crains d'affaiblir ou d'altérer.....

— Vous vous rappelez nos discussions sur le troisième moment de la pensée[1] ?

— Je me les rappelle.

— Doutez-vous encore que ce troisième moment, absorbé en apparence par les sciences exactes et les sciences de la nature, n'en ait pas moins, de Kepler à Descartes, de Descartes à Leibniz, de Leibniz à Ampère, à Cauchy, à Pasteur, sa part de haute et sublime métaphysique?

— Je n'en doute plus.

---

[1] Voir au livre *De la Pensée*, la leçon : *Les trois moments de la pensée*.

— L'Académie française n'est qu'une des classes de l'Institut, égale en droits à toutes ses sœurs, mais elle est celle où le Beau brille d'un éclat plus vif, où le génie rayonne à de plus grandes distances, où l'éloquence achève de donner leur prix aux découvertes des savants. C'est assez, je crois, pour justifier les préférences de l'opinion publique à son égard.

— On regarde comme une chose rare et surprenante que le même savant puisse, de par le suffrage de ses collègues, appartenir à la fois à deux classes de l'Institut : seuls les vrais savants connaissent le prix du savoir et ses limites.

— Savoir et penser sont si peu la même chose que deux esprits, à savoir égal, peuvent penser ou ne penser point, ou avoir des pensées très différentes. On a même vu plus d'une fois la pensée varier dans un homme, sans que le savoir en lui augmentât ou diminuât le moins du monde. Tel avait fermement résolu de n'être jamais qu'un savant, de se borner à constater ce qui est ou ce qui paraît, dont la pensée une fois mise en mouvement a bientôt franchi le cercle étroit des connaissances dites positives, et s'est perdue dans le monde des chimères. En Dieu seul la pensée n'a pas à compléter la science ou à la devancer. La perfection de l'une implique celle de l'autre, ou, pour mieux dire, en lui la Science et la Pensée ne sont qu'un.

— Ni l'animal ne saurait changer son instinct, ni la plante le parfum de sa fleur, le dessin de sa feuille, la saveur de son fruit. L'homme seul peut changer du tout au tout et, pour ainsi dire, du jour au lendemain, le sens et la direction de ses pensées. La pensée de l'homme n'a rien de commun avec l'instinct de l'animal et les lois de la plante.

— Des deux frères qu'une tendre amitié unit jusqu'à la fin, l'un choisit dès l'abord l'étude et l'enseignement de l'histoire ; le plus jeune qui venait de remporter au Concours général un double et brillant succès, hésita quelque peu sur sa vocation. La science à la fin l'emporta, mais la philosophie ne fut pas pour cela délaissée, les Lettres encore moins : elles devaient être, avec la religion, le charme et la consolation de sa vie.

Peu de carrières plus rapides et plus belles, sans que toutefois un seul degré eût été omis, une seule loi de la hiérarchie violée. La Faculté de province vint après le lycée de province, Paris après la Faculté. Dix Mémoires, tous remarquables, avaient ouvert la voie : ils tinrent lieu d'instances qu'on aurait rougi de faire. C'est ainsi qu'on s'éleva peu à peu aux offices les plus honorables, qu'on entra par la bonne, la large porte, à la Sorbonne, à l'École normale, à l'Observatoire, au Bureau des longitudes. Parfaite de clarté et de sûreté la méthode ravissait les élèves, la science solide conquérait les savants, la modestie désarmait les envieux : tous étaient pour lui. On le vit bien, quand l'unanimité des voix, — exemple unique en ce siècle, — le fit un jour membre de l'Académie des Sciences. « L'élection, dit un de ses nouveaux collègues, était due à son mérite, l'unanimité à son caractère. »

Et il en fut ainsi jusqu'à la fin. Ses devoirs deviennent de plus en plus nombreux, sans lasser son courage ; ses travaux personnels se multiplient, sans nuire à ses devoirs de chaque jour et sans émousser la vigueur de son esprit ; les honneurs qu'il ne cherchait pas viennent le trouver, sans porter la plus légère atteinte à sa modestie et à sa candeur ; les coups les plus cruels le frappent dans ses affections les plus chères, sans ébranler sa foi. Il sait d'où vient l'épreuve, et que tout ne finit pas à la tombe. Ses recherches, ses méditations, ses immenses travaux, loin de les affaiblir, avaient de jour en jour fortifié ses convictions religieuses.

Versé dans toutes les sciences, absorbé sans s'y perdre dans les plus longs et les plus difficiles calculs, il excellait à simplifier les théorèmes les plus compliqués, à donner leur dernière forme aux analyses rapidement ébauchées des maîtres. Capable de découvrir par lui-même, — il l'a bien fait voir, — des vérités nouvelles, astronome, géomètre, botaniste, en tout genre de sciences il savait découvrir la fin, le dernier mot de la Science. Ni les insondables profondeurs du ciel ne lui dérobaient l'Infini, devant lequel tous les cieux connus et inconnus sont comme s'ils n'étaient pas ; ni les lois de la Mécanique céleste, dans leur simplicité et leur grandeur, ne le captivaient au point de lui faire oublier la Pensée à laquelle toutes ces lois sont suspendues ; ni les délicates merveilles des fleurs et des plantes, ni les imposantes beautés de la nature alpestre, sa joie et son délassement ordinaire après les labeurs de l'année, ne charmaient ses regards au point d'enchaîner son âme à la terre. A ces hauteurs où l'éternel Géomètre lui était apparu, où la Pensée qui meut les mondes s'était révélée à sa pensée, à son tour la Beauté suprême se dévoilait à son âme, répandant sur la terre, d'un seul de ses regards, la vie, la grâce, la beauté.

Voilà qui est bien, nous dit-on ; encore quelques contours à dessiner, encore quelques coups de pinceau, et le portrait sera parfait : ce sera celui du savant spiritualiste et chrétien, tel qu'il ne fut jamais sans doute, mais tel qu'il est permis de l'imaginer. Étrange portrait d'imagination qui n'est pas, tant s'en faut, la réalité tout entière ! Portrait qui n'a rien dit du dévouement du père et du professeur, de la sûreté de l'ami, de la charité inépuisable et discrète, de la piété du chrétien, de tant d'autres choses enfin que le monde ignore ou qu'il aurait peine à comprendre. Portrait qui est bien loin de représenter tel qu'il fut, tout entier, — ses amis et ses élèves ne me démentiront pas, — Victor PUISEUX[1], le camarade et l'ami du Père Olivaint, le fondateur à l'École normale d'une association charitable qui subsiste encore, l'un des premiers membres avec Ozanam des conférences de saint Vincent-de-Paul, l'exemple enfin des savants de haute lignée, de libre et large esprit, pour lesquels c'est trop peu d'un rayon de savoir perçant les brumes de la plaine, et qui ne s'arrêtent que sur les sommets, à la source même de la lumière et de la science.

---

[1] Né en 1820, mort au mois de septembre 1883.

— Humiliez tant qu'il vous plaira, rien n'est plus facile, la pensée de l'homme. Faites-lui voir que ce monde visible où elle s'absorbe, et dont la terre n'est qu'un point, n'est lui-même qu'un atome auprès de l'immensité des mondes, que cette immensité à son tour est comme un rien au regard de l'Infini : il restera toujours qu'il conçoit cet Infini puisqu'il l'épouvante, cette perfection puisqu'elle l'attire. Plus vous faites d'efforts pour m'abaisser, plus vous élevez en moi les sommets auxquels vous comparez mon néant.

CHAPITRE X.

Philosophie et Religion.

— Il n'est pas un pouvoir ou une aspiration de notre âme, pas une manière d'envisager ou d'expliquer la vie, pas un trait saillant de caractère, qui n'aient tôt ou tard donné lieu à ce qu'on nomme *une philosophie*. Heureusement *la Philosophie* vient à son tour réunissant ce que les philosophies dispersent, accordant ce qu'elles opposent, relevant ce qu'elles dépriment, ramenant à ses naturelles proportions ce qu'elles haussent à l'excès, et elle a toujours le dernier mot.

— Le principe de l'optimisme, du pessimisme, du scepticisme, du mysticisme, de l'épicurisme, du stoïcisme, de l'idéalisme, en un mot de toutes les philosophies exclusives, nées ou à naître, est assurément dans la nature humaine, mais il n'y est pas seul : il fait partie intégrante d'un tout, il n'est qu'une note dans une harmonie. Ceux qui l'envisagent dans son isolement ne le voient pas tel qu'il est, car ce qu'il est lui vient, pour une bonne part, des autres principes auxquels il est associé. En vouloir faire le principe unique, le moteur suprême, c'est, en le faussant, fausser avec lui la science de l'âme, et s'exposer, dans la pratique de la vie, à tous les écarts, à tous les excès.

— La philosophie possède ce rare privilège, qu'elle est faite et qu'on la fait incessamment, qu'on la modifie et qu'elle ne change pas, qu'elle s'accroît tous les jours et qu'elle est, dans son fond, toujours la même. Comprendre qu'il en soit ainsi, et qu'il n'en puisse être autrement, c'est avoir fait quelque progrès dans l'étude de la philosophie.

— Immuable dans ses principes, immuable dans les vérités qu'elle a découvertes, la philosophie ne cesse d'approfondir les vérités anciennes et de marcher à la conquête de vérités nouvelles. Il en est une d'ailleurs que ni siècles, ni générations, ni sagacité, ni patience, ni pénétration, ni génie n'épuiseront jamais, l'*idée de Dieu*, et celle-là est son principal objet.

— Se moquer de la philosophie, ingratitude et

déraison : railler les ridicules prétentions de quelques philosophes, utile philosophie.

— A peu de chose près leur pensée était juste, avant qu'on l'eût contredite; mais ce peu de chose qu'ils se sont obstinés à défendre étant devenu pour eux le principal, a corrompu tout le reste.

— Ce n'est pas dans l'Inde, ce n'est pas en Allemagne que le pessimisme est né, c'est dans un repli de l'âme humaine. Les Brames, les Boudhistes, Léopardi, Schopenhauer n'en sont pas plus les auteurs, que Bacon n'est l'auteur de l'induction dont on usait depuis l'origine du monde. Plus d'une fois déjà les hommes ont cru découvrir ce qu'ils possédaient par droit de nature : plus d'une fois un germe endormi dans les profondeurs de la conscience s'est éveillé, et il a grandi. L'arbuste oublié est devenu rapidement l'arbre immense à l'ombre duquel, suivant qu'il était arbre de vie ou arbre de mort, les générations des hommes se sont rajeunies ou elles se sont éteintes.

— Si l'on faisait, avec un peu d'exactitude, le compte des choses que les philosophes de nos jours, en Europe et en Amérique, ont trouvées qui n'étaient point perdues, de celles dont ils se sont bornés à changer les noms qui leur avaient été anciennement donnés, le bien qu'ils s'attribuent comme l'ayant d'eux-mêmes acquis, souffrirait de grandes diminutions ; mais il en resterait encore assez pour satisfaire les vrais philosophes, et pour faire honneur à la philosophie de notre siècle.

— Si l'on me demandait de quelle École je veux être, de celle où la pensée va sans cesse grandissant et élevant tout le reste à sa suite, ou de celle qui abandonnant chaque jour une vérité livre peu à peu tout l'empire aux sens, je n'hésiterais pas à me ranger du côté de la pensée, sûr que je serais de triompher tôt ou tard avec elle. La vérité n'a jamais manqué d'adversaires, elle ne connaît pas de vainqueurs.

— La recherche de la vérité suppose déjà la possession de quelque vérité : elle n'aurait jamais commencé, si elle n'avait eu ce point d'appui nécessaire, et elle s'arrêterait court, si la foi à la vérité lui manquait.

— Le philosophe n'est que très imparfaitement philosophe, s'il se borne à chercher la vérité ; il le devient davantage, si, après l'avoir découverte, il la communique et l'enseigne ; il l'est pleinement si, après l'avoir cherchée, découverte et enseignée, il en jouit dans l'acte parfait de la contemplation.

— Contempler la Vérité dans quelque vérité conquise par le travail de l'esprit ou plutôt de l'âme entière, ce n'est pas seulement jouir de sa pure lumière et de sa beauté, c'est s'humilier devant sa grandeur et sa profondeur ; c'est désirer de lui être uni et d'en demeurer digne par une volonté toujours droite ; c'est disposer par rapport à elle ses sentiments, ses résolutions, ses pensées. La contemplation est encore plus un acte qu'un état où l'entendement, tout enveloppé qu'il soit de paix, d'amour, de joie, s'élève à sa plus haute puissance, et où se renouvellent, s'emplissent comme d'elles-mêmes, pour le travail de demain, les sources un moment taries de l'effort et de la pensée.

— Savoir descendre en soi, c'est la moitié de la philosophie ; y demeurer enfermé, c'est l'excès : en sortir et y rentrer à propos, c'est le privilège des sages.

— Ce qui passe et s'écoule tout entier, sans retour, ne saura jamais qu'il passe et que quelque chose demeure. Le premier qui a dit : *Tout passe, tout s'écoule,* a affirmé le rapport de sa pensée avec ce qui ne passe point : il a affirmé la raison et Dieu.

— Tout essai d'explication de ce qui passe par ce qui demeure, de ce qui se voit par ce qui ne se voit pas, est un commencement de philosophie.

— Orateurs qui veulent tout dire, philosophes qui veulent tout expliquer. Les premiers ne sont qu'ennuyeux, on perd son temps à les entendre ; les autres sont dangereux : ils ébranleraient, pour les vouloir prouver, les vérités qui ne se prouvent pas.

— Pourrait-on citer un seul aspect, un seul petit canton de la philosophie dont on n'ait voulu faire, à un moment donné, la philosophie tout entière, dont on n'ait dit : « la voilà, c'est bien elle, et elle y est tout entière, et elle n'est pas ailleurs ». Le plus surprenant, c'est que les mieux instruits de ce passé et de sa diversité infinie s'obstinent à emprisonner dans la question du jour, qui ne sera plus celle de demain, la science de l'homme et celle de Dieu.

— En philosophie toutes les questions capitales sont dans une étroite dépendance les unes des autres : celui qui n'en étudie qu'une seule ne la résoudra jamais.

— Contre les maladies rebelles aux médications les plus savantes des hommes de l'art les plus habiles, employez les *simples,* c'est votre dernière ressource : il se peut qu'ils aient raison du mal le plus invétéré.

Il est des erreurs en philosophie que les plus solides raisonnements ne parviennent pas à déraciner. Appliquez-leur *le bon sens :* c'est le vrai, l'unique remède. S'il n'y peut rien, c'est que le mal est incurable.

— ✥ —

— La Métaphysique est une science, quand elle démontre qu'il existe un Dieu ; mais elle n'est pas moins une science, quand elle démontre avec la même force et la même clarté que ce Dieu est incompréhensible.

— La faute en est à notre œil, nullement à la lumière, si nous ne voyons pas tout ce qu'elle éclaire et tout ce qu'elle est.

— Il n'y a d'obscurité dans l'idée de Dieu que celle qui vient de nos limites. Il les faut nier, ou il faut renoncer à avoir une idée de Dieu égale à Dieu.

— Assez d'idées claires dans ce seul mot *Dieu*, pour que tout esprit qui se possède les perçoive, assez de mystère, pour que l'Infini s'y reflète. Si la clarté manquait, le mot Dieu ne serait qu'un mot; si le mystère n'y était pas, ce ne serait pas le nom de l'Infini. Il y faut de l'un et de l'autre, pour que notre esprit consente, et pour qu'il adore.

— Chaque fois qu'en moi-même ou en dehors de moi, dans la Nature ou dans la raison, ma pensée se heurte au mystère, c'est comme un choc d'où jaillit l'idée de Dieu. Et cela arriverait chaque fois que je pense, si j'allais chaque fois jusqu'au terme de ma pensée.

— Le monde est plein de mystères, la raison de même : on y pourrait ajouter le mystère de ceux qui ne voient nulle part le mystère.

— La contradiction n'est-elle pas étrange de nier résolument l'Infini, et d'aspirer de toute son âme à un bonheur sans fin, à un savoir sans limites, à mille choses dont l'idée suppose l'infini, dont la réalité n'existe que dans l'Infini ?

— Le ciel est-il muet, comme il semble, ou est-ce notre ouïe dont la grossièreté ne perçoit pas les divins concerts qui s'y succèdent ? Et toutefois si ravissantes que soient leurs harmonies, le jour où il nous serait donné de les entendre, parleraient-elles à nos âmes comme l'éloquence de ce ciel muet leur parle de Dieu, de sa grandeur et de sa gloire ?

— Nos idées sur la grandeur et sur ce qui est vraiment grand, relatives au lieu que nous habitons, au temps où nous vivons, à l'étendue de notre esprit, à celle de nos connaissances, à l'élévation naturelle de notre âme. Qu'elle soit d'hommes ou de choses, de la matière ou de l'esprit, de la force ou de la vertu, de la sainteté ou du génie, par toutes les voies, par tous les degrés, elle nous conduit à la grandeur qui mesure toutes les grandeurs. Mille formules résumant la grandeur des mondes, mille et mille acclamations saluant au passage les plus grandes d'entre les grandeurs humaines, se terminent, tôt ou tard, à ce cri de l'âme désabusée des grandeurs finies : Dieu seul est grand !

— Une punition qui n'a jamais manqué à l'athéisme, c'est l'idolâtrie des grands hommes poussée jusqu'au ridicule, jusqu'à l'absurde.

— Le ciel sans Dieu, c'est pour l'athée lui-même comme un vide immense et insupportable où il jette tour à tour, pour le combler, tous ses grands hommes divinisés, mais sans qu'il y paraisse seulement, et que l'abîme en soit moins profond.

— La fortune du panthéisme lui vient, pour la meilleure part, du nom de Dieu qu'il ne cesse de répéter, alors même qu'il ne l'invoque point. Tantôt il le concentre en lui-même et concentre en lui tout ce qui est; tantôt il le répand dans la Nature entière, dont la vie devient sa vie et la beauté sa beauté. Ceux qu'il ne domine point par les trompeuses apparences d'une déduction rigoureuse, il les séduit par l'illusion de ses rêves et d'une vague religiosité.

— Au fond des sociétés secrètes et de leurs mystérieuses doctrines, dans tous les siècles et dans tous les pays, si vous cherchez bien, vous découvrirez toujours le panthéisme, ou quelque chose qui en approche. Cette obscurité l'attire, elle est faite pour lui : ces ténèbres, où nul discernement n'est possible, sont bien le milieu qui convient à la doctrine de l'universelle et éternelle confusion.

— Vous voulez savoir comment Dieu pense, et il ne vous suffit pas d'entendre qu'il est la pensée éternellement en acte ; retranchez donc de sa pensée d'abord tout élément acquis,... ou plutôt ne retranchez rien que l'acquisition elle-même, la succession, l'intermittence, le progrès, en un mot toute limite. Élevez à l'infini le pouvoir de comprendre, c'est-à-dire égalez la Science de Dieu à son Être ; concevez une raison qui soit toute raison, une lumière qui soit toute lumière. Imaginez une parole éternellement engendrée par cette pensée éternelle ; et quand vous aurez épuisé votre puissance d'entendre, de comprendre, d'imaginer, pensez que vous n'avez encore rien fait, qu'il vous reste tout à faire, et que cet aveu est le point culminant de votre science de la pensée de Dieu.

— Les plus érudits, les plus savants, les plus observateurs, les plus penseurs ne possèdent jamais, en capital, qu'une parcelle je ne dirai pas de la Science de Dieu, mais du savoir humain que les siècles ont accumulé, et, au moment où il pensent, qu'une parcelle de cette infime parcelle. Les plus petits, les plus humbles ne partagent qu'avec Dieu la possession de leur liberté, et ils la possèdent, cette réserve faite, tout entière.

— L'infini a sa place dans toutes les questions que traite la philosophie, mais elle n'est nulle part aussi large que dans la question de la raison et dans celle de la liberté. On ne cessera jamais de les creuser et de constater, du côté de l'homme, des ignorances à dissiper, du côté de Dieu la réalité d'un concours aussi mystérieux qu'il est certain.

— La liberté se voit, dans notre âme et dans notre vie, d'un premier et sûr coup d'œil, à ne pas laisser le moindre doute. Veut-on regarder de plus près, analyser, aller jusqu'au fond, répondre à toutes les objections, la vue se trouble : c'est tantôt une chose, tantôt une autre très différente qu'on croit apercevoir. On revient alors au premier coup d'œil qui doit être le bon, car il ne change pas, et il est pour les autres ce qu'il est pour nous.

— Étudier la liberté où elle n'est pas du tout, et où elle est à son plus haut point, sert beaucoup à connaître la liberté humaine : liberté vraie et entière dans son ordre, mais liberté moyenne et imparfaite, quand on la compare à celle de Dieu.

— Exclure Dieu de l'acte libre c'est anéantir l'acte libre. Où ce ruisseau prendrait-il désormais sa source ? Qui réparerait cette force à mesure qu'elle se dépense ? Qui lui donnerait son objet d'abord, et, avec son objet, assez de lumière pour le connaître, une première impulsion sans cesse renouvelée, pour y tendre et le poursuivre ?

— Quel autre aspect du monde, et combien différent de celui qui ne saurait dépasser les surfaces et les apparences, si nos yeux pouvaient s'ouvrir tout à coup au spectacle des luttes intérieures qui déchirent les âmes, au perpétuel conflit des pensées entre elles, des pensées avec les appétits et les passions ; s'ils découvraient les incertitudes de la volonté, ses hésitations, ses précipitations, ses lenteurs, son perpétuel va-et-vient entre le bien et le mal, les appels tantôt pressants, tantôt discrets de Dieu, les prévenances de sa bonté, les résistances ouvertes ou sourdes de la liberté, celle-ci maîtresse d'elle-même vis-à-vis de Dieu maître de tout, et plus maître que jamais, quand il donne ou qu'il partage ! Quel spectacle ce serait que celui de ces drames qui se renouvellent sans se ressembler, dans des multitudes d'âmes, spectacles dont les philosophes et les moralistes les plus clairvoyants, les poètes les mieux inspirés et les plus tragiques n'ont jamais dépeint qu'une partie, dont le dénouement n'est même pas toujours celui que la faiblesse de notre regard nous fait supposer. Mais ces choses ne pourraient se découvrir que des yeux de l'esprit, ceux du corps sont inhabiles à les pénétrer. Ce qu'ils voient ici-bas suffit pour le bon usage de la liberté : à plus tard la science parfaite de la liberté.

— Si ceux qui, dans leurs livres et leurs discours, nous parlent fréquemment de la *Conscience moderne*, entendent que la conscience morale, sans changer le moins du monde la nature des jugements et des sentiments qui la constituent, est appelée à se prononcer, — dans une société où les idées et les mœurs se transforment rapidement, — sur un grand nombre de cas nouveaux dont la solution n'est pas toujours facile, on peut, à leur suite, accepter l'alliance de ces deux mots au premier abord un peu surprenante. Mais s'ils veulent dire que la conscience morale s'est elle-même transformée dans les principes qui l'éclairent, et qui dirigent notre liberté, autrement dit que notre nature morale est absolument différente de ce qu'elle était dans les siècles qui ont précédé le nôtre, aucune erreur ne serait, en philosophie, plus grave et plus dangereuse que celle-là.

— ⁕ —

— Le corps se voit des yeux du corps et des yeux de l'esprit : il faut que les deux y concourent ; l'esprit se voit avec les yeux de l'esprit. Si on me le montrait des yeux du corps, je dirais : ce n'est pas lui, — ou je cesserais de croire en lui.

— L'esprit se voit dans les corps par sa marque, non pas en lui-même. Sa marque ce sont les lois, les causes, les rapports, les proportions, l'unité, la grandeur, l'harmonie, la beauté, la fin. Tout cela est de l'esprit, et c'est aussi, dans les corps, ce qu'ils ont de meilleur.

— La matière qui ne se connaît point, et qui ne connaît point l'esprit, ne les nie, ni ne les affirme ; elle ne sait rien d'eux. L'esprit seul, s'il lui plaît ainsi, peut nier l'esprit, parce qu'il sait ce que c'est qu'esprit : il entend ce qu'il nie. Le jour où il cesserait d'être et de se connaître, les controverses cesseraient aussitôt : il ne serait plus question ni de matière, ni de phénomènes, ni d'esprit, ni de savoir lequel des deux principes prime l'autre ou l'absorbe. Ce serait, dans le monde privé de regard sur lui-même, le lugubre silence d'une ignorance éternelle.

— C'est savoir du fond des choses au moins qu'il existe, que d'en affirmer la surface. Pour s'entendre avec soi-même, quand on parle des phénomènes, il faut bon gré, mal gré, avoir quelque idée de la substance dont ils sont les phénomènes.

— S'il n'y avait pas de substance il n'y aurait pas de phénomènes, car de quoi les phénomènes seraient-ils alors les phénomènes? A moins qu'ils ne soient les phénomènes de rien, ce qui n'aiderait pas à les rendre intelligibles.

— Si nous devons nier la substance, parce que nous ne savons pas tout ce qu'elle est, pourquoi ne pas nier les phénomènes dont nous ne savons pas non plus tout ce qu'ils sont, dont nous ne savons plus rien, s'ils n'ont pas quelque chose qui les porte, qui les constitue, c'est-à-dire s'ils ne sont pas.

— Nier la substance et donner ensuite au phénomène les qualités, les attributs de la substance, c'est pur jeu de mots et peu digne d'un philosophe.

— *Le positif de la matière*, pour emprunter ce terme à Fénelon[1], ce ne sont pas les faits qui passent, les apparences qui changent et s'évanouissent; c'est l'*être* qu'elle contient, l'*ordre* qui la rend intelligible, en y découpant des parts, l'*unité* qui donne à chacune de ces parts sa nature propre et son caractère, la *grandeur* qui détermine leurs relations, leurs proportions au point de vue de la quantité et de la qualité; c'est aussi la *vie* qui s'ajoute à quelques-unes d'entre elles établies dans un degré supérieur; c'est enfin la *beauté*, leur suprême parure et la couronne de l'œuvre entière. Or de tout cela, *être, ordre, unité, grandeur, vie, beauté*, rien ne passe, rien ne s'anéantit, tout est divin dans sa source inépuisable, dans son principe infini. Le positif de la matière est en Dieu, et les vrais positivistes sont ceux qui le découvrent partout dans ses œuvres.

— Vous avez découvert, à force de patientes

---

[1] *Traité de l'Existence de Dieu.*

recherches, de subtiles analyses, dans le monde de la matière et dans celui de l'esprit, cinq ou six grosses contradictions (il vous plaît de les nommer des *antinomies*), permanentes, surprenantes, irréductibles. C'est bien peu, croyez-moi, il y en a davantage : le monde physique en est plein, il en est fait. Votre esprit de même, car s'il les découvre, grâce à son rapport avec l'Infini, il ne les explique point : sa limite l'en empêche. La contradiction qui vous fait douter de Dieu et de la raison ne se voit si bien qu'en lui; nulle part l'union des deux inconciliables, le fini et l'infini, n'est si étroite que dans les profondeurs de notre pensée. Lequel des deux nierez-vous, sans vous nier vous-même tout entier ?

— Il ne se perd ici-bas, — ce sont les savants qui l'affirment, — ni une parcelle de matière, ni une parcelle de force, et la Nature peut varier à l'infini les produits de sa fécondité, elle ne fait que transformer et combiner, elle ne crée rien. La seule chose qui s'ajoute d'année en année, de jour en jour, à la Nature, alors qu'elle n'y était pas auparavant; la seule qui augmente ici-bas un total que toutes les forces réunies de la matière agissant de concert laisseraient à jamais tel qu'il est, sans pouvoir y ajouter la plus chétive unité, ce sont les actes de la volonté libre et les œuvres de l'esprit. A ces réalités qui n'étaient pas hier, et qui vivront à jamais de la vie qui leur est propre, c'est notre âme qui a donné la naissance. Voilà la force qui s'accroît sans cesse, qui ajoute les vertus aux vertus, les pensées vraies aux pensées vraies, les chefs-d'œuvre aux chefs-d'œuvre. La Nature se travaillerait des millions de siècles, qu'au terme de ce prodigieux labeur elle se retrouverait exactement ce qu'elle était à l'origine : à la liberté et à la pensée il ne faut qu'un imperceptible instant pour enfanter ce qui n'était point. Seules les œuvres de l'âme s'ajoutent sans fin les unes aux autres, et ajoutent quelque chose à la Nature qui d'elle-même ne peut rien perdre et rien se donner.

— Peut-être n'est-ce pas une preuve rigoureuse, décisive, de l'immortalité de l'âme que la survivance des pensées des hommes, de leurs exemples, de leurs vertus, de leurs œuvres, et quelquefois de leurs chefs-d'œuvre, à la fragile enveloppe dont il ne reste qu'un souvenir. Et toutefois je ne parviens pas à m'expliquer que les eaux continuant de couler, la source en soit à jamais tarie, et que les œuvres de l'âme ne cessant de vivre et de répandre la vie, l'âme elle-même soit anéantie.

— Il y a dans le monde encore trop de justice pour que nous doutions de la Providence ; il y en a trop peu pour que nous doutions de la vie à venir.

— Quand on a fait, au début, deux parts de ses espérances, l'une pour les choses du temps, l'autre pour la vie à venir, il reste, après les séparations et les épreuves les plus pénibles à la nature, le droit de tout espérer.

— Ce ne serait point la peine d'espérer ici-bas avec tant d'ardeur et d'obstination, si l'objet de notre espérance était seulement celui qui paraît nous absorber. L'autre que nous ne voyons pas est infiniment plus vaste, seul capable, à vrai dire, de satisfaire nos secrètes aspirations. Et toutefois, si petit que soit le premier, si grand que soit le second, le plus petit nous empêche souvent de voir le plus grand, comme il suffit d'une feuille pour nous empêcher de voir le soleil. Il est vrai que le soleil ne cesse pas pour cela de nous éclairer et de nous réchauffer.

— Notre raison est ainsi faite, et Dieu y a si

bien marqué son empreinte, qu'elle s'étonne d'être dans le temps. Les meilleurs esprits ont je ne sais quelle tendance à supprimer ses limites, et à le confondre avec l'éternité.

— *Temps, Éternité :* deux mots qu'on prend souvent l'un pour l'autre, tellement l'un est bien dans l'autre, et tellement tous deux se pénètrent dans l'homme qui tient au temps par sa vie mortelle, à l'éternité par sa raison.

— Inquiet s'il sera jamais, l'avenir se fait sa place dans le présent par le rêve et par l'espérance.

— Nous nous disons jeunes ou vieux, par rapport au peu d'années que nous avons vécu ; il n'est point de vieillesse au regard des années éternelles.

— C'est moins l'éternité qui nous étonne et nous embarrasse que le temps ; c'est moins ce qui est primitif, absolu dans nos pensées, que ce qui en elles varie, s'écoule et nous échappe. Ce que nous cherchons dans le phénomène, ce n'est point le phénomène, c'est la loi ; ce n'est point ce qui passe, c'est ce qui demeure.

— En présence d'une tombe entr'ouverte où le cadavre allait descendre, — c'était celui d'un haut fonctionnaire, — trois orateurs parlèrent tour à tour. De ses talents très réels, de son ardeur au travail, de son dévouement à la chose publique les éloges les plus magnifiques et les mieux mérités ; de Dieu qu'il avait pourtant confessé à ses derniers jours et en pleine connaissance, d'âme, d'immortalité, pas un mot. On fit toutefois mention, devant ce mort, des joies infinies de la conscience satisfaite.

Orateurs, la vérité que vous tenez captive, et que la peur de quelques-uns vous empêche de dire à ceux qui l'entendraient volontiers, c'est qu'il n'y a pas de devoir s'il n'y a pas de Dieu, pas de dévouement où il n'y a pas d'âme, et que vos éloges sont des moqueries, s'il n'y a pas d'immortalité.

— Offrir des prières et des sacrifices pour les âmes de ceux qui ne sont plus, ce n'est pas seulement étendre, au delà de cette terre et des courtes années de la vie, la loi de fraternité et d'amour; c'est témoigner qu'on connaît la nature humaine qui n'est d'ordinaire ni absolument bonne, ni absolument mauvaise, qui cédant et résistant tour à tour, vaincue aujourd'hui, demain victorieuse dans ses luttes contre la passion, contre l'égoïsme et les penchants inférieurs de notre nature, a plus souvent besoin, au sortir de cette vie, d'être purifiée par des souffrances passagères, qu'elle ne mérite aussitôt des récompenses ou des peines éternelles.

— *Prière* et *Sacrifice :* deux éléments constitutifs de la religion ; si incomplets, si imparfaits qu'ils y fussent, ils n'ont manqué à aucune religion de l'antiquité. Ils ont leur perfection dans l'Église catholique où la prière dépasse, avec la solidarité et la charité, les étroites limites de la vie présente, pour s'appliquer à ceux qui ne sont plus ; où le sacrifice, cette fois non sanglant, est celui de la Victime par excellence, sainte et sans tache.

— Beaucoup de grandes et belles âmes ont demandé à Dieu cette dernière faveur, qu'après les orages d'une vie longue, laborieuse, agitée, il leur accordât quelques jours de solitude, pour se préparer au suprême passage ; on compte celles qui l'ont obtenue. Ce qu'a été pour elles, pour saint Augustin par exemple, un temps si court et si précieux, quelles pensées, quels sentiments l'ont rempli, le saurons-nous jamais, et pourrions-nous assez bien remplacer leur témoignage par nos hypothèses ? Quelle conversation avec Dieu faite d'élans, de regrets, d'humilité, de foi, de repentir, d'espérance, de désirs d'autant plus ardents qu'ils étaient plus près d'atteindre leur objet ! Quelles pensées soudain redressées après quelles déviations, soudain achevées après quel long et laborieux enfantement, poussées à quelle profondeur après s'être traînées longtemps à la surface, éclairées de quelles intuitions à l'approche de la grande lumière ! Comme tout cela ressemble peu à nos pensées obscurcies par tant d'ombres, rétrécies par tant d'intérêts et de passions ! Non, le monde ne connaîtra jamais, et peut-être il ne comprendrait pas ces pensées où le monde n'avait plus de part.

— *Laisser après soi un nom estimé, respecté, honoré, glorieux :* légitime ambition, noble ambition ; mais est-ce donc tout ce qui restera de nous, et non pas de nous tous, mais seulement de quelques rares privilégiés, que ces cinq ou six lettres dont se compose notre nom, et que gardera bien ou mal, pour les perdre tôt ou tard, la fragile mémoire de quelques-uns de nos semblables ! Nous avons soif d'immortalité, et nous voudrions nous survivre, même sous cette forme la plus réduite de toutes ; mais loin d'en être assurés, tout nous prouve que ce dernier et faible mémorial de nos travaux s'abîmera bientôt dans l'oubli auquel rien n'échappe ici-bas. Heureux ceux qui ont consenti, sur cette terre, à confier leur nom, celui de leurs œuvres, de leurs travaux, de leurs bienfaits, à Celui-là seul qui ne meurt point et n'oublie point, à anéantir leur renommée dans sa gloire et leur nom dans son nom ! Ils se perdent un jour, pour se retrouver à jamais.

—◆—

— Où les *agnostiques*[1] ont-ils appris ce qu'est en soi la connaissance parfaite, eux qui veulent que nous ne connaissions rien parfaitement ? Cette haute, cette sublime idée qu'ils ont du *connaître* d'où leur est-elle venue ? Cette mesure qu'ils appliquent à nos jugements qui la leur a mise en main ? D'où savent-ils que ceux-ci atteignent, sans les pouvoir dépasser, des images, des mots, des symboles, tout ce qui ressemble le moins à la vérité absolue ? Pas plus qu'eux nous n'espérons posséder ici-bas la science parfaite ; mais l'idée qu'ils en ont est si claire, si distincte ; dans leur effroi qu'on ne les croie capables de la poursuivre et de l'atteindre, ils la dépeignent

---

[1] Agnosticisme, une nuance du scepticisme, en faveur surtout en Angleterre.

d'une telle grandeur, ils en parlent si éloquemment, que notre foi à la Vérité et à notre pouvoir de connaître pleinement dès ici-bas un grand nombre de vérités, s'affermit rien qu'à les entendre. Est-ce bien le résultat qu'ils attendaient?

— Les vérités dont on dispute le plus sont celles dont la preuve est à la portée de tous. On a écrit des centaines de volumes sur la liberté, et il a toujours fallu en venir, pour prouver qu'elle est bien réelle, au sentiment invincible, à la conscience de la liberté. Est-ce à dire qu'on ait eu tort d'écrire tous ces livres, et que rien d'utile ne soit sorti de ces polémiques interminables : loin de là. Sans parler des pensées fécondes qu'elles ont fait naître, des vérités qu'elles ont, chemin faisant, aidé à découvrir ou à mettre dans un plus beau jour, elles ont prouvé que tous les hommes ont l'idée de la liberté, et que celle-ci vient directement de Dieu, puisqu'elle est à la fois certaine et mystérieuse. C'est, pour une vérité, la marque infaillible de son rapport étroit avec la nature divine, qu'elle soit tout ensemble au-dessus du doute et au-dessus de nos raisonnements. Elle est sous notre main, et elle ne se livre pas, sous notre regard, et nous n'en découvrons souvent que la moindre partie. Elle engendre une multitude de pensées vraies, mais la pensée unique qui devrait l'embrasser tout entière se dérobe à toutes nos poursuites.

— Rien n'est fécond, mais aussi rien n'est agité, tourmenté même, comme les dernières années de ces grands hommes, philosophes, théologiens, savants, qui ont beaucoup écrit et beaucoup pensé. Pour eux les luttes succèdent aux luttes, les polémiques aux polémiques; chaque erreur qu'ils s'efforcent de détruire leur vaut dix adversaires de plus : leur gloire en s'accroissant en accroît chaque jour le nombre. Rarement peut-on dire que le déclin de leur vie, c'est *le soir d'un beau jour*. Ce privilège n'est guère que pour le sage : il le perdrait, si au lieu de jouir silencieusement de sa pensée, il s'efforçait de la répandre au dehors. Mais ce sage est-il le vrai sage?

— L'idéal du bonheur n'est ni derrière nous, ni devant nous, il est en nous. Il n'appartient pas plus exclusivement au passé qu'à l'avenir : il est le bien de chaque jour, puisqu'il est le bien de notre âme.

—Mal satisfaits du présent, incertains de l'avenir, volontiers nous louons le passé. Ne sachant où placer l'idéal dont la pensée nous obsède, nous le confions, avec plus d'assurance, à cette portion du temps sur laquelle le temps et la fortune n'ont plus aucun pouvoir.

— On comble les vides, on charme les tristesses de la vie, dans la jeunesse par les rêves, plus tard par les souvenirs, en tout temps par la pensée : celle des autres ou la sienne, la lecture ou l'étude.

— Admirable économie de la pensée humaine qui ne cesse point de tenir la vie pour chose courte et fragile, et qui, dans cet instant reconnu fugitif, dispose le présent de mille manières, se souvient avec regret des longues heures perdues dans le passé, multiplie, pour l'avenir, les projets et les espérances !

— Les hommes travaillent, s'agitent, se tourmentent, surtout en vue de l'idée que d'autres hommes auront d'eux. Cette idée d'une idée est leur grande préoccupation, l'objet de leurs continuels soucis. Les plus décidés matérialistes ne sont pas les moins sensibles à l'estime, à la renommée, à la gloire : ils se nourrissent de ces idées, ils s'en font un doux spectacle. Les hommes sincèrement religieux, les vrais philosophes ne négligent pas non plus les jugements humains, mais ils demandent d'abord à leur conscience ce que Dieu pense d'eux et de leur vie. La réponse, si elle leur est favorable, leur tient lieu des autres jugements, et, au besoin, elle les en console.

— Ni la beauté, ni la raison ne nous appartiennent en propre : elles sont prêtées par Dieu, l'une pour un temps à un petit nombre, l'autre à toute âme humaine. L'aveu tacite, mais formel de cette dépendance, c'est la simplicité, c'est la modestie, sans lesquelles ni la beauté n'est toute belle, ni la raison toute raisonnable.

— Ajoutez les univers aux univers, et à ces univers sans fin répandus dans des espaces sans limites, ajoutez encore d'autres univers, mon admiration grandira avec la grandeur du spectacle; vous ne ferez pas naître en mon âme une parcelle d'amour pour ces univers qui n'aiment point. Mondes infinis, dont les proportions dépassent toutes les proportions, dont la mesure est au-dessus de toute mesure, vous pouvez bien triompher de mon imagination, ma pensée vous défie de la surpasser, mon cœur davantage encore. Vous avez beau vous étendre et vous grossir, vous n'égalerez jamais l'Infin où ma pensée s'alimente, l'Infini qui aime et qu'on peut aimer.

— On pense tous les jours à beaucoup de choses qui ne sont plus, et cette pensée est simplement un souvenir : penser à ceux qui ne sont plus est tout différent, et peut réveiller soudain un amour endormi. S'ils ont été nos amis, nos parents, notre âme est parfois émue comme si une autre âme allait lui répondre. De même pour les grands hommes, orateurs, poètes, artistes, sages ou saints ; fussent-ils morts il y a deux mille ans, penser à eux, c'est plus que réveiller un souvenir, c'est évoquer une âme, c'est s'éclairer à sa lumière, c'est se réchauffer à sa flamme. Monde des esprits, monde insondable, il est plus plus facile de vous nier que de vous oublier, et de se séparer de vous !

— « Donnez-moi un souvenir, pensez à moi. » On ne dit pas : « aimez-moi », l'usage n'est pas ainsi, et souvent l'on n'oserait. Il est plus simple et plus sage de demander la pensée : on sait bien qu'elle ne viendra pas sans un peu d'affection.

— Interrogez avec un peu d'instance, pressez de questions ceux qui croient, disent-ils, en Dieu, mais pas au Dieu de l'Évangile, vous connaîtrez sans peine que les traits plus ou moins confus sous lesquels ils se le représentent, c'est à leurs souvenirs chrétiens qu'ils les ont empruntés. C'est des débris de leur foi qu'est fait leur vague déisme : quand ils auront disparu, le déisme lui-même s'évanouira.

— La plupart de ceux qui vont répétant : je crois en Dieu, mais je n'ai que faire de la révélation, ignorent ou ils oublient que le Dieu dont ils se réclament, c'est au christianisme qu'ils en doivent l'idée la plus claire, la plus profonde, la plus bienfaisante à l'humanité ; que cette idée était avant lui incomplète, vacillante, mêlée d'erreurs chez les plus beaux génies de l'antiquité. Elle s'emplit peu à peu de confusion, d'obscurités, de contradictions, chez ceux qui, de nos jours, essaient de retrouver, sans l'appui du christianisme, le Dieu qu'ils ont perdu pour le vouloir sans lui.

— Il en est que les mystères éloignent de la foi, et il en est que les mystères attachent ou ramènent à la foi. La raison est avec les derniers, car l'Infini qu'elle nous révèle n'est pas seulement mystérieux par rapport à notre médiocre capacité d'entendre, il l'est surtout en lui-même : infini en être, infini en puissance, infini en amour, en pensée, en bonté, en toutes perfections dont, sans le secours de la raison, nous n'aurions jamais eu l'idée.

— Sans doute notre foi a des appuis plus solides que le témoignage d'un homme, si savant, si intelligent qu'il soit, eût-il reçu le don rare et magnifique du génie, eût-il nom Képler, Descartes, Newton, Cauchy, Ampère, Pasteur. Et pourtant n'est-ce rien que d'être descendu plus avant que le commun des hommes, et même que la plupart des esprits cultivés, dans les profondeurs de l'infini, de les avoir sondées ; d'avoir reconnu qu'au-dessus, bien au-dessus de l'infini mathématique, de l'infini de la Nature, de l'infini des mondes, il y a un Infini d'amour, de pensée, de puissance, le seul Infini véritable, parce que seul il n'a de limites en aucun sens et pas l'ombre d'une imperfection : un Infini si réel, si personnel à la fois et si mystérieux, qu'en Lui tous les mystères de la religion sont enfermés comme dans leur principe.

— L'Église n'admet pas que la sagesse, la puissance, l'amour, la pensée, la bonté de Dieu s'arrêtent à un point que détermineraient avec plus ou moins d'exactitude, en deçà pour les uns, au delà pour les autres, un peu plus ou un peu moins loin, suivant qu'il agrée à ceux-ci ou à ceux-là, le raisonnement de l'homme et ses douteuses lumières. Fidèle aux lois de la logique elle laisse au mystère divin toute sa profondeur, et n'admet pas en lui plus de limites que la raison n'en découvre dans l'Infini.

— Le chef d'une École ou d'une secte, sa conception des choses lui eût-elle, au début, semblé inépuisable, si sa vie est un peu longue, finit par se trouver à l'étroit dans sa propre pensée. A plus forte raison ses disciples qui n'ont que le choix de briser le cadre du maître, ou de s'y emprisonner. Celui de l'Église est autrement large. Penseurs et pensées ont pu s'y mouvoir à l'aise depuis dix-huit siècles, et il en naît tous les jours qui s'y développent librement. Quelle pensée vraie pourrait n'avoir point sa place dans le sein de la Vérité ! Les limites ne commencent que quand on en veut sortir.

— Le spiritualisme rendu à lui-même, délivré des excroissances et des superfluités chrétiennes, est un peu comme ces arbres qu'on aurait, en les émondant avec vigueur, et pour leur plus grand bien, réduits au tronc et à quatre ou cinq grosses branches. C'est l'arbre vivant de sa vie propre, rendu à la liberté, l'arbre purement arbre. Il est vrai que l'air et le soleil n'y pénètrent plus, doucement, abondamment, par les mille canaux des petites et des moyennes branches, par les innombrables canaux d'un feuillage épais. Mais qu'importe ; l'arbre s'appartient, il est délivré de toutes les vaines superfluités : que faut-il de plus ?

— On a beau, dans sa jeunesse ou dans son âge mûr, se séparer du christianisme, on y tient longtemps encore par une multitude de racines qu'il est malaisé de détruire, et qui font circuler un reste de vie dans ce spiritualisme émancipé. Peu à peu toutefois les branches se dessèchent l'une après l'autre, et la tige s'incline lentement vers le sol. Un peu plus tard encore, la sève toujours moins abondante n'entretiendra plus qu'à grand-peine un stérile et débile déisme. L'heure enfin peut venir où il n'y aura plus ni sève, ni déisme, ni rien.

— ❦ —

— Les écoles que John Flower renverse par ses votes, il les rétablit par de secrètes largesses.

Les motions de ses amis politiques, celles qu'il approuve de sa parole ou de son silence, n'iraient à rien moins qu'à dépeupler les églises ou à les fermer : on n'en bâtit pas, on n'en répare pas une dans son voisinage qui ne soit d'avance assurée de sa souscription, suivant les cas, discrète ou publique. Aucun orateur, dans l'État de Nebraska, n'a prononcé des discours aussi véhéments contre l'enseignement des prêtres et des nonnes : son fils aîné est, à Chicago, un élève distingué des Révérends Pères qui fondent sur lui de grandes espérances; l'éducation de sa fille s'achève, à une moindre distance de la maison paternelle, dans un couvent de Bénédictines.

Ne me demandez pas de vous expliquer ces contradictions, ni de vous dire ce que John Flower pense en réalité. Au fond de son âme il se réserve de penser comme vous et moi sur Dieu, l'âme, la vie à venir, les vérités religieuses, quand viendra le moment favorable. Surtout il réserve les droits de l'heure suprême, si Dieu lui accorde de les faire valoir. Pour le moment il ne pense à rien, et il est tout entier à la joie d'être ce que l'ont fait, pour la troisième fois, les électeurs de Nelson-City.

On assure qu'il y a plus d'un John Flower dans les États et Territoires voisins, Colorado, Dakota, Montana, Kansas, Orégon. On prétend même qu'on en aurait découvert jusque dans le Vieux-Monde, mais les mieux informés n'en croient rien.

— ❦ —

— Ce n'est point la religion qui a rétréci l'esprit de Microphile : c'est Microphile dont l'esprit étroit n'a pu recevoir, de la religion infiniment trop large pour sa médiocre capacité, qu'une petite et infime partie, brisée, déformée, méconnaissable.

— La superstition abonde là où n'est pas la vraie religion ; elle diminue, à mesure que celle-ci prend plus d'empire sur les âmes.

— On porte au compte du christianisme certaines superstitions qui sont le fait de la nature humaine ; on ne songe pas au nombre infini de celles qui nous envahiraient sans lui.

— Se préoccuper des choses religieuses, discourir, discuter, s'agiter à leur occasion, n'est pas un signe certain qu'on en soit pleinement détaché.

— Je ne désespère point de résoudre une à une, jusqu'à la dernière, les objections soulevées contre le christianisme par ses adversaires de tous les temps, et, en particulier, par les savants et les philosophes modernes. Vous savez si elles sont nombreuses, et si chaque jour en voit naître de nouvelles. Encore quelques années de ce rude labeur, et ce sera, je l'espère, chose faite. Je n'aurai plus qu'à me reposer dans la sécurité d'une foi inébranlable, dans la paix d'une conscience sûre d'elle-même.

— Voilà une route bien longue, bien difficile : on peut mourir avant de l'avoir parcourue. Permettez que je vous en indique une plus courte.

— Très volontiers.

— Croyez-vous en Dieu ?

— Pouvez-vous bien me poser cette question !

— Croyez-vous qu'il est le Dieu infiniment bon, qu'il est toute bonté, tout amour ?

— Si je ne le croyais pas, je ne croirais pas en Dieu.

— Que cet amour n'a point de limites ?

— Il le faut, si Dieu est infini.

— Eh bien, creusez cette pensée et faites-en sortir toutes les pensées qu'elle renferme ; ne la ménagez pas, ne craignez pas de l'épuiser. Elle vous conduira plus directement au but que toutes vos recherches. Elle ne permettra point que vous vous arrêtiez avant d'être arrivé au christianisme qui, vivant de la plénitude de la vie, n'a jamais dit à l'amour divin : « Ici est ta limite ; — ici tu dois t'arrêter ; — il n'est pas dans ta nature d'aller plus loin. »

— Les mystères de la foi étonnent et repoussent d'autant moins qu'on creuse davantage l'idée d'Infini et que, d'un cœur plus pur, d'un esprit plus droit, on se place plus résolument en sa présence. A la fin, les plus profonds sont ceux qui attirent davantage : il semblait autrefois que la raison ne pût, à aucun prix, s'en accommoder, et maintenant c'est par eux que la raison retourne à la foi. Les six vers de Polyeucte se lisent alors dans l'ordre inverse, et les deux derniers qu'on proclamait impénétrables éclairent divinement les quatre autres dont on avait à peine effleuré le sens :

> Je n'adore qu'un Dieu maître de l'Univers,
> Sous qui tremblent le ciel, la terre et les enfers,
> Un Dieu qui nous aimant d'une amour infinie
> Voulut mourir pour nous avec ignominie,
> Et qui, par un effort de cet excès d'amour,
> Veut pour nous, en victime, être offert chaque jour.
>   CORNEILLE.

— Le doit-on croire que si petite, et dans ce coin reculé du monde, la terre ait été choisie pour servir de théâtre à de telles merveilles ?

Le plus grand des soleils n'est pas plus

grand que la terre, au regard de l'immensité. Si le monde matériel pouvait avoir un centre, ces merveilles feraient de la terre le centre du monde.

— Supposons un instant le christianisme épuisé, tari : le lit de son grand fleuve est à sec, pas une goutte d'eau dans ses moindres affluents. Le monde entier, sans exception d'un seul homme, d'une seule âme, a cessé de croire à lui et à sa divinité. Mais le monde a gardé de la civilisation tous les progrès matériels, l'imprimerie, la vapeur, l'électricité, la poudre à canon, la dynamite, les machines qui centuplent la force n'importe où elle s'applique, la puissance d'édifier et, en regard d'elle, une puissance égale, sinon supérieure de détruire. L'homme a gardé sa double nature, l'énergie de ses passions accrue par l'habitude des jouissances, ses désirs aiguisés par des excitations incessantes. La multitude a gardé sa crédulité, sa mobilité, son envie ; un trop grand nombre leur dénuement absolu et leur haine.

A l'heure même où tous, grands et petits, s'efforçaient, avec un redoublement d'ardeur généreuse ou de sauvage énergie, de gravir les mêmes sommets, d'atteindre aux mêmes biens, la seule force qui fit équilibre à cette impulsion irrésistible, effrayante, a cessé d'agir : elle n'est plus. Voyez d'ici l'humanité lancée à toute vitesse avec un modérateur tout-puissant : si celui-ci lui fait défaut, s'il s'arrête ou se brise, quelles secousses d'une incomparable violence, et bientôt après quelle catastrophe !

Où chercher pour s'appuyer sur elle, comment retrouver, dans ce conflit soudain des intérêts et des passions, des ambitions et des convoitises, une nature primitive que le christianisme assurément n'a point détruite, mais dont il a peu à peu diminué les imperfections, affaibli ou corrigé les mauvais instincts, refoulé l'égoïsme, adouci la brutalité; qu'il a rendue capable d'une civilisation où le progrès de l'âme (œuvre impossible avant lui, difficile même avec lui) fit équilibre jusqu'à la fin au progrès matériel ; où l'homme sentit croître sa modération avec ses jouissances, l'énergie de son dévouement avec la facilité de ses plaisirs ; où il fût plus humain à mesure qu'il devenait plus riche, plus respectueux des droits et de la liberté du faible à mesure qu'il devenait plus fort ; où.....

Non, l'absurdité d'une telle supposition suffit à en démontrer le néant. Non, nous n'avons pas besoin de regarder au lit du fleuve : ses eaux n'ont pas baissé, car ses rives n'ont pas cessé de se couvrir de moissons et de fleurs. Les vertus chrétiennes partout épanouies font assez voir que le christianisme n'est pas près d'abandonner le monde.

— Il est certain que la religion de la bonne femme n'est point la religion parfaite, et que celle du philosophe pourrait l'être. Mais si la religion de la bonne femme, droite et sincère en sa simplicité, prie Dieu tous les jours, le remercie de tout son cœur, l'aime de toute son âme, — et si celle du philosophe subtile, oscillante en ses raisonnements, n'accomplit aucun de ces devoirs, et ne sait au juste ce qu'elle doit à Dieu, ni si elle lui doit quelque chose, — la religion de la bonne femme est, de ce chef, infiniment supérieure à celle du philosophe.

— Le peuple parvient à la philosophie par la foi dont l'expérience prouve qu'il est capable, en tout pays, à tous les degrés de la civilisation. Il n'y parviendrait pas par la science, qu'il ne saurait posséder sans cesser d'être peuple, et qui est loin d'ailleurs de conduire sûrement à la philosophie ceux qui ont le loisir de la cultiver.

— L'enseignement du christianisme fait descendre jusque dans les derniers rangs du peuple une philosophie simple, profonde, vivante, qui n'était jamais parvenue jusqu'à lui, et qui n'y parviendrait plus sans lui. C'est l'abaisser infiniment, dans l'ordre de l'intelligence, que de lui ravir sa foi.

— Si l'on oublie que la langue religieuse est le discours de l'homme à Dieu, de l'infinie faiblesse à la Toute-Puissance, de l'extrême ignorance à la Vérité absolue, on sera sévère jusqu'à l'injustice pour des expressions basses, naïves, échappées à la simplicité des uns, à l'ignorante bonne foi des autres. Les moins clairvoyants, les demi-savants sont les plus prompts à crier au scandale : il n'y en a pas trace pour ceux qui connaissent tant soit peu la nature humaine et la nature de la prière.

— La raison juge des raisons de croire : elle précède la foi, elle l'accompagne jusqu'où elle peut, et la laisse ensuite aller où elle-même ne saurait atteindre. Elle sait qu'en bonne raison les choses doivent se passer ainsi.

— Le simple fidèle ne sait pas toutes les raisons de sa foi, mais il en sent les rapports avec ce qu'il y a de meilleur et de plus noble en lui, avec toutes les puissances de son cœur et de sa pensée. Les démonstrations des savants et des sages s'ajoutent à cette démonstration intérieure, elles ne la remplacent pas.

— La force d'esprit n'est point de dire : je ne serai plus, ou je ne serai point du corps de l'Église, car j'y ai découvert des taches. — La force d'esprit est de dire : je resterai, avec l'aide de Dieu, dans le corps de l'Église, ou j'y entrerai, car j'ai découvert pourquoi il y a des taches, et qu'elles n'altèrent en rien la pureté de son âme et sa beauté.

La force d'esprit n'est point de dire : tel prêtre a failli, la religion d'un tel est sans largeur et sans lumières, tel autre se complaît et s'absorbe en des dévotions minutieuses ; celui-ci en affecte les dehors pour mieux cacher ses fourberies ou ses vices : hâtons-nous de proscrire une religion funeste à l'humanité. — La force d'esprit est de dire : je sais pourquoi il y a des chutes déplorables, des esprits étroits, des superstitieux et des hypocrites, et que la religion n'en est pas moins la sauvegarde des mœurs, l'école des grands et libres esprits, l'inflexible gardienne de la sincérité et de la vérité.

— Vous cherchez, Polydore, comment vous pourriez sûrement, promptement, franchir le dernier pas, le plus difficile ; il ne reste que celui-là, et tous vos désirs seront satisfaits, vous le supposez du moins, tous vos honneurs comblés. Quelque coup vigoureux ou seulement insidieux porté à l'Écriture sainte, à l'Église, à ses ministres, pourrait bien, on vous l'a secrètement insinué, — était-ce un ami ou un ennemi, — décider les choses en votre faveur. On vous aurait tour à tour indiqué, — du Pentateuque aux Jésuites, des Jésuites à Rome misérable, sans prestige et sans arts, écrasée d'impôts sous le despotisme des papes, — de vieux sujets auxquels il ne reste pas un atome de substance, tant de dents et d'appétits n'ayant, depuis tant d'années, cessé d'y mordre. N'en cherchez pas de moins usés, de plus intéressants : vous n'en trouveriez pas un qui fût à votre gloire. Comptez plutôt sur vous-même et sur vos titres ; ils sont nombreux et sérieux, comme votre honneur est sans tache, votre loyauté sans soupçon. Telle matière n'est point faite pour les hommes d'un vrai talent : on croira que vous doutez du vôtre, et vos affaires n'en iront pas mieux.

— Ces curieux qui ont compté, classé, décrit les colonnes, les ogives, les chapiteaux, les vitraux, les nervures de ce temple magnifique, qui savent exactement toutes ses dimensions, et quelle distance il y a de la voûte au pavé, du chœur au portail, de tel autel à tel autre autel, qui pourraient dire, sans une erreur, les noms de tous les artistes qui, pour une grande ou pour une faible part, ont contribué à l'embellir, ces curieux sont-ils des philosophes ?

Il est permis d'en douter, sans leur faire injure.

Ces rêveurs qui, les yeux fermés, dissertent du temple en général et, *in abstracto,* de sa nature, de son idée, de sa possibilité, se demandant s'il est bien tout ce qu'il doit être, incertains même, à certaines heures, s'il existe, et si l'impression qu'ils en ont reçue ne vient pas tout entière d'eux-mêmes et d'un je ne sais quel *subjectif* qui serait en eux, ces rêveurs sont-ils des philosophes ?

Eux seuls le croient, et un petit nombre de leurs amis avec eux.

Ceux qui sachant du temple l'essentiel de ce que les curieux leur en ont appris s'efforcent d'en comprendre le dessein, d'en découvrir les harmonies cachées au vulgaire, en admirent l'unité et la riche variété, laissent un libre cours aux sentiments que sa grandeur et sa majesté leur inspirent, ceux-là sont-ils des philosophes ?

Assurément ils le sont plus qu'à moitié.

Pour le devenir tout à fait, pour connaître le temple en son entier, pour jouir pleinement de ses magnificences, il leur reste à invoquer le Dieu qu'on y adore, au milieu des merveilles destinées à lui rendre hommage, mais que couronne seul assez bien l'hommage de l'homme et de sa raison.

Il leur reste à unir leur pensée et leur amour à la pensée et à l'amour du peuple chrétien assemblé pour la prière et le sacrifice. S'ils ne deviennent acteurs dans ce temple qu'ils admirent, ils ne sauront jamais tout ce qu'il est, et leur philosophie sera toujours courte par quelque endroit.

—◆—

— Ces textes de l'Écriture sainte, Ancien et Nouveau Testament, que vous tourmentez sans fin, sur lesquels vous épiloguez durant des volumes entiers, que vous déclarez apocryphes ou déraisonnables, n'ont cessé, depuis dix-huit siècles, d'élever, d'éclairer, de fortifier les âmes. Que faut-il croire de vos hypothèses ou des faits, du pédantisme qui torture des syllabes ou de la civilisation chrétienne qui s'épanouit et conquiert le monde ? Le choix n'est guère douteux.

— L'Évangile est si bien le livre de tous les peuples qu'il s'adapte avec la même facilité à toutes les langues du monde, et qu'on le croirait écrit, pour la première fois, dans chacune d'elles. Dans quel idiome cette simplicité touchante, cette force et cette douceur, ont-elles manqué d'expressions propres à les traduire? Où est l'œuvre belle d'une beauté assez sublime, assez populaire, assez universelle, pour qu'elle soit partout le même chef-d'œuvre, objet de la même admiration, source du même esprit et des mêmes vertus!

— Les Évangélistes ont-ils voulu faire œuvre d'historiens, écrire une histoire qui ne fût qu'une histoire, au sens ordinaire de ce mot, et rien autre chose, jugez-les suivant les règles de l'histoire. Sinon laissez l'Évangile en paix, et laissez la paix au peuple chrétien qui ne fût jamais devenu le peuple chrétien, si l'Évangile n'était qu'une histoire.

— Retranchez de l'Évangile tel livre ou tel verset qu'il vous plaira, nous les gardons tous. L'unité de l'esprit chrétien, l'unité de la civilisation chrétienne nous garantissent l'unité du livre qui les a formés et les ranime incessamment.

— Que telle partie de l'Évangile convienne mieux que telle autre à telle classe d'esprits; que celle-ci soit plus simple ou plus touchante, celle-là plus profonde, nous l'admettons sans peine. Mais que toutes ces parties ensemble, dans une distinction aussi réelle que leur unité est parfaite, aient formé l'esprit chrétien et le conservent pur de tout alliage, c'est ce que l'histoire et les faits ne démontrent pas moins clairement.

— Le livre n'a jamais été, il n'est pas encore chez les Orientaux ce qu'il est devenu chez nous. L'ordre, au sens où nous l'entendons, répugne à leur génie. Il s'inquiète assez peu, dans ses libres allures, d'indiquer, avec une rigoureuse précision, les temps et les lieux. Les récits qui l'ont charmé il y revient deux et trois fois : au lieu de les corriger il les recommence, et il ajoute, à quelques pages de distance, une édition nouvelle à la première qu'il conserve avec un soin pieux. Cette manière de composer nous déplait : croit-on que la nôtre soit agréable aux Orientaux? Du moins ils s'en taisent et n'établissent point de comparaisons à leur avantage, au lieu que nos savants, moins modestes ou moins bien instruits, reprochent à Moïse de n'avoir pas écrit la Genèse comme, à sa place, ils n'auraient pas manqué de l'écrire, en y ajoutant, pour plus de clarté, une Préface, un Index, et une table raisonnée des matières.

— La surprenante unité que celle de la Bible

faite, — on l'a récemment découvert, — de pièces de rapport, de débris d'histoire, de contes, de chants populaires, de fragments sans suite ajoutés les uns aux autres, au hasard des auteurs et des circonstances, sans ordre, sans dessein, l'espace de quatre siècles, et pourtant plus solidement, plus parfaitement une que tant de belles œuvres composées par un seul auteur, fondues d'un seul jet ! Comme il a fallu qu'une pensée à laquelle aucune pensée humaine ne saurait être comparée coulât, entre ces pensées si mal taillées, si mal assorties, pour les faire tenir ensemble depuis tant de siècles, son indestructible ciment; qu'un habile et tout-puissant ouvrier fit de ces fragments épars, de ces éléments contraires, un tout indissoluble ! Quelle merveille comparable à celle d'un esprit toujours vivant, toujours fécond, qui serait, on ne sait comment, sorti d'un *conglomérat* d'incohérences ; — à celle d'une beauté qui a ravi dans tous les temps les âmes les plus intelligentes du beau, et qui n'aurait d'autre support que des matériaux d'une irrémédiable laideur! En vérité, mieux vaut nous en tenir au miracle de l'inspiration divine : celui qu'on nous propose à sa place est bien plus embarrassant pour la raison.

— Dieu est l'auteur de la Bible comme il est l'auteur de l'Univers qui, tour à tour, le montre et le voile à nos regards. Il nous y révèle ce que de nous-mêmes, par aucun effort de notre pensée, nous n'aurions jamais su découvrir. Pour tout le reste, et en particulier pour la science de la Nature, s'il nous prévient parfois de quelques rapides éclairs, il nous laisse le soin de nous élever lentement et laborieusement à la vérité.

— La Bible n'est point l'exposé clair et complet d'une science de la Nature qui n'était pas née, mais elle en est la préface. L'auteur a tracé le plan, indiqué nettement le point de départ et le terme, il a de plus allumé le flambeau : à l'homme de faire le reste.

— Dieu s'est choisi dans l'Écriture des interprètes très différents les uns des autres. Les vérités qu'il leur inspire ils les expriment dans la langue de leur nation, le dialecte de leur lieu de naissance, avec les couleurs de leur imagination, la nature de leur génie. L'Écriture sainte n'a qu'un auteur, qu'une âme, qu'une pensée, mais les rédacteurs sont des hommes ; ils écrivent pour des hommes, ils disent dans la langue des hommes des choses divines.

— L'idée de la Création remplit le premier chapitre de la Genèse : c'est peu de chose au prix de cette vérité capitale, que l'ordre et le détail des créations secondaires. Ne vous y attardez point, — peu à peu les difficultés se résoudront d'elles-mêmes, — mais revenez sans cesse à la parole créatrice, créatrice du monde, créatrice de la lumière, créatrice de l'homme : tout est là.

— Faites de la Genèse, en son premier chapitre, un *Poème* : j'y consens, il serait difficile de trouver ailleurs poésie plus belle et plus sublime ; — une *Histoire :* rien ne s'y oppose, aucun récit n'est plus simple et plus sincère ; — une *Préface de la Science :* je le veux encore, les préfaces ne contiennent que le dessein et les grandes lignes de l'ouvrage. Mais n'oubliez pas d'y voir ce qui s'y trouve avant toute chose : un trait de lumière qui a dissipé les épaisses ténèbres de ce dualisme dont n'avaient pas triomphé les plus beaux génies, un dogme, celui de la Création, dont le spiritualisme chrétien doit sortir et, avec lui, pour une large part, la civilisation chrétienne.

—✳—

— Pour bien comprendre l'Écriture sainte, il faut la lire dans l'édition complète, en deux volumes, dont le premier la Bible, Ancien et Nouveau-Testament, est continué, complété, expliqué par le second, l'Église. L'embarras est, de nos jours, plus grand que jamais pour ceux qui possèdent seulement le premier volume ; un nombre infini de difficultés les arrêtent, qui n'existent pas pour les autres heureux possesseurs de l'édition complète, ou dont ils triomphent sans trop de peine.

— Plus vieille que ceux qui l'ont dépossédée, l'Église, même dans les pays où elle est aujourd'hui réduite à une infime minorité, conserve ce titre inaliénable d'avoir été la première, et longtemps seule, à l'œuvre civilisatrice. Ceux qui ont hérité de ses bienfaits, ceux qui l'ont dépouillée, peuvent oublier qu'ils sont sortis d'elle ; ils n'oseraient s'attribuer un passé qui n'est pas à eux, ni prouver qu'ils pourraient à l'avenir, dans les mêmes circonstances, en présence des mêmes obstacles, au sein d'une même confusion de toutes choses, faire ce qu'elle a fait.

— La grande, l'universelle Église ne cesse d'engendrer dans son sein des esprits qui viennent, l'un après l'autre, témoigner de sa fécondité, des richesses de son unité, ajouter un charme de plus à sa beauté. Les petites Églises ne produisent que des divisions, dont chacune fait de plus en plus étroite la part de la vérité. Quant à la beauté, elle a disparu le jour même de la séparation : il n'y en a pas en dehors de l'unité.

— Les Églises qui, à partir du seizième siècle, ont rompu ouvertement avec l'Église catholique, ne sauraient, quoi qu'elles fassent, se dérober d'une manière absolue à son rayonnement. Contraintes d'opposer à son unité vivante et universelle quelque peu d'unité nationale, régionale, locale, à son unique et indéfectible symbole une multitude de symboles incessamment modifiés, elles remplacent l'épanouissement lent et sûr de la vérité religieuse, tel qu'il s'accomplit dans son sein, par des évolutions d'une rapidité toujours croissante : la dernière se résume en une foi subjective, individuelle, dont les variations incessantes s'adaptent à toutes les variations de la pensée[1]. Est-ce donc à ce terme que devait aboutir une douloureuse et à jamais regrettable séparation ?

---

[1] Voir : en Allemagne, *Albert Ritsehl* (1822-1889), successivement professeur à Bonn et à Göttingue ; — en France, M. *Auguste Sabatier*, doyen de la Faculté protestante de Paris, auteur du livre (1897) : *Esquisse d'une philosophie de la Religion d'après la psychologie et l'histoire.*

— Il semble que le dernier mot des Églises absolument séparées de l'Église catholique soit, de nos jours, un christianisme, si ce nom peut encore lui être donné, individuel, personnel, subjectif, c'est-à-dire incessamment modifié, renouvelé, dans ses dogmes et dans ses principes. Reste à savoir si un tel état d'âme comporte encore des dogmes religieux, et même des principes. Est-il seulement une philosophie ?

— Gnostique contre catholique; — Néo-platonicien contre catholique; — Arien contre catholique; — Nestorien contre catholique; — Eutychien contre catholique; — Pélagien contre catholique; — Albigeois contre catholique; — Hussite contre catholique; — Luthérien contre catholique; — Calviniste contre catholique; — Socinien contre catholique; — Janséniste contre catholique; — Voltairien contre catholique; — Rationaliste contre catholique; — Libre-penseur contre catholique; — Franc-maçon contre catholique. . . . .
. , ...

Grande lumière pour l'étude de l'histoire, et la recherche de la vérité.

— Dans l'ordre de la foi chrétienne, l'*apologétique* est une science ; la *conversion* est mieux qu'une science, c'est le résultat du concours de la volonté droite et de la grâce. Ancienne ou moderne, historique ou dogmatique, objective ou subjective, l'apologétique peut fournir à la conversion des éléments, un point de départ, un élan ; elle peut la commencer, ce n'est pas assez d'elle pour l'achever. Si l'âme d'elle-même, par un acte d'humble et amoureuse confiance, ne se tourne pas vers Dieu, ne répond pas à l'appel de Dieu, les plus vives lumières ne lui seront qu'obscurités et ténèbres. Dix années d'effort uniquement intellectuel peuvent n'aboutir qu'à troubler l'esprit, qu'à le remplir de doutes et d'incertitudes, si l'humilité et la charité, si l'abandon à la divine Providence ne viennent à la fin mûrir et dorer ces fruits d'une patiente culture.

— La science des raisons de la foi est infiniment précieuse, l'acte de bon vouloir ne l'est pas moins. L'idéal serait de les unir l'un à l'autre ; mais où la science est incomplète, insuffisante, le bon vouloir peut y suppléer, sans que la réciproque soit jamais vraie.

— Il faut, pour soutenir dignement la cause de

la religion par ses discours et par ses écrits, unir le savoir à la charité. Le petit nombre de ceux qui l'ont bien défendue possédaient l'un et l'autre à un degré éminent. Peut-être même la charité est-elle encore plus nécessaire que la science : les vérités chrétiennes ne sont si bien démontrées que par les vertus chrétiennes.

— Le *christianisme raisonnable*[1] n'est point celui qui craint de s'élever au-dessus de la raison; c'est celui qui la dépasse infiniment, sans cesser de lui demeurer fidèle.

— S'ils ne disent rien de l'amour de Dieu pour ses créatures, leur théodicée est incomplète, leur philosophie exposée à toutes les chutes, incapable d'achever, dans toute la rigueur du terme, ses plus importantes démonstrations. S'ils en traitent, mieux ils en parleront, plus ils se rapprocheront du christianisme : ce qu'ils ne veulent pas, et en quoi ils se montrent très peu philosophes.

---

[1] Titre d'un livre de Locke.

— S'agit-il du christianisme, pur néant les preuves les plus solides produites en sa faveur ; arguments invincibles les faits les plus douteux, les plus insignifiants attestés par ses adversaires. Étrange logique aux yeux de laquelle un crâne ou un fémur égaré dans les entrailles du sol, moins que cela, un silex ou quelque peu de poterie ébréchée, brisée, pèsent infiniment plus que le miracle de la Résurrection, ou celui de l'établissement de la foi nouvelle combattue par toutes les forces de l'Empire, par toutes les passions, tous les penchants de l'homme incliné au mal dès sa naissance.

— Il vous faut des signes : rien de plus raisonnable. Quels signes voulez-vous ? Celui de la durée ?

— Elle a commencé avec le premier homme, avec la première âme humaine.

— Celui de l'autorité ?

— L'autorité est son nom.

— Celui de la liberté ?

— La liberté est sa raison d'être. Tout en elle : dogmes, pratiques, enseignements, sacrements, préceptes, conseils, s'adresse à la liberté, suppose la liberté, fortifie la liberté

— Celui de la vertu ?

— Voyez les âmes qu'elle a formées, les dévouements qu'elle inspire.

— Celui de la pensée ?

— Nommez-nous les sommets qui dépassent ses sommets, la profondeur qui égale sa profondeur, la pensée des sages qui n'a point sa place dans sa pensée.

— Celui de l'amour ?

— Regardez à son principe, au vrai, au dernier, à la source immortelle de sa vie.

— Celui de l'amour et de la haine ?

— Regardez l'histoire.

— Qui ne voit dans l'Église qu'un moment difficile, une heure douloureuse, une tache, s'y absorbe et finirait par douter; qui voit l'ensemble et la suite sentira sa foi s'affermir. Quelle plus grande merveille qu'un tout harmonieux, vivant, immortel, formé des éléments les plus sujets à la corruption ! Rien de plus fragile que les parties, rien de plus inébranlable que le tout. Un germe de mort est déposé, par la chute originelle, dans chaque atome de ce corps immense : le corps lui-même vit, grandit, s'affermit : c'est Dieu qui l'anime.

— Dorante éprouve une sincère compassion pour ceux qui sont demeurés chrétiens : il a grande pitié de leur extrême simplicité. Pour lui, voilà bien du temps que ces fables ne font plus aucune impression sur son esprit : c'est l'homme de France le plus libre de préjugés. J'eus le bonheur de l'entendre, hier encore, m'entretenir avec émotion de la joie profonde qu'on éprouve à penser par soi-même. Nous nous rendions ensemble au Cercle où, depuis bientôt trente ans, une Revue à laquelle Dorante croit plus fermement que les chrétiens à l'Évangile, lui fournit, au jour le jour, sa petite provision d'idées et de pensées.

— Beaux esprits-forts qui n'ont pas su résister à un sophisme, à un mensonge, à une plaisanterie, et qui s'en iront, à leur tour, semer à travers le monde le mensonge, le sophisme et la plaisanterie, pour grossir de tous les faibles et de tous les ignorants qui s'y trouvent le nombre des esprits-forts.

— On n'a jamais vu tant de bourdons que de nos jours autour du temple, où d'ailleurs ils ne sont jamais entrés, et où leur vain murmure n'empêche d'entrer que ceux dont un peu de bruit a toujours raison.

— Les abus de la religion sont à la religion ce qu'est aux eaux limpides du fleuve le verre d'eau bourbeuse puisé dans la vase de ses rives. Et toutefois voyez-les, avec une singulière assurance, présenter à tous ceux qui passent le verre d'eau bourbeuse, et leur dire : « Que pensez-vous du fleuve et de ses eaux ? Sont-elles assez pures ? »

— Ne vous étonnez pas de voir, à la fin d'une longue carrière tourmentée par le doute, semée çà et là de protestations hostiles, de grands esprits se jeter résolument dans les bras de la foi, et mourir en vrais chrétiens. Ce n'est ni peur, ni contradiction, ni défaillance, mais conclusion suprême, et dernier terme d'une lutte qui finirait ainsi pour le plus grand nombre, si un grand nombre ne mourait avant la fin. Il en est bien peu chez qui toutes les racines soient desséchées, et qui ne trouveraient pas, s'ils voulaient bien sonder, au fond de leur âme, quelque fibre oubliée, mais encore vivante. Il n'en faut qu'une soudainement touchée pour ébranler toutes les autres.

— Le christianisme est plein de vérités simples, sublimes, étroitement enchaînées, dont l'une appelle l'autre, et dont la moindre a de secrets rapports avec tout ce que nous sommes. On peut, durant des années entières, passer à côté d'elles sans les remarquer, les voir sans les regarder ; il n'en faut qu'une survenant à son

heure, touchant au point favorable, pour l'ouvrir
et faire passer les autres à sa suite : invasion
qu'on n'attendait pas, et pour laquelle, — chose
étrange, — tout était préparé.

— Ou c'est la nature humaine qui d'elle-
même, par de séculaires efforts, malgré mille
chutes, à travers mille défaites, s'est élevée à ce
point de grandeur morale que nous admirons
uniquement dans les sociétés chrétiennes : de
quel droit essaieriez-vous de l'en faire descendre ? — Ou c'est le Christ lui-même dont le
sang divin circule dans ce grand corps où il
entretient la vie avec la beauté : quel droit contre
le sien !

— Le *Credo* de l'Église paralyse votre liberté.
— Il en fait partie, comme la raison qui appartient à tous les hommes fait partie de ma pensée,
comme l'idéal fait partie de la liberté du peintre,
de son talent ou de son génie : on en peut dire
autant du sculpteur, du poète, de l'orateur. Le
symbole de l'Église est une règle, et personne ne
se passe d'une règle ; seulement les uns savent
choisir et les autres ne savent pas ; les uns
aiment à prendre la règle aussi haut qu'il leur
est donné d'atteindre, les autres le plus près du
sol qu'il leur est possible. Celle-là a fait ses

preuves : les premières datent de loin, et celles qu'on voit de nos jours ne leur sont pas inférieures. Le symbole d'ailleurs n'est pas seulement une règle qui empêche de s'écarter ; c'est, au même degré que l'Idéal, une source intarissable de sentiments et de pensées.

— L'Église n'a point le privilège exclusif du bon sens, et elle n'a pas davantage celui des hautes spéculations : elle n'y prétend point. Mais un privilège plus rare, c'est d'unir étroitement le bon sens le plus ferme aux spéculations les plus sublimes : celui-là elle le réclame, et son histoire entière fait voir qu'elle dit vrai. Incomplète et passagère partout ailleurs cette alliance est chez elle indissoluble : c'est comme le fond et la condition de sa vie. Le bon sens y laisse l'âme monter aussi haut qu'il lui est donné d'atteindre : il lui interdit de se perdre dans de creuses abstractions, de s'évanouir dans des illusions mensongères.

— Le chrétien qui s'humilie ne fait pas seulement acte de vertu, il fait acte de la plus haute philosophie. D'où lui vient, en effet, cette conviction de son néant, et qui le justifie de s'abaisser à ce point, sinon l'idée claire, la conviction profonde de la toute-puissance de Dieu ?

Descartes, dans ce qu'il a de meilleur, est là tout entier. Le raisonnement du chrétien n'est pas moins fort que le sien, ni le passage de l'imparfait au parfait moins légitime. L'acte de vertu vient par surcroît aider au mouvement de l'âme et l'achever. — A son tour la charité implique, chaque fois qu'elle agit, l'unité de la race humaine, sa filiation divine, le fondement des cités et des sociétés, la loi du vrai progrès, combien d'autres encore.

Il appartenait au christianisme d'unir à ce point l'amour et l'intelligence, et de mettre autant de lumière que de bon vouloir dans un acte de vertu. Nul ne pense aussi souvent, aussi sûrement, que le chrétien attentif à la prière que l'Église place sur les lèvres, fidèle aux vertus qu'elle lui recommande : nul n'aime d'un amour plus pur, avec plus de constance et de détachement de soi-même. L'Évangile n'a pas moins fait pour la diffusion de la pensée que pour celle de la vertu. Le problème de rendre la vérité populaire sans la corrompre, et la philosophie accessible à tous sans l'avilir, est celui qu'il résout tous les jours.

TABLE DES MATIÈRES

		Pages.
CHAPITRE I.	De la Pensée en général........	7
II.	De l'histoire de la Pensée.......	35
III.	L'Homme, l'Ame humaine... ...	91
IV.	Bon sens et Raison.............	159
V.	De l'Esprit...................	183
VI.	La Parole, les Langues, les Livres	211
VII.	Le Beau et les Arts............	247
VIII.	L'Histoire....................	305
IX.	Les Sciences..................	425
X.	Philosophie et Religion........	455

PRINCIPAUX OUVRAGES DE M. Charles Charaux

I. — CHEZ FIRMIN-DIDOT, ÉDITEUR
Paris, rue Jacob, 56

La Cité chrétienne, 2ᵉ édit., 2 vol. in-12.

Premier volume

I. Au Tombeau d'Œdipe. — II. L'Avant-garde de la Cité chrétienne. — III. Un Missionnaire à l'École normale. — IV. Les Trois Visions de Saint Bruno. — V. L'Auteur de l'Imitation. — VI. Le Monde et la Solitude. — VII. Le Chant des arbres. — VIII. Le Médecin de Granville. — IX. Une Journée à Domrémy. — X. Notre-Dame du Hêtre. — XI. La Baie d'Akaroa. — XII. Le Convoi d'un enfant. — XIII. Méditation dans une église inachevée. — XIV. Pionniers et Cités naissantes. — XV. La Tentation, la Chute. — XVI. Rêves et Réalités. — XVII. L'Exilé lorrain. — XVIII. Le Sommet de la Cité chrétienne. — XIX. Un Cycle religieux (1802-1878).

Deuxième volume

I. Le Songe de Platon. — II. La Naissance d'une philosophie. — III. La Loi de l'Expiation. — IV. Le Temps et l'Unité de temps. — V. L'Espace et la Matière. — VI. Plaisir et Douleur; Joie et Tristesse. — VII. Au Mont Saint-Michel. — VIII. Le Beau et l'Ame humaine. — IX. L'Art dans la Cité chrétienne. — X. L'Angelus. — XI. Montmartre : Les Origines de l'universelle architecture. — XII. Montmartre : Jusqu'au seuil du sanctuaire. — XIII. L'Ermite d'Auteuil.

Chaque volume se vend séparément 3 fr. 50.

— × —

Devant le Palais de l'Institut. — La Vénus de Milo. — Le Mystère dans l'art, 1 vol., 104 p. 1896, 1 fr.

II. — CHEZ PEDONE-LAURIEL, ÉDITEUR

Paris, rue Soufflot, 13

L'Ombre de Socrate, dialogues de Philosophie socratique, 2ᵉ éd., 1 vol. in-12, 3 fr.

De l'Esprit et de l'Esprit philosophique, avec une Introduction générale, 1 vol. in-12, 3 fr.

De la Pensée, 3ᵉ éd., 1 vol. in-12, 3 fr.

L'Histoire et la Pensée (2ᵉ éd. des *Pensées sur l'Histoire*), 1 vol. in-12, 3 fr.

Pensées et Portraits, 1 vol. in-12, 520 p., 3 fr. 50.

Les Principes de la Philosophie morale, 3ᵉ éd., 1 vol. in-18, 1 fr.

PRINCIPAUX OUVRAGES DE M. Charles CHARAUX

I. — CHEZ FIRMIN-DIDOT, ÉDITEUR
Paris, rue Jacob, 56

La Cité chrétienne, 2ᵉ édit., 2 vol. in-12.
Chaque volume se vend séparément 3 fr. 50.

Devant le Palais de l'Institut. — La Vénus de Milo. — Le Mystère dans l'art, 1 vol., 104 p., 1896, 1 fr.

II. — CHEZ PEDONE-LAURIEL, ÉDITEUR
Paris, rue Soufflot, 13

L'Ombre de Socrate, dialogues de Philosophie socratique, 2ᵉ éd., 1 vol. in-12, 3 fr.

De l'Esprit et de l'Esprit philosophique, avec une Introduction générale, 1 vol. in-12, 3 fr.

De la Pensée, 3ᵉ éd., 1 vol. in-12, 3 fr.

Pensées et Portraits, 1 vol. in-12, 520 p., 3 fr. 50.

L'Histoire et la Pensée (2ᵉ éd. des *Pensées sur l'Histoire*), 1 vol. in-12, 3 fr.

Les Principes de la Philosophie morale, 3ᵉ éd., 1 vol. in-18, 1 fr.

www.ingramcontent.com/pod-product-compliance
Lightning Source LLC
Chambersburg PA
CBHW071616230426
43669CB00012B/1956